艺术鉴藏丛书

范景中　主编

塞蒂尼亚诺的智者

——意大利文艺复兴绘画的鉴定大师伯纳德·贝伦森

曾四凯　著

中国美术学院出版社

目　录

绪　论

Connoisseurship 一词源自法语，从词源学角度来看，该词可以追溯到文艺复兴时期随着艺术品热而出现的“conoscitore”[1] 一词。法国学者亚伯拉罕·博斯（Abraham Bosse，1602—1676）发明了名词“connoissant”，这相当于鉴定家这个词（connoisseur）较早的对应等同词[2]。到了 18 世纪，该词传入英国。而“Connoisseurship”一词则最早出现在作家亨利·菲尔丁（Henry Fielding[3]，1707—1754）的文学作品中。鉴定指的是通过详细地检查艺术品的表面状况以及它的艺术品质和材料等诸多因素，来判断这件艺术品的创作者、出处以及艺术品的风格特征等方面的传统的艺术史研究领域。在西方，鉴定尤其包含了对艺术作品质量的评估、区分和欣赏，特别是判断这件作品完成的时间和地点，在此基础上最好能够判断出该作品创作者及其身份。

由于缺乏绘画作品创作者的署名、准确的文献以及其他许多相关的材料，这就意味着必须建立和发展一定的标准和分类方法来对这件艺术品进行尽量准确的判断和甄别。正确鉴定艺术品的归属在很大程度上影响着收藏活动和艺术市场的发展。与此同时，鉴定对于艺术史的研究同样至关重要，正如乔瓦尼·莫雷利（Giovanni Morelli）所说的：“经得起推敲的艺术史研究必须建立在可靠的证据基础之上，也就是说，艺术作品的归属应该要经得起研究和推敲。”[4] 学院以及博物馆中的艺术史研究人员需要从艺术品本身出发进行相关的研究，他们的第一要务便是必须确定艺术品的作者归属以及艺术品本身的真伪问题。

罗杰·德皮勒（Roger de Piles）于 1677 年采用苏格拉底对话录的形式发表了关于鉴定学的分析性以及历史性的叙述文章《关于绘画鉴定的对话》。在这部著作中，他提出了艺术品的质量评估是鉴定学最重要的任务这一观点，其次就是正确地鉴定出创作者的名字，以及可以准确地区分赝品和原作的能力。1719 年，乔纳森·理查森（Jonathan Richardson）在《讲演二篇》（*Two Discourses*）这本著作的第一部分主要阐述了鉴定的三个基本目的：判断艺术品的质量高低，辨明到底出自哪位艺术大师之手以及辨别作品的真伪问题。（Showing how to judge Ⅰ. Of the Goodness of a picture; Ⅱ. Of the hand of the master; Ⅲ. Whether it' s an original, or a copy.）正如美国学者石慢教授（Peter Sturman）所言：艺术史研究对象的客观性是一切研究活动的起点。（The objectiveness of objects is the starting point from which all else follows.）

一直以来，鉴定都是伴随着艺术收藏品的发展而不断地发展和成熟的。但是直到 17 世纪，鉴定才真正成为艺术理论所关注的焦点，尤其是在意大利和法国，主要是因为在那些地方法国国王路易十四（Louis XIV）的文化政策鼓励对艺术进行赞助和收藏。到了 18 世纪末 19 世纪初，随着教会财产的世俗化、法国大革命以及拿破仑帝国的不断扩张，这也导致了大量的画作从它们原先所处的位置流离失所了。随后，其中很大一部分画作再次出现在艺术市场上，或者是被在这一时期法国、德国和英国即将兴建起来的国家博物馆所收藏。这直接导致的结果就是许多艺术作品传播开来或者流失了，其中许多作品也因此得以流传，并且尚待专家的研究以及需要进行鉴定。因此，鉴定家的角色变得越来越重要。在同一时期内，艺术史也出现了重要的发展，比如说一些被遗忘的艺术家，譬如维米尔（Johannes Vermeer，1632—1675）就被重新发现。在归属鉴定的方法上也出现了重大的分歧，例如关于凡·艾克［扬·凡·艾克（Jan Van Eyck，1385—1441）和胡伯特·凡·艾克（Hubert Van Eyck，1370—1426）］两兄弟之间的差异所在就一直争论不休，这一分歧一直持续到20世纪。在20世纪初，博物馆和私人收藏家日益高涨的收藏行为继续为鉴定提供了刺激因素。到了20世纪后期，鉴定在艺术史上的作用再次成为热烈争论的话题，它经常受到抨击，尤其当鉴定被“专家”用来牟取暴利的时候。尽管查理德·沃尔海姆（Richard Wollheim，1923—2003）在自己的著作《论艺术与心灵》（*On Art and the Mind*）、《绘画作为一门艺术》（*Painting as an Art*）等书中都批评了伯纳德·贝伦森与画商合作的一些做法，但是和许多知名的学者一样，他还是一贯地支持鉴定学，因为这是一门直接把研究艺术品作为艺术史研究基础的学科。

然而，鉴定并非是西方艺术特有的现象，在一些历史悠久的国家，例如中国，早在两千多年前的汉代就有关于鉴定的讨论，甚至在更为久远的先秦时期，人们在收藏古物时应该已经开始考虑“鉴定”这个重要因素。中国历史上“鉴定”的主要对象为钟鼎、金石、书画以及陶瓷、玉器、紫砂等艺术品。在中国美术史上，“图画之妙，爰自秦汉可得而记，降于魏晋代不乏贤”[5]。真正意义上的绘画鉴藏，亦可以追溯到魏晋时期，顾恺之作《论画》，谢赫作《古画品录》，他们相继提出了有关绘画批评的标准，都对画家、具体作品从审美角度提出评判准则并进行品评，尤其是谢赫提出了品画的艺术标准“六法论”，成为后世艺术家、艺术史家、鉴赏家们所遵循的原则，并且不断丰富其内涵。到了唐代，裴孝源的《贞观公私画录》、朱景玄的《唐代名画录》、张彦远的《历代名画记》等书画理论著录的问世，除了其在史料方面系统可靠的价值之外，还重点侧重于书画鉴藏内容的记述，这其中涉及的鉴定方法，譬如：在《历代名画记》卷二的“论传授南北时代”就是对风格流派、师资传授的记载；“论顾陆张吴用笔”则对之前的风格流派做了概括和梳理，并指出造成这四大家风格差异的最主要因素是笔法不同，而对“笔法”的甄别和判断在中国画的鉴定中起着至关重要的作用；“论画体工用拓写”则对技法、材料、临摹方面做了总结；“论名价品第”和“论鉴识收藏购求阅玩”则直接对绘画的收藏价值进行品评，还对鉴赏方式做了叙述。卷三的“叙自古跋尾押署”“叙自古公私印记”“论装背裱轴”则叙述了书画收藏的一些其他成分，比如题跋、押署、收藏印章、装裱等等。总结起来，张彦远的研究涵盖了后世书画鉴定学和美术史研究等领域，比如已经包括了风格判断、技法研究、材料分析、临摹复制、估价品评，以及题跋押署、收藏印章、装裱形制等必不可少的辅助条件。其鉴定的方法，已经包含了“目鉴”和“考证”两方面，而衍生出来的研究就是对美术史的研究和收藏史的研究。唐代之后的诸多书画理论著述中所采用的绘画鉴定方法都可从张彦远勾定的鉴定法中找到源头。宋元明清书画理论著述从未中断过，尤以宋代米芾、郭若虚对鉴赏的论述最为显著。米芾在《画史》中品评真伪，兼及评价、印章、材质、裱褙、收藏、考订等，内容详尽。《四库全书总目提要》关于《画史》介绍如下：“史称其妙于翰墨绘图，自名一家，尤精鉴裁，此书皆举其平生所见名画，品题真伪，或间及装裱收藏及考订讹谬，历代赏鉴之家，奉为圭臬。”[6]

中国的绘画鉴定传统深刻地影响了邻国日本。在日本，鉴定作为一项独立的活动直到 14 世纪初才正式形成。这个时期的鉴定活动是把对艺术家个人风格的判断作为鉴定的基础。由于到了 14—16 世纪，日本出现了收藏中国艺术品的热潮，因此在这个时期也涌现了一大批非常有名的鉴定家，譬如被世人通称为“三阿弥”的能阿弥（即のうあみ或 Nôami，1397—1471）、艺阿弥（即げいあみ或 Geiami，1431—1485）以及相阿弥（即そうあみ或 Souami，1455—1525），他们是祖孙三代。日本早期的这些鉴定家大多是御用画家，他们可以经常接触到幕府将军的大量收藏品。能阿弥编撰了《御物御画目录》，鉴定并整理了足利将军家收藏的宋元绘画，而他的孙子相阿弥鉴定了许多中国流传至日本的绘画作品，并且他往往会在画卷上添加自己的题跋。对日本本土艺术品的鉴定直到 18 世纪明治维新时期才出现。在 15 至 17 世纪之间，日本的鉴定活动主要被狩野画派（かのうは或 Kanō School）和土佐画派（とさは或 Tosa School）的画家们把持着，他们一般都会通过对作品主题、艺术风格和钤印的判断来鉴定作品的真伪。这个时期的艺术评论往往只是重复中国早期画论中的品评术语，诸如南朝梁谢赫“六法”中的“气韵生动”等审美原则。

在伊朗等伊斯兰国家，鉴定实践的对象主要是书籍、书法、波斯细密画（Persian Miniature）等作品。16—17 世纪对波斯书法作品的青睐使得鉴定在当地广为流行，虽然这些伊斯兰国家并没有专门论述鉴定的著作传世。在印度，对鉴定的理解与西方的观念截然不同，他们所理解的鉴定主要是基于艺术作品的直观感受和体验，这种直觉和体验往往带有强烈的超验主义色彩。因此，鉴定在古代印度是一件非常神圣的工作，只有那些真正具有天赋的人才能承担。

在简要介绍鉴定一词的由来、鉴定的概念以及发展概况的基础上，接下来的内容将主要以西方艺术史鉴定领域中四位具有代表性的人物为主线，通过对他们的鉴定观念和鉴定实践的介绍和评述，尽量从中梳理出 16—20 世纪西方艺术史鉴定理论的发展历程。需要说明的是，在本章中将乔治·瓦萨里、罗杰·德皮勒、乔纳森·理查森以及乔瓦尼·莫雷利称为鉴定家，并非是他们所处的时代赋予他们的称号，而是他们在鉴定理论或鉴定实践方面所取得的成就足以使得他们当之无愧地成为艺术鉴定领域中至关重要的先驱者。在本书的第一章中，将以这四位美术史家为代表，力求呈现出鉴定理论发展的大致脉络。

注释

1. “Conoscitore”是意大利语“鉴赏家”的意思。

2. Carol Gibson-Wood, *Studies in the Theory of Connoisseurship from Vasari to Morelli*, New York: Garland, 1988, pp. 45-46.

3. 英国著名作家亨利·菲尔丁早在其1749年首次出版的代表作《弃儿汤姆·琼斯的历史》（*The History of Tom Jones, a Foundling*）一书第十三卷第五章就提到了“Connoisseurship”一词。

4. Richard Wollheim, *On Art and the Mind: Essays and Lecture*, London: Allen Lane, 1973, p.180.

5. 卢辅圣主编：《中国书画全书》第一册，上海书画出版社，2000年，第120页。

6. 《四库全书总目提要》（《画史》一卷两江总督采进本），卷一百二十，子部二十二，艺术类一。

第一章　鉴定理论的发展

第一节　乔治·瓦萨里与鉴定

图1.1　乔治·瓦萨里（1511—1574）
油画自画像（局部）
现藏于佛罗伦萨乌菲齐美术馆

1511 年 7 月 30 日，乔治·瓦萨里（Giorgio Vasari，图 1.1）生于意大利中部托斯卡纳地区的阿雷佐（Arezzo）。瓦萨里幼年时即被派往佛罗伦萨学艺，后终生为美第奇家族的各公爵服务，尤以晚年任大公爵科西莫一世的宫廷建筑师和画师时影响最大。他博闻强识，绘画、建筑兼工，艺术上崇拜米开朗琪罗，后来在佛罗伦萨成为他的学生。他被公认为西方的第一位美术史家，也是风格主义流派的主要代表人物。他最著名的作品包括他设计并建造的乌菲齐宫和画于佛罗伦萨老宫中的湿壁画。[1] 但真正使他青史留名的是他撰写的一本传记体艺术史著作——《最杰出的画家、雕塑家和建筑家传记》（*Le Vite de'Più eccellenti Pittori Scultori E Architetti*，以下简称《名人传》）。这部巨著堪称近代欧洲艺术史的开山之作，在西方艺术史上占据了极其重要的地位。

瓦萨里超越前人的另一个卓越之处在于他在《名人传》中提出了美术作品的评判标准。就评价的标准而言，瓦萨里认为首先是逼真。他还进一步提出，艺术必须超越自然并且达到理想的境界。在评价安德烈亚·德尔·韦罗基奥（Andrea del Verrocchio）和安东尼奥·波拉尤奥洛（Antonio Pollaiuolo）等15世纪艺术家时，瓦萨里说他们达到了“准确地再现真实自然的绝对完美状态”，但是他们保持着一种枯燥的风格，为了超出这个水平，人们必须寻求形式的完美变体，模仿身体最完美的部分，双手、头部、躯干和双腿。[2] 除了逼真再现的标准外，瓦萨里还提出了五个准则，即规则（rule）、秩序（order）、比例（proportion）、构图（design）和手法（style）。所谓规则，瓦萨里认为，从建筑的角度上说，是指测量古代建筑并将古代建筑方案用于现代建筑的方法；秩序是指不同建筑风格之间的区分；比例是指建筑、雕塑和绘画的普遍法则，它要求所有形体必须正确组合，各部分和谐统一；构图则是指通过对自然中最美之物的模仿，用于无论雕塑还是绘画中一切形象的创造，最后，艺术家通过模仿自然中最美之物，并将最美的部分结合起来，创造出最美的形象，从而获得风格的最高完美。[3]

瓦萨里在编辑关于早期艺术家及其作品的信息时所使用的原始资料极大地依赖吉贝尔蒂等早期美术史家、其他人的口头证言以及一些机构和组织的书面记录。不过除了原始资料的背景之外，瓦萨里还依靠建立在风格分析基础之上的归属鉴定法来判断作品的真伪和来源。《名人传》包含了比以往编纂的任何书籍具有更加完整的艺术家作品目录，并且准确无误地把每一位大师的代表作进行归属鉴定，这对于瓦萨里的写作无疑是非常重要的，这样做不仅仅是为了根据每一位艺术大师的作品所展现出来的进步的因素并把这位大师安排在艺术发展的三个阶段之中，而且与瓦萨里自身严谨尽责的精神和态度有关。

瓦萨里从来没有直接谈论他的归属鉴定方法，也并没有告诉我们他到底是如何判断自己收藏品中素描作品的创作者，但是他从风格分析和评估角度进行判断的例子有时依然会出现在他的这一部著作当中，加上素描作品自身的画面以及我们对他关于艺术个性的观念进行的推测，这些能够让我们大致上了解到他的归属鉴定方法。显然，瓦萨里对同时代艺术家所创作的素描作品的归属鉴定应该是没有问题的，因为这些作品中绝大多数都是直接从艺术家那里获得的。同样，那些从上一代艺术大师的画室或者学生手中取得的素描作品，因为是直接流传过来的，归属鉴定也相对可靠。那些 14 世纪和 15 世纪的素描作品的归属鉴定在很大程度上应该就是依赖于瓦萨里自己的评价判断了。从中，我们可对他的风格分析窥见一斑。

在某些情况下，瓦萨里是根据自己所了解的素描作品、绘画作品或者雕塑作品的创作者的书信往来而对它们的归属进行判断。如果从书信里了解到这样的素描是一些用于准备阶段的草图，瓦萨里就会把这些素描草图归入将它们画成不朽名作的艺术大师名下。例如“圣母进殿”（Presentation of the Virgin）这一件素描作品，与巴龙切利礼拜堂（Baroncelli Chapel）的湿壁画有关，它是为创作“圣母进殿”系列湿壁画而绘制的准备性草图，瓦萨里把它归入乔托的一个追随者塔迪欧·加迪（Taddeo Gaddi）的名下，这也是迄今为止我们所知道的塔迪欧·加迪唯一传世的素描作品。

瓦萨里主要依靠自己对艺术品质的观念来对早期艺术大师的作品进行辨别区分。他对风格评价的标准在更大程度上亦与技巧等艺术品质有关。换言之，瓦萨里认为对艺术风格的评估与归属鉴定的手段几乎完全等同。毫无疑问，瓦萨里对于个人风格所秉持的相同态度也引导了《名人传》里许多艺术品的归属鉴定，不过，在瓦萨里的归属鉴定法中我们可以更容易地把它分离出来进行观察分析。

如果把《名人传》一书中认为是乔托和西蒙尼·马尔蒂尼所作的素描作品进行比较的话，就可以为我们提供瓦萨里是根据艺术风格的观念来进行归属鉴定的一个典型案例。《名人传》一书中瓦萨里放上乔托和西蒙尼名字的那几页直到今天还依然存在。对于瓦萨里而言，乔托是一位使完美构图（good disegno）得以复兴的人物，并且是第一位回归自然，以自然为原型的艺术家。他的作品中最突出的特点是神态、表情以及衣物的褶皱描绘得非常自然，这些特点都被瓦萨里特地挑选出来进行评论，正如瓦萨里对阿西西《春天的奇迹》(*Miracle of the Spring*）湿壁画著名的描述，或者他对里米尼的圣弗兰西斯科修道院的绘画作品所做的描述。很有可能这些关于僧侣题材的绘画作品让瓦萨里想起了乔托的作品，不仅由于乔托对衣物褶皱的处理方式，还由于这些绘画作品里各种不同的坐姿、跪姿以及睡觉的姿势都与阿西西上教堂壁画作品中一些场景里修道士的动作或者下教堂里《圣痕显现》这幅作品里修道士的姿态非常相似，这些都是瓦萨里特别欣赏的作品。瓦萨里把一幅15世纪的《耶稣下十字架》归入乔托作品的行列，这令人愈加困惑。然而这幅作品简洁的构图、生动的造型，以及人物严谨的姿态（特别是跪着的妇人），这些都与瓦萨里整体观念中乔托绘画作品的特质完全一致。另一幅归入乔托名下的绘画作品则描绘了两个坐着的妇人，她们背对着观众。瓦萨里以这幅作品为典型的范例，再次向我们展示了乔托式生动自然的姿态、简单明快的形式（特别是衣物的褶皱）。[4] 瓦萨里对乔托作品的鉴定说明了他倾向于把总体的风格特征与艺术家的绘画手法联系在一起，而不是把它与特定的形式或者作画习惯联系在一起。虽然在现代人看来，它们显然是由后来四位不同的画家绘制而成，但它们完全与瓦萨里原先观念中所认定的“乔托”早期的却又仍在不断发展的绘画风格相一致。

需要说明的是，瓦萨里并没有打算证明归属鉴定法的权威性，但是他只认定艺术家具有这种“专业眼光的权威”，而不认为业余或外行的鉴定家具有这种专业的眼光。他只是声称归属鉴定法是可行的；他特地提供了一个类比解释了为什么归属鉴定法是可行的以及如何实行。尽管他的归属鉴定法由于他自己出现的一些鉴定错误或不准确而备受责难，然而他作为一名鉴定家的技巧依然值得世人称道。

第二节 罗杰·德皮勒与鉴定

在介绍罗杰·德皮勒（Roger de Piles, 1935—1709）之前，我们有必要先简要介绍一位法国著名的雕刻家、法国最早出版著作专门论述归属鉴定这一主题的学者：亚伯拉罕·博斯（Abraham Bosse，1602—1676）。介绍博斯的原因在于他和德皮勒一样都是法国知名的鉴定家，因此或许可以将两人作一个对比。博斯出版于1649年的著作《论区分绘画、素描和雕刻作品真迹及其复制品的各种方法》（*Sentimens sur La Distinction des Diverses Manières de Peinture, Dessin et Gravure et des Originaux d'avec Leur Copies*）讨论了鉴定的问题。博斯认为自己是在为那些由业余爱好者、艺术爱好者以及艺术从业人员所组成的读者群而写作；并且他写作的目的是用以提升他们对于绘画作品的鉴赏能力（connoissance）。[5]

博斯把绘画艺术的鉴定分为两类：绘画艺术风格的识别以及绘画的原作和赝品的区分。博斯断言一些人之所以能够识别出不同的绘画风格，主要是由于他们具备这样的天赋：能够准确地认出不同人群的种族类型，能够马上认出一个阔别多年的面容抑或是能够记住建筑物准确的外观和动物的模样。这些人一般都具有可能会成为优秀的归属鉴定专家所必需的洞察力和视觉记忆。博斯认为画家（特别是那些独创性强的画家）尤其具备这方面的能力，因为他们的职业要求他们不断地锻炼自己的视觉记忆和视觉想象能力。博斯并没有指出确定绘画作品原作者的特殊技巧，他认为这仅仅是一种不断熏陶和回忆的过程。他认为某些画家的艺术风格或许在某些方面比较类似，不过，它们绝不至于达到那种难以分辨的程度。因为每一位艺术家都有自己某种特有的修饰手法，无论是在他笔下人物形式的气质和排列，还是在他的赋色、绘画的笔触，或者创作的题材，因此我们就可以很清楚地辨认出同一类形式及风格的排列和所表现出的想象力。[6]

除了这种建立在观察画家艺术风格特征基础上的基本的归属鉴定

方法之外，博斯又提出了第二种确定绘画作品创作地点所属国的方法。他注意到绘画作品中不同国家的风景、植物、动物以及水果往往都具有本国典型性特征。因此，在静物画、风景画和风俗画中，我们往往可以通过辨别创作题材的不同特征来获知绘画作品所描述的国家。

博斯认为在鉴定过程中更加困难的问题是如何把绘画作品的原件和赝品区分开来。有鉴于此，他提供了一套理论。他注意到尽管绘画作品的创作往往是模仿大自然的，但是这一具有原创性的作品依然难以临摹到大自然中的所有精微之处，因此绘画的复制品同样也缺乏原作中的某些特质。如果没有大自然真实的景物在绘画作品的复制者的眼前，复制者仅从临摹绘画的复制品中去绘制另一件复制品，他就很难把握得住他所要表现的事物的精髓所在。博斯也把绘画作品的复制过程与书法笔迹的伪造过程做了比较：要想成功地临摹出大写字母比起临摹小写字母要困难得多，主要是由于它们的尺寸大小以及它们更加需要富于表现力决定了想要成功地临摹大写字母的难度；伪造的大写字母和原作自由的姿态相形之下，往往会在轮廓和形态上显得呆滞而不流畅。伪造绘画作品比起书法笔迹的作伪要困难得多，这是因为它们所牵涉到的内容形式众多、复杂多变，并且它们所要表现的色彩和笔法也会相应地变得非常复杂。因而，要想发现绘画作品中非原创性的东西比起发现笔迹中临摹作伪的痕迹来说要容易得多。[7]

如果我们把博斯关于区分原件和赝品的观点与莫雷利的科学鉴定法相比较就会发现两者之间存在一些相同的地方：即作品的细微之处往往是很难被模仿的，因为这些细微之处通常是原作者潜意识支配下的结果，就如大写的字母更难被临摹。

罗杰·德皮勒（图 1.2）是法国一位著名的美术史家、理论家和画家。他早年曾经学习过哲学和神学，后来又跟当地著名画家克劳德·弗朗索瓦（Claude Francois）学习过绘画。1662 年，德皮勒成为当时法国大议会主席夏尔·阿姆洛之子的家庭教师，这一份工作对他成为一名绘画鉴定专家起了至关重要的作用。1682 年，德皮勒的学生米歇尔·阿姆洛（Michel Amelot）担任了法国驻威尼斯的大使，德皮勒以秘书的身份跟随他的学生来到威尼斯，在此获得成为一名出色鉴赏家的绝佳机会。正是在意大利威尼斯的这三年多时间，德皮勒接触和研究了大量的艺术作品，开始收藏包括乔尔乔内（Giorgione）、鲁本斯（Rubens）、伦勃朗（Rembrandt）等诸多名家在内的大量艺术作品，并且德皮勒也利用职务上的便利条件，到欧洲各地饱阅几乎所有重要的收藏品，甚至还帮当时的法国国王路易十四购买艺术品，这些经历都极大地磨砺和提高了他的艺术鉴赏眼光。

图1.2　罗杰·德皮勒（1635—1709）

德皮勒在两本著作中对鉴赏问题发表了自己的看法。他在 1677 年出版的《关于绘画知识的谈话》(*Conversations sur la Connaissance de la Peinture*）一书中较早地对鉴赏问题进行了讨论，这本著作是以对话的形式展开。与他的其他著作相比，这本书面向的是艺术业余爱好者这个更为广泛的读者群，因此，语言更加通俗易懂。例如，他在这本书的第 135 页写道：

> 画家应该全身心地融入于他所表现的主题，因此，即便是铁石心肠的观众，当他看到这样一幅作品时，也会在心灵深处有所触动，也能够感同身受，体会到耶稣基督曾经遭受的苦难，从而在精神上得到救赎。

然而，德皮勒也有运气不佳的时候。在奥格斯堡同盟战争期间，他随身携带假护照为法国军队从事秘密谈判。1692 年，他在尼德兰地区被捕。接下来的5年里他一直被囚禁在海牙（Hague）。德皮勒并没有在狱中度日如年、虚掷光阴，他利用这段时间写作了《画家传记和完美画家的观念》（*L'Abrégé de la vie des peintres ...avec un traité du peintre parfait*）一书，于1699年在法国出版。其中在“完美画家的观念”这一部分收录了德皮勒本人对于鉴定的看法以及简明扼要的总结。

德皮勒认为绘画作品的鉴定可分为三种：第一种是发现同一幅作品中精华和糟粕之所在；第二种是辨认出创作者的名字；第三种则是了解这幅作品到底是原作还是赝品。[8]

鉴定的第一个方面是关于如何准确地判断绘画作品的艺术品质问题，德皮勒认为这是三者中最困难和最重要的部分。这要求鉴定家除了做到彻底地了解优秀的绘画作品需要符合的原则之外，还必须拥有敏锐的洞察力和细致入微的科学精神。如果不了解这些审美原则，即使一个艺术的业余爱好者感觉一幅绘画作品真的非常好，但是他也无法解释清楚为什么自己会得出这样的结论。不过，按照德皮勒的观点，能够提供合情合理的审美分析是鉴定家最主要的一项技能。在关于绘画作品艺术品质的鉴定这部分的结尾处，德皮勒提醒说他并不认为通过这样大体上的概括就能让读者都明白自己涉及的有关绘画的所有细节问题，因为他觉得这方面的专业知识是画家而非艺术爱好者需要掌握的事情。然而，德皮勒也承认，有一些人本身并不是专业的画家，但是他们也能够很好地掌握鉴定中最困难的这些技能。[9]

“完美画家的观念”的第二部分主要涉及“境由心生”——或者“有什么样的作者就会创作出什么样的画面”这个问题，应该说这也是我们最感兴趣的内容。这里讨论的一个主题就是要想掌握归属鉴定，只有通过长期的研究和反复的实践才有可能获得这项技能。其中最重要的条件就是鉴定家必须对绘画的所有流派和每一位艺术家所有的作品烂熟于胸，能够信手拈来。要想达到如此精通纯熟的程度只有通过研究大量的绘画作品才有可能获得。德皮勒对那些不肯进行这项基础性训练却一心只想抄捷径、走偏门的鉴定家提出了批评。而早在几十年前，德皮勒的前辈亚伯拉罕·博斯则声称归属鉴定是一种与生俱来的天赋，他认为任何拥有这种能力的人只要见过某位艺术大师的一两幅作品，就能够辨别出他的总体艺术风格。德皮勒关于鉴定的这些评论或许可以看作是他对博斯的一种回应。他总是在思索着什么样的人具备鉴定家的这种能力和资格，他认为一两次鉴定出现失误并不能全盘否定这位鉴定家以前鉴定结论的有效性，只要这些鉴定结论是由一位很有经验且颇具能力的鉴定家得出的。因此，鉴定家在宣告自己认为某幅绘画是由哪一位艺术家所创作这一判断的背后往往源自他的深思熟虑和反复的推敲。

德皮勒在《画家传记和完美画家的观念》一书中也向读者推荐了自己的归属鉴定方法，他简明扼要地阐述了自己所应用的这套鉴定方法。首先，鉴定家必须通过刻苦勤勉的研究以对每一种绘画作品的艺术风格获得一个清晰而完整的了解。当他需要判断某幅绘画作品的创作者时，他就能够熟练地应用这种较为简单的比较判断法。德皮勒也表示："可是，至于如何才能很好地辨识出画家的某种特定风格这个问题，在我看来，这应该是最困难的事情。"[10] 即便是最好的鉴定家，他们在判断绘画作品的创作者是何人时也并不总是轻而易举、不费吹灰之力。特别是当某位艺术大师的一大群追随者老是亦步亦趋地模仿他的作画风格时，尤其容易鱼目混珠，这也给鉴定带来了很大的麻烦。

尽管《画家传记和完美画家的观念》论及鉴定的部分措词非常简练，寥寥数语，但是从中我们基本上已经可以窥见德皮勒关于鉴定的主要观念，大致可以概括如下：归属鉴定是鉴定的一个分支流派，鉴定画作的归属比起鉴定绘画的艺术品质相对来说要容易一些，归属鉴定比起艺术品质鉴定地位要来得低一些。这一观点与法国皇家美术学院的艺术理论家安德烈·费利比安（André Félibien，1619—1695）在《对话录》（*Entretiens Sur Les Vies Et Sur Les Ouvrages Des Plus Excellens Peintres*）里所论述的观点不谋而合。德皮勒总结了两种进行绘画作品归属判断的方法；另外，德皮勒还认为鉴定家的权威必须源于全面合理的推理过程以及长期的实践经验，如果缺少这些坚实的基础，鉴定家的权威就只是建立在空中楼阁之上。[11] 前两个观念是德皮勒早期讨论归属鉴定方法时经常谈到的，他后来对这些观念进行了更加深入而充分的阐述。

在《关于绘画知识的谈话》一书中，德皮勒本人对于鉴定的看法并没有采取《画家传记和完美画家的观念》一书中所采用的概要而规范的形式，而是别出心裁地借三位热爱艺术的朋友之口，以生动翔实的事例和经验来探讨绘画艺术的知识。其中，关于归属鉴定法的讨论只占"首次对话"的少数几页；这本书更大的篇幅则是关于绘画品质判断的原则。然而，那少数几页的内容已经非常清楚地阐述了德皮勒本人关于归属鉴定法如何应用及其局限性等方面的观点。

书中的潘菲勒（Pamphile, 书中德皮勒的化身）认为比起对绘画品质的判断和鉴定来说，归属鉴定在绘画鉴赏的各种类型中仅处于次要地位。他表示，真正的鉴赏，是能够清楚地知道绘画作品的好坏与否、能够清楚地辨别出同一幅绘画中精华和糟粕之所在、能够用正确而全面的推理来支持自己的观点。与这种类型的鉴赏相比较，潘菲勒认为归属鉴定法略显"肤浅"，因为在归属鉴定中，记忆力发挥着显著的作用，而鉴定家本人独立的推理判断则没有发挥太大的作用。他认为艺术风格鉴定的唯一内在价值在于："假如我们有一幅精美的绘画作品……如果我们知道它是哪位画家的杰作总是一件令人很愉悦的事情。"[12] 德皮勒既没有像博斯那样强调知晓绘画的作者是谁会有什么实际的优势，也没有像后来的作家那样强调艺术风格的分类，这是由于他自己最注重的是对绘画品质的客观分析。我们在他的著作《绘画原理及画家的天平》（*Cours de peinture par principes avec un balance de peintres*，*1708*）一书中就可以清楚无遗地解读到他的这个观念。而在"画家的天平"这部分内容中，德皮勒从四个方面对 56 位杰出画家的绘画水平进行打分，这四个方面分别是：构图（composition）、素描（drawing）、色彩（colour）、表现（expression）。从他所列出的这份表格和他对每一位画家这四项内容打分的高低，也可以直接反映出这位鉴赏家的审美标准和喜好的倾向。

德皮勒认为归属鉴定法并非特别重要，这似乎源自他两个不同寻常的思路。首先，他认为推理和记忆相比较，推理更为重要；其次，他认为牵涉到推理的活动比起那些只需要机械记忆的活动在理论界地位高出很多。这也是德皮勒对于当时的鉴定家非常错误地高估归属鉴定法的地位这种现实情况的一个反应，高估者把鉴定的其他方面都排除在外，而把他们的价值判断都建立在艺术家的声望之上。潘菲勒赞同《关于绘画知识的谈话》一书中叙述者的观点，认为我们很少能够碰到鉴定家的知识范畴超越艺术风格。早在17世纪60年代法国学者费拉特·德·尚布雷（Roland Fréart de Chambray，1606—1676）在自己的著作《论绘画完美性的观念》（*An Idea of the Perfection of Painting*）一书中就已经对这种情形感到痛心疾首。[13]

然而，德皮勒并没有完全轻视归属鉴定法，因为书中潘菲勒再三地向达蒙（Damon）保证他的这种鉴赏技巧还是值得赞扬的。《关于绘画知识的谈话》一书实际上分析了归属鉴定过程的某些细节，这成为德皮勒学术研究的另一个课题。潘菲勒把艺术风格的鉴定简单地定义为：在见过出自某一位艺术大师之手的一些作品之后，再遇见他的其他作品时，就能够一眼认出来。不过，在这个笼统的定义之内，他区分了归属鉴定的两种不同的方法：识别艺术家的手法以及辨识他的想法。为了清楚地阐明这种差异，德皮勒应用了一种比前面描述归属鉴定法时提到的书法笔迹的对照比较更加完整得多的类比方法。他注意到，当我们收到一封信时，通常我们有两种方法在没有看到署名之前就能分辨出写信人是谁——通过这封书信的格式和书写的风格或者表达的方式。在绘画中也一样，当我们看到这位画家运用画笔的特定风格之后，就能够断定他的手法特征，而通过他的创新和笔下人物的神态我们就能够看出他的想法或者“天赋”。前者的性质通过达蒙所给出的“外部符号”等具体例子得到阐明。其中包括笔触、着色、发型和衣褶形式的重复。因此，德皮勒的特别之处并不在于他描述了艺术家与众不同的特点（色彩、笔触、形式）和他的艺术风格给人留下的整体印象，因为所有这些都只是“外部符号”。他显然想让自己的类比变得更加严密：一幅绘画作品外观的各个方面只会透露出艺术大师的手法特征，而我们需要“解读”这幅作品以便发现他在“精神层面上的风格”，并且从确认创作题材这一方面来说，这个解读过程不仅仅是赋予这些艺术形式以具体的意思，而且也是识别这幅作品诠释和表现这个主题的独特方法。

德皮勒归属鉴定法的两个过程不仅仅体现在优点上，而且在运用的方法上都与以往的有所不同。潘菲勒对达蒙讲述了有关他掌握的更加肤浅的方法：“总是有一些东西，虽然你必须更早掌握，并且你应该通过绘画的精神特征来辨认出它的艺术风格。”[14] 这种归属鉴定法的最大优势似乎在于德皮勒认为的有深度的美学分析，具有另一个重要意义。虽然在德皮勒看来，归属鉴定法比起艺术品质评估在艺术鉴定的地位要低，但是“精神层面上”的归属鉴定法至少已经接近于值得推荐的鉴定方法，不过，它需要鉴定家在更大程度上进行理性判断。德皮勒并没有声称某一种方法比起另一种方法来可以得到更加准确的结果，虽然他在《画家传记和完美画家的观念》一书中确实暗示了如果一个鉴定家能够充分理解画家的想法，他就可以更加轻而易举地辨别出那些外部特征很相似的不同艺术风格。鉴定家最根本的差异在于方法本身，而不在于结果，这种观点与德皮勒在《画家传记和完美画家的观念》一书中所表明的观点一致，鉴定家自身判断过程的正确性比起事实上他判断结果的准确性更为重要。

因此，德皮勒自己对鉴定有一个等级观念。在他的观念里，地位最高的是能够分辨和解释清楚绘画中精华和糟粕所在的能力。地位稍低一点的是鉴别出作品的艺术风格，即归属鉴定法。如果我们再进一步区分，可以把归属鉴定法再细分为两个层次：通过判断艺术家思维方式的差异来确定作品创作者的归属鉴定法和依赖辨别他的作画方式的归属鉴定法。前者要来得高明一些。[15]

德皮勒在自己的著作中给了归属鉴定法一席之地。尽管与更为关键的艺术理论问题相比它占据的分量还是比较小，但是由于德皮勒作为艺术评论家和理论家的崇高地位，以及他在论述此问题时条理非常清楚，因而在18世纪，他关于鉴定问题的观点一直被世人奉为圭臬。

如果我们把博斯与德皮勒关于鉴定的观点相比就会发现他们两人在这方面的看法并不一致，与博斯更加强调对艺术作品的洞察力和视觉记忆相比，德皮勒对鉴定的态度则更具理性，他审慎地区分其中涉及的概念，并因此创立了一个更为严谨的讨论鉴定问题的框架，这一框架在18世纪获得人们的认可，并得到广泛应用。

对鉴定加以系统化分类从德皮勒开始。这种分类法被18世纪两位主要的美术史家所采纳，他们分别是乔纳森·理查森和德扎利尔·达让维尔（A.J.Dezallier d'Argenville，1680—1745）。

第三节 乔纳森·理查森与鉴定

乔纳森·理查森（Jonathan Richardson the elder，1665—1745，图1.3），可以算得上是一位学识渊博、德艺双馨的学者。从职业上看，他是肖像画家，被一些评论家认为是当时英国最杰出的三名画家之一。同时，他也是英国历史上有名的作家。他在艺术方面的第一本论著是发表于1715年的《论绘画理论》（*An Essay on the Theory of Painting*），这本书对后来英国皇家美术院院长乔舒亚·雷诺兹（Joshua Reynolds）在绘画及理论方面都产生了很大的影响。1719年，理查森发

图1.3 乔纳森·理查森（1665—1745）油画自画像（1729）

表了鉴定研究方面最值得关注的作品之一:《讲演二篇：论与绘画相关的艺术批评与论鉴定的科学》(*Two Discourses*：*Essay on the Whole Art of Criticism as it Relates to Painting and an Argument in Behalf of the Science of the Connoisseur*)，在这部著述中，他详细地阐明了自己对鉴定的目标和原则的一些看法。1722年，他与儿子小乔纳森一起写作了《关于意大利的一些雕塑、浮雕、素描及绘画作品的叙述与评论》(*An Account of Some of the Statues, Bas-Reliefs, Drawings, and Pictures in Italy*，*1722*)。除了在艺术理论方面做出卓越的贡献之外，他还著有《关于弥尔顿的〈失乐园〉的注释和评论》(*Explanatory notes and remarks on Milton's Paradise lost*[16]，1734)以及一本诗集。

理查森对于鉴定的看法主要集中于他的著作《讲演二篇：论与绘画相关的艺术批评与论鉴定的科学》，其独特的观点和陈述方法应该放在18世纪的英国社会这个大背景下理解。当时，人们对绘画作品的兴趣少得可怜，理查森在这本书中写了欣赏绘画带来的诸多益处，他表示写该书的目的在于“努力劝说我们的贵族阶级和绅士阶级成为绘画艺术的爱好者和鉴赏者”，他相信加强对艺术的了解将会有助于提高英国的绘画水平。[17]

由于《讲演二篇》中的第二篇把关注的重点转向作为鉴定家所拥有的尊严、肯定、愉悦以及优势(A Discourse on the Dignity, Certainty、Pleasure and Advantage of the Science of a Connoisseur)，下面我们主要针对第一篇论述中有关鉴定的观点做一番简要的评述。

第一篇论述《批评的艺术》的主要内容在它的副标题中都已经概括出来了——告诉您如何判断：(1) 一幅画的精华之所在；(2) 出自哪位艺术大师之手；(3) 到底是原作还是赝品。在这篇论述中，理查森非常有条理地对艺术初学者进行耐心的指导，不过，当他觉得有必要对某些方面进行论证时，他就会继续进行深入的分析和说明。

理查森之所以写作《论与绘画相关的艺术批评》这部分内容，直接的原因是他在进行亲身探索，并且我们从他的叙述中可以马上联想到亚伯拉罕·博斯在70年前也是由于相同的动机写作了同样主题的文章。理查森在自己的序言中是这样解释的：

我经常被问及怎样才能辨别一幅绘画作品是出自哪一位艺术大师之手，以及我们如何才能把赝品和真品区分开来；如何才能给这些问题提供一个令人满意的答案，使它既能够为大多数的绅士所接受，而且还能够令那些打破砂锅问到底的追问者心悦诚服。[18]

纵观《论与绘画相关的艺术批评》这篇论述，对于理查森而言，首要的一个方法论原则就是：我们不应该把自己的判断建立在权威或者传统之上，而是应该通过自己亲身的观察和推理，得出自己的判断。他表示《论与绘画相关的艺术批评》就是遵循这个原则写成的。在这本书的序言中，他写道：

然而，不管别人如何评价我，无论是褒扬，抑或是误解，在我心里同样都感觉很坦然，因为我走的是正确的路并借以追求真理。[19]

这段话也是理查森在表明自己的态度和决心，他是非常坚定且认真地着手进行“鉴定”方面的研究工作，他力求自己尽量超脱，不羁绊于世俗的评价，“岂能尽如人意，但求无愧我心”。

在“一幅画的精华所在”（of the goodness of a picture）这部分内容中，他描述了如何区分绘画作品的好坏之处。他提到德皮勒仅仅向他的读者谈论好的绘画作品应该遵循的原则以及业余爱好者对这些问题的理解不可能达到专业画家理解的那种程度。理查森同样也向读者提到自己的绘画理论，并用来对绘画的原则作更为详细的讨论，但是他把文章的更大篇幅用来指导读者如何鉴赏绘画的艺术品质。他把进行品质判断的整个过程系统地划分为几个步骤以供鉴定初学者正确而有效地应用。他的三条指导意见分别是：

第一条建议："想要成为一名优秀的鉴定家，首先必须得避免偏见以及错误的推理。"[20]

第二条建议："如果想要正确地判断某幅绘画、素描或版画作品到底好在哪里，我们就必须得建立一整套规则系统以便应用于我们想要做出判断的作品。"[21]

值得注意的是理查森建议读者们应该建立自己的判断标准。显然他认为个人的判断在决定什么样的作品才是真正优秀的作品方面比那些权威专家的话更为重要。他在自己的著作《论绘画理论》中向读者提到了自己的规则系统以供参考。这些判断的标准涉及绘画作品的每一个部分，包括绘画的题材、表现方式、光线和明暗、比例、色彩、素描、背景等诸多因素。

第三条建议："如果想要正确地判断某幅绘画或者素描作品到底有多好，鉴定者就必须非常了解那些最好的作品，并且对最好的作品应该符合什么样的标准，始终做到心中有数。"[22]

理查森认为这一点很重要，因为他觉得只有让鉴定家建立起他进行判断时可以参照的上限或标杆时，他们才会对绘画的艺术品质和等级有着比较清楚的认识。

理查森认为，个人风格在某些作品中可能会体现得更为明显，而不是体现在作品的某些局部中。关于这点，他提出了两条主要注意事项：第一，鉴定家应当意识到，在艺术家的诸多作品中可能会经历一些风格上的变化，他应该弄清楚这些改变发生的原因和频率；第二，鉴定家应该保证自己只能在绘画传世真品的基础上形成自己对于大师的认识。

在"绘画名家手法的知识"（of Knowledge of Hands）这一部分，理查森很清楚地表明了自己对于归属鉴定的态度和立场，这与法国早期关于鉴定的态度形成了非常鲜明的对比。理查森坚持认为归属鉴定显然是一门要求具备独特的技能和方法的学问；一名德高望重的画家或者一名拥有良好艺术鉴赏力的人未必就能够准确地判断出一幅绘画作品究竟出自何人之手。理查森本人在从事归属鉴定活动。中坚持应用归属鉴定的实证方法，他对自己的要求甚至比他上面推荐的那套方法更为苛刻，譬如，他仔细地比较拉斐尔绘画作品，不仅仅与自己脑海中固有的拉斐尔绘画风格做比较，而且还会与现实中拉斐尔的绘画真品进行非常严格的对比。

在“关于绘画原作与复制品”（of Originals and Copies）这部分，理查森认为一件艺术品的产生有三个可能的源头，即艺术家本人的原创、对于现实生活的表现，以及对其他绘画作品的模仿。而且他认为同时受这几个创作源头的综合影响也是有可能的。他表示任何一幅绘画作品严格说来，不可能直接由画家创造产生，它肯定源自画家看过的某些事物，虽然这些事物或许只是构成这位画家创作这幅画的原型。因而，画家本人原创的与源于生活的画作之间，其实在种类上并没有真正的区别。

唯一的区别就表现在模仿其他绘画作品的那些画作中，画家才刚刚吸收了一些新的观念，就马上把它们应用出来，而在画家自己原创的作品中，这些观念本来就一直储存在画家的脑海中，虽然它们较不清晰，然而却异常生动。[23]

关于绘画的质量问题，理查森并不认为原创作品相对于复制品就一定具有绝对的优越性。他表示：“人们宁愿得到一幅名画的复制品也不愿拥有一幅低俗平庸的创作。”[24] 理查森并没有觉得原创性本身一定就比非原创性更加难能可贵，他认为一幅非常拙劣平庸的原创作品可能没有任何的优点；相比之下，反而从那些传世名作的复制品中，人们还可以见识到伟大艺术品绝妙的构思和杰出的表现手法等诸多卓越的艺术品质。

正如前面几节中谈论如何判断绘画的品质和名家的手法一样，在提出自己总体的理论观点之后，理查森就开始涉及如何进行实际上的操作，他提出了自己在这方面的想法。他认为，当考虑原创性这个问题时，当研究一幅绘画作品或者素描作品，讨论它是一幅复制品还是原创作品时，或许我们可以从四个层面进行考虑：

第一，我们应当准确地应用哪些专业术语？

第二，这是一幅出自名家本人之手的作品，还是模仿他的作品？

第三，这样一幅看似出自那位大师之手的绘画作品，是他的原作抑或是模仿其他作品的复制品？

第四，这是艺术大师源于生活的作品，还是他个人匠心独运的创作呢，抑或是他仿照自己的其他作品而制作的复制品呢？[25]

在《论与绘画相关的艺术批评》最后一部分，理查森谈及要想成为一名合格的鉴定家，必须具备的一些非常理性的思考和品质。我们从理查森在这一部分的评论中，也可以相当清楚地看出他认为鉴定是一门特殊的学问，它的规则和方法应当直接来源于理性的追求，也就是理查森前面所阐释的方法。

他在《讲演二篇》这部著作中确立的目标是想证明鉴定是一门理性的、以经验为基础的学科，任何思路清晰并且能够进行正确推理的人都可以掌握这门科学。这样一种方法使得理查森的著作《讲演二篇》与以前的理论家诸如德皮勒等人论述艺术的著作区分开来，而且泾渭分明。实际上，理查森对德皮勒在归属鉴定方面的评论不以为然，认为它们几乎没有什么用处。至于写作与艺术相关的著述这一方面的动机，理查森与德扎利尔·达让维尔（A.J.Dezallier d' Argenville, 1680—1745）拥有相同之处。理查森认为鉴定对于收藏家而言，具有特殊的重要性，鉴定与艺术品的买卖紧密相关；并且，他认为就如较早的作家所表明的那样，非专业人士或本身并不是艺术家的普通大众也能够做好鉴定。理查森表示自己的很多著作正是面向他们的。他的著作在一定程度上推动了鉴定家和艺术品市场之间的融合。

达让维尔对于鉴赏的讨论显然是在老一辈的美术史家德皮勒理论的基础之上展开的，他对鉴赏的讨论主要集中于他的著作《最著名画家生平略传》（*Abrégé de la vie des plus fameux peintres*）一书中的开始部分。与以前谈论鉴赏的作家不一样，达让维尔认为风格是对艺术视觉的一种积极而统一的表达方式，这种观念构成了他对于归属鉴定想法的基础。他认为能否辨别出艺术家的个人风格对于鉴定家而言至关重要。在《最著名画家生平略传》中，达让维尔表示自己认为个人风格的观念涉及三个主要的信念：

首先，艺术家的思维方式和作画方式与他的艺术风格密切相关。

其次，具有创造性的天赋是艺术风格的源泉。

再者，由于素描是这种天赋最直接的产物，因此，它们最能够代表艺术家的个人风格。[26]

我们从达让维尔本人收藏了6000多幅各位艺术家的素描作品这一事实就可以看出他对这方面的重视程度以及他对艺术家个人风格的掌握程度了。

就像德皮勒一样，达让维尔也区分素描或者绘画中的两种风格类型：精神的特征和手法的特征。然而，与德皮勒不一样的是，他看到了它们相互之间紧密的依赖关系，因此，他并不认为建立在辨明（或看清）画家"精神活动"基础上的归属鉴定就一定比识别画家"手法"的归属鉴定要高明许多。跟德皮勒一样，达让维尔也把鉴定划分为三个分支：关于素描和绘画品质方面的知识、识别它们的创作者，以及区分绘画复制品和原作的能力。不过，他强调自己更加相信后面这两种类型的鉴定能够给出更令人满意的结果。[27]

达让维尔还提出了出现在18世纪和19世纪其他论述鉴赏的著作中的一个相当重要的问题，即艺术品的历史和文献都不能够提供作品独创性的确切证据，所有的判断都应该根据作品本身作出。"这是相同的事物，作品的内在价值，应该与它融为一体。"值得注意的是，这一观点与莫雷利关于艺术鉴定的出发点应该是艺术作品本身的看法有着共同之处。

风格的知识和归属鉴定的技巧都是达让维尔所关注并且致力研究的焦点。达让维尔不仅像博斯和德皮勒一样，承认在归属鉴定的领域里，艺术家和业余爱好者或许都可以成为高明的鉴定家，而且他认为非专业人士实际上在这种鉴定中有可能做得比专业的艺术家更好。这是因为它要求鉴定者对绘画史有一个彻底的了解，而艺术家可能很少有足够的时间或爱好去从事这种研究。风格鉴定家所需具备的资格就是拥有“足够好的记忆力”以及“能够准确地记住各种不同的鉴定实践，却又不会把它们混淆起来”。归属鉴定家的训练在于尽可能多地去研究和比较每一位大师数量众多的素描、绘画以及版画作品。只有经过这样的训练之后，鉴定者才会逐渐对每一位画家的艺术风格有透彻的了解，从而对他们的风格形成清晰而明确的概念。达让维尔认为每一种艺术风格在某些方面或多或少都会存在着一些差异。因此，受过训练的鉴定家就会拥有成为优秀鉴定家所必需的好记性以及清晰的思路，他们不需要太费周折就能够辨认出作品的艺术风格。

达让维尔认为，为了给归属鉴定法提供“某些可以依循的原则”，我们很有必要根据具体的方法来进行归属鉴定。他推荐了一套分为两个步骤的方法：首先，检验和研究艺术品应该着眼于确定作品大致的地区风格。其次，通过研究辨别出它到底是哪一位画家所作。[28]

这套方法与德皮勒之前推荐的步骤大致相同，不过，达让维尔在说明应该如何具体进行操作方面比起德皮勒详细得多。在达让维尔的《最著名画家生平略传》一书中他就举出具体的例子说明，譬如可以辨别三个地区不同的艺术风格：意大利、佛兰德斯地区、法国。意大利的绘画作品更多地受到古典作品的影响，更加注重素描、富于变化的外形轮廓，更加精致的表现手法，等等；佛罗伦萨地区的作品更注重素描，而威尼斯画派则更看重色彩。这些相关的信息都有助于鉴定家识别出艺术品所属的画派。

达让维尔还强调必须把一个艺术家在其发展过程中历经的三种不同风格考虑在内：他早期的风格、成熟期的风格以及晚期的风格。一般说来，画家成熟期的风格通常都是最好的，而他晚期的风格往往是最差的，因为到晚期他经常会陷入风格主义的状态。不过，这也并非放诸四海皆准的通则。达让维尔就给出了安德烈亚·德尔·萨尔托和米开朗琪罗等非同寻常的例子，他们晚期的作品都达到了登峰造极、炉火纯青的境界，蓬托莫（Pontormo）、卡维顿（Cavedon），以及阿尔巴尼（Albane）等人则在自己的艺术生涯早期就已经创作出他们最上乘的作品了。[29]

理查森和达让维尔共同把对于鉴定的研究推向系统化，他们的鉴定观念和见解充实了鉴定实践活动和理论发展的内涵，两人在重视归属鉴定的基础上，同时也强调绘画作品本身的风格，从这一点来看，他们不仅将鉴定的研究推向系统化，而且还将它推向了一个新的高度。

第四节　乔瓦尼·莫雷利和科学鉴定法

现代意义上的科学鉴定（scientific connoisseurship），应该建立于19世纪50年代，开山鼻祖是艺术评论家乔瓦尼·莫雷利（Giovanni Morelli）(1816—1891)（图1.4）。莫雷利出生于意大利北部的维罗纳（Verona），早年在瑞士接受教育，从18岁开始在德国的慕尼黑大学（1834—1836）攻读医学专业。之后，又在瑞士的埃尔兰根（Erlangen，1837—1838）学习了一整年的比较解剖学。莫雷利早期在医学、生理学以及比较解剖学方面受到的专业训练对于后来他形成了自己的一套科学鉴定方法起到了相当重要的作用。1838年，年轻的莫雷利在柏林与老一辈的美术史家卡尔·弗里德里希·冯·鲁莫尔（Karl Friedrich von Rumohr，1785—1843）和古斯塔夫·瓦根（Gustav Waagen，1794—1868）相识，并且受益良多。1838—1839年，莫雷利在法国巴黎进行生理学方面的研究工作，

图1.4　乔瓦尼·莫雷利（1816—1891）

此时，他开始追求在艺术方面的兴趣，其中就包括了大量阅读与艺术史相关的书籍以及经常在卢浮宫欣赏艺术品。恰好也是在这段时间，莫雷利结识了德国巴伐利亚早期著名鉴定家和艺术经纪人奥托·明德勒（Otto Mündler，1811—1870），他比莫雷利年长5岁，虽然他们都是在埃尔兰根和慕尼黑上大学，但那时候他们并不相识。莫雷利与明德勒之间的交往对于他决定自己后来在艺术史的研究方向产生了深远的影响。在瑞士，他与著名的古生物学家、地质学家路易·阿加西（Louis Agassiz，1807—1873）结下了深厚的友谊，阿加西的教诲对他后来在鉴定领域取得突破性的进展也有很大的助益。

尽管莫雷利并没有把自己在医学方面所受的教育和训练用于治病救人，成为一名专业的医生，但是他在医学方面的专业优势尤其是比较解剖学的知识与他对美术研究的兴趣相结合，使得他可以从一个崭新的角度入手进行美术鉴定，从而取得令人意想不到的收获。当时，莫雷利绝大部分时间都积极地投身于意大利民族解放和民族统一的事业之中，对艺术作品的鉴赏只是他的业余爱好。尽管莫雷利用于艺术研究的时间并不像专业的美术史家那么多，然而由于他学识渊博，所受的教育背景相较于一般的艺术研究者又较为独特，另外，他结识的众多良师益友对他甚有启发，因此他能够另辟蹊径，迅速地取得研究方法上的突破。而且，由于莫雷利在意大利民族解放事业上的贡献，使得他拥有得天独厚的便利条件，可以接触到众多意大利文艺复兴大师的艺术品原作，这与他的艺术主张正好相吻合，他认为想要成为真正优秀的鉴定家，就必须尽可能多地接触艺术品原件。因此，他把自己的大量精力花在对艺术品的鉴藏上面，可以说莫雷利的研究对象就是那些鲜活的艺术品本身。（The only true record for the connoisseur is the work of art itself.）[30]

1861年，统一的意大利王国宣布成立，乔瓦尼·莫雷利作为众议院的议员被委以重任，对马尔凯（Marches）和翁布里亚（Umbria）地区的艺术品进行清查和编订详细目录。当时刚刚统一起来的意大利迫切需要一种强烈的民族认同感和凝聚力。按照意大利“复兴运动”领导人的意思，艺术尤其是文艺复兴时期的艺术应该可以发挥出巨大的作用，因为那个意大利作为欧洲文化引领者的辉煌时代很容易唤起人们这种强烈的民族自豪感和认同感。莫雷利作为意大利“复兴运动”的活跃分子正是在这样的历史背景之下在马尔凯和翁布里亚地区开展艺术品清点和编订详细目录工作，他积极地推动意大利政府为这些绘画作品建立起地区博物馆，并且公开主张禁止艺术品的出口。当他到各地检查这些艺术品时，看到大量宝贵的艺术遗产由于战争或不法画商等诸多原因惨遭破坏，他痛心疾首、四处奔走，高声呼吁意大利政府制订出更多有效的措施来保护这些艺术珍宝。因此，莫雷利加强对艺术品的鉴定研究也是为了更好地保护本国非常珍贵的艺术遗产，这同时也体现了他的爱国情怀。后来，莫雷利把自己所有的艺术珍藏全部遗赠给贝加莫地区的博物馆。

莫雷利的鉴定方法主要受到当时流行的科学分类法尤其是生物比较学方法的影响。莫雷利将艺术作品的形式视为艺术精神气质的反映，并列举出三套形式“语言”作为鉴定的依据：一是人物的姿态与动态、衣褶与色彩给人造成的总体印象；二是一套不总是适用的边缘特征，即艺术家惯用的表情模式；三是莫雷利方法中最重要的特征，即由解剖的细节（例如手、指甲、耳朵等）、风景的背景与色彩的和谐等构成。[31]肖像画中的耳朵、鼻子、手这些因素（图 1.5）在一幅绘画整体结构中显然是属于辅助或者边缘的地位，因而往往为人们所忽略，不过它们也被认为包含着真相，因为它们是一些“无意识的”行为，对于我们了解和分析出画作真正的作者是何人是至关重要的。[32]一般而言，画家在作画时总是在最引人注目的人物表情与动态方面着力最多，而像耳垂、鼻孔、拇指球面、指甲等不起眼的部位，一般是随意为之，通过这些透露出画家的性情和风格手法。这种观点既是美术史经验主义研究的开始，同时也预示了形式主义研究。[33]

这些观念和做法正是莫雷利的创新之处，他非常巧妙地把比较解

图1.5 莫雷利在其所著的《意大利画家》中总结波蒂切利对耳朵与手的描绘方式

剖学和心理学等专业知识用于绘画鉴定和形式分析，在此基础上，他对先前许多得到普遍认可的鉴定结果提出了质疑。实践证明，莫雷利的鉴定方法的确成功地解决了当时绘画鉴定所面临的一些难题。莫雷利对罗马、慕尼黑、德累斯顿和柏林博物馆中的数百幅古代大师的作品重新进行了鉴定，研究成果令人瞩目，甚至引起德国竞争者的嫉恨。莫雷利在自己的著作《意大利绘画艺术批评研究》（*Kunstkritische Studien über Italienische Malerei*，*1890*）一书中以对话的形式在“原理和方法”（Grundlagen und Methoden）这一章里阐述了自己对鉴定的观点。

莫雷利科学鉴定法的最大特点在于它的特性，这种科学的方法似乎为人文科学和自然科学之间的沟通搭建了一条桥梁。恩里科·卡斯泰尔诺沃（Enrico Castelnuovo）把莫雷利的鉴定方法与阿瑟·柯南·道尔（Arthur Conan Doyle）笔下福尔摩斯的破案方法相比较。在侦探小说《硬纸板盒》（*The Cardboard Box*，*1893*）中，福尔摩斯甚至运用莫雷利的方法——根据耳朵的形状来破案。他一直盯着一位女士的耳朵看，他后来向自己的搭档解释道：

华生（Watson），你是医生，你很清楚人体上其他任何部位都不像耳朵那样千差万别，各人的耳朵都各不相同，这是常理。我曾在去年的《人类学杂志》上发表过关于这个问题的两篇短文。我以一个专家的眼光检查了装在纸盒里的两只耳朵，并仔细地观察了这两只耳朵在解剖学上的特点。当我注视库欣（Cushing）小姐的耳朵，发现它与我检查过的那只女人耳朵极为相似时，你可以想象我当时是多么的惊愕了。这件事绝非巧合，它们的耳翼都很短，上耳的弯曲度也都很大，内耳软骨的旋卷形状也相似，从所有特征上看，简直是同一只耳朵。当然我立即知道这一发现极其重要。显然库欣小姐与受害者有着血缘关系，并且可能是近亲。[34]

莫雷利科学鉴定方法的一个重要基点是心理学中的"潜意识"（subconciousness），现代心理学已经证明，相对于有准备的行为来说，人在无意间的细微动作更能真实地反映出这个人的性格特征。在弗洛伊德的《米开朗琪罗的摩西》（*The Moses of Michelangelo*，*1914*）一文中，弗洛伊德揭示了莫雷利的方法对他的影响［莫雷利当时化名为伊凡·莱莫利耶夫（Ivan Lermolieff）］，弗洛伊德写道："我认为莫雷利的这种方法与心理分析的方法紧密相关。"弗洛伊德认为莫雷利的科学鉴定法对心理分析产生了重要的影响。[35]

为什么莫雷利、柯南·道尔和弗洛伊德之间会发生这种有趣的联系呢？一个比较可信的解释是这三个人都有学医的背景。如果从符号学的角度来看的话，他们三者的方法都是从外在符号出发，探寻符号与本质之间的联系。从这个角度出发，科学鉴定与19世纪末兴起的法医鉴定、犯罪侦查以及心理分析具有某些重要的相似之处：它们都试图透过事物的表象，寻找隐藏在底下的真实。[36]

我们应当如何正确认识莫雷利的科学鉴定法？卡洛·金兹伯格（Carlo Ginzburg）认为莫雷利的方法本身并不像我们所理解的那样是一个机械的观察、对照和判断的按图索骥的过程，这种方法在本质上仍然是对形状和其他方面的物理属性认识的叠加的过程，此外，莫雷利的方法并不构成一个独立的系统，这一点莫雷利本人也并不否认。更重要的是，如果要真正理解莫雷利的方法，理解细微处的形式和艺术家之间的本质联系如何能够得以建立，我们就必须从心理学的角度出发去理解，莫雷利认为一个人的性格特点可以通过他作品的细微处得到体现，这种表达方式具有某种程度上的一贯性，而且与其他艺术家截然不同。莫雷利的方法还具有生理学和笔迹学（graphology）的理论基础。[37]

然而，莫雷利的鉴定方法在当时备受争议。对他的批评主要集中在两点：第一种批评认为莫雷利的方法并不重要，因为它已经被其他学者们用过了，如柏林博物馆馆长威廉·冯·博德基本上对莫雷利的鉴定理论抱持着蔑视的态度，指责莫雷利只是将他朋友明德勒所发明的科学鉴定法夸张化了；他认为莫雷利在很大程度上依赖于克劳和卡瓦尔卡塞莱的著作。不过，莫雷利分析博德之所以与他在许多观念上都存在着较大的分歧，或许是由于他们在教育背景上的差异：博德原来是学法律的，而自己接受的却是科学的训练。莫雷利非常严肃地就科学鉴定法这个问题发表自己的观点：

> 即使是最具天赋、成就斐然的鉴定家，如果他没有一套明确的研究系统，那么他也无法获得非常肯定的判断。而我相信这套研究系统，就是通常所说的“实验的方法”。这种源自达·芬奇、伽利略、培根、达尔文的科学方法，已经给我们带来了许多非常了不起的发现。[38]

莫雷利上面这段话清楚地表明了自己的鉴定方法是以科学作为其最坚实的基础，而不是任何毫无依据的直观臆测和随意判断。第二种批评则更加激烈，认为莫雷利的方法是荒谬的，因为它使得人们“对艺术品更深层的质量麻木不仁，只考虑外部特征”。[39] 如德国鉴定家马克斯·雅各布·弗里德伦德尔质疑莫雷利自称为理性的分析方式，认为他的鉴定法具有很大的欺骗性，他甚至认为莫雷利是个骗子。在弗里德伦德尔看来，莫雷利所谓的“科学”分析方法，与科学其实一点也沾不上边，他更多的是依靠个人对艺术品的直觉而作出鉴定方面的判断。弗里德伦德尔认为莫雷利的方法如果作为鉴定的辅助方式或检验鉴定结果正确与否的手段也许更为合适。在他的眼里，莫雷利充其量只不过是一个艺术的业余爱好者，他觉得莫雷利作为学者而言，太过于装模作样了。[40] 我认为弗里德伦德尔在这里批评莫雷利做作，指的是他认为莫雷利很巧妙地为自己的分析方法寻找心理学方面的理论支撑。不过，需要指出的是，弗里德伦德尔本人同样使用莫雷利的方法进行鉴定，他竭力想要否定的是莫雷利应用自己的这套鉴定方法取得如此可观的研究成果。事实上以莫雷利为代表的意大利各大博物馆和以博德、弗里德伦德尔为代表的德国柏林博物馆等重要机构展开了艺术收藏方面日益激烈的角逐，并已经演变为一种政治活动。因此，他对莫雷利的鉴定方法所作的评价在旁人看来，其实并不够客观、有失公允。

面对着以德国学者为代表的诸多质疑甚至指责，莫雷利为自己辩护道："有些德国对手批评我仅凭手、指甲、耳朵、脚趾等的形状来鉴别和评价一位大师，我说不清他们是否足够的坦诚。不过，我可以向你保证，我绝不是那种傻瓜。我所强调的是一种特定的形式，尤其是一只耳朵或一只手，就可以将一位大师的作品与一幅复制得非常精确的赝品区别开来，借此可以建立起一种通识。"有人批评这是一种"平庸之辈的把戏"，但莫雷利坚持认为掌握这种方法对于美术鉴定是有好处的。[41]

埃德加·温德（Edgar Wind）在自己的著作《艺术和混乱》（*Art and Anarchy*）一书中，比较客观公正地评价了莫雷利的鉴定方法。他从现代心理分析学的角度来剖析莫雷利的鉴定理论。他认为，莫雷利为了判断一幅绘画是哪位大师的作品，除了准确把握一般的审美反应（aesthetic reaction）之外，有时甚至需要颠倒正常的审美顺序。这有点类似于我们现在所说的"逆向思维"。因为在欣赏一幅作品时，我们本能的反应是首先获得作品的总体印象，然后才是作品某处的细节，这些细节包括构图、比例、色彩、表情、姿态等，然而，这些特征并不能让我们确定一幅作品的归属，因为这些特征并不是某一位画家自己独有的，而可能是这个画派的画家所共有的，并且构图和某些细节的特征非常容易被模仿，因此，莫雷利认为，这些特征并不能让我们确定一幅作品的归属。鉴定者应该转向那些更加不为人关注的细节特征，画家在作画时对这些特征并不在意，模仿者在模仿时同样不关心这些特征，因此这些最容易被人们忽视的特征反而更加能够帮助我们有效地对作品的归属作出判断。[42] 温德总结莫雷利鉴定方法的核心内容在于："一位艺术家在形式方面最真实的面貌（或艺术家个人本能的行为）只会出现在作品中最不受重视的部分，因为它们才是未经任何刻意雕琢的地方。"温德认为莫雷利的鉴定方法是进行科学研究的利器，对于艺术鉴定专家来说是一种非常有价值的辅助手段。

毋庸置疑的是，莫雷利这种新的鉴定方法带来了非常可观的研究成果。举例来说，仅仅德累斯顿美术馆，就有46幅绘画作品因为莫雷利的研究方法和最新发现而给重新命名，并且其他许多美术馆因为这一鉴定方法引发的改变也同样巨大。引用莫雷利的朋友亨利·莱亚德的话来说，莫雷利带来了一场变革。这个评价其实一点也不为过。[43]

"就对绘画的分析而言，莫雷利的工作代表了自从它们于16世纪被瓦萨里确定以来对鉴赏的技巧和标准的第一次彻底的再评价。"[44] 在莫雷利的科学鉴定法出现以前，鉴定家大多依靠两种方法来对作品进行鉴定：一种是直觉或者说是所谓的总体印象，另一种是文献证据。从这个角度来看，莫雷利的科学鉴定法在很大程度上使得鉴定这一实践减少了主观性，增加了客观性，使得我们对艺术品的归属更加确信。[45] 与其说莫雷利引进了一种新的鉴定实践，还不如说莫雷利引进的是一种全新的鉴定理念，一种全新的鉴定精神。

除了上述的代表人物之外，16至20世纪的欧洲还涌现了许多杰出的鉴定家，其中著名的有早期的鉴定家意大利威尼斯的贵族马尔坎托尼奥·米歇尔（Marcantonio Michel，1484—1552），他经常对当时艺术市场上的绘画作品进行评判；影响力更大的是意大利锡耶纳的朱利奥·曼奇尼（Giulio Mancini，1558—1630），他是教皇乌尔班八世的私人医生，同时也是一名眼光敏锐的收藏家。曼奇尼的著作《关于绘画的思考》（*Considerazioni Sulla Pittura*，*1619*），提出了他对于如何甄别艺术品的赝品与真品、如何判断作品的年代等诸多鉴赏问题独到的见解。还有18世纪最伟大的古物研究者和美术史家兰齐（Luigi Lanzi，1732—1810），兰齐的代表作是《意大利绘画史》（*Storia Pittorica dell' Italia*）；乔瓦尼·卡瓦尔卡塞莱（Giovanni Battista Cavalcaselle，1820—1897）也是一位著名的意大利鉴定家，他曾和莫雷利一起受雇于意大利政府，编制艺术品目录，对藏画进行评估，后又被任命为佛罗伦萨国立博物馆的监管；柏林博物馆馆长威廉·冯·博德（Wilhelm von Bode，1845—1929）是一位学识渊博的鉴定家，尽管他长期以来一直与莫雷利以及贝伦森处于一种竞争和敌对的状态，但是他在艺术史方面颇有建树，尤其是在意大利文艺复兴方面的著作具有广泛的影响力；德国美术史家马克斯·雅各布·弗里德伦德尔（Max Jacob Friedländer，1867—1958）同时也是一位重要的鉴定家，他曾经与博德一起，很有规划性地为柏林各博物馆增添了许多重要的藏品，他的论著颇丰，其中《论艺术与鉴赏》（*On Art and Connoisseurship*，*1942*）[46]流传甚广，而他14卷本的代表作《早期尼德兰绘画》（*Die altniederländischen Malerei*，*1924—1937*）更是这一领域具有里程碑意义的巨著；纽约大学的教授查理德·奥夫纳（Richard Offner，1889—1965），年轻时师从鉴定家贝伦森，后来成为研究13—14世纪意大利艺术的权威专家。奥夫纳于1927年发表了一篇论文《方法理论概要》（*An Outline of a Theory of Method*）讨论鉴定学，寻求从美学的角度来研究鉴定家的判断等问题。他所著的《独具慧眼：意大利早期绘画论文集》（*A Discerning Eye: Essays on Early Italian Painting*）等多部著作在艺术鉴赏领域也具有较大的影响力。

除此之外，还有许多杰出的鉴定家出现，在这里我就不一一赘述了。值得一提的是，莫雷利创造科学鉴定法的本意是为了更好地保护意大利的艺术遗产，把文艺复兴时期第一流的艺术杰作尽量都留在意大利，禁止它们被外国博物馆收购，当然他本人并不反对那些二三流的艺术品出口到国外，让外国博物馆收藏；[47] 不过，让他始料未及同时又具有讽刺意义的是，自己最杰出的追随者贝伦森却把他的科学鉴定法用来为美国的私人收藏家和画商们服务，有计划、有步骤地把意大利大量的艺术珍品卖往美国，从而对意大利的艺术遗产构成了具有一定伤害性的掠夺行为，这不能不说是一种很大的遗憾。

第五节　小结

本章主要以鉴定发展进程中四位具有代表性的人物瓦萨里、德皮勒、理查森和莫雷利的鉴定观念为线索对鉴定的发展进行大体上的梳理。

从瓦萨里到莫雷利关于鉴定的理论的评述中我们可以发现一条清晰的鉴定理论发展的道路。瓦萨里的归属鉴定基本上是风格鉴定，瓦萨里认为艺术风格的分析与归属鉴定的手段几乎完全相同，这种鉴定主要依赖于鉴定者对艺术品作者的了解和相关知识的积累以及对作品的总体感受。而德皮勒的归属鉴定相对更加全面，他把绘画作品的鉴定分为三种活动。德皮勒眼中的鉴赏不仅是对作品总体风格的感知，而且还要能够清楚地知道绘画作品的好坏与否、能够清楚地辨别出同一幅绘画中精华和糟粕之所在、还需要“解读”作品“精神层面上的风格”。理查森的鉴定观则是以系统性见长，他在自己的著作《论绘画理论》一书中向读者提到了自己的规则系统以供参考。这些规则包括如何处理绘画作品的每一个部分：创作题材、表现手法、构图、光线、色彩、素描、背景的处理等方面的因素。理查森鉴定理论的另一个特点在于严格地坚持应用归属鉴定的实证方法。莫雷利的鉴定方法之所以被称为科学鉴定法，是因为这种方法以现代科学意义上的精神分析和心理学为理论基础，从创作者的“潜意识”出发，以三套形式“语言”作为鉴定的依据，使得鉴定的结果更加科学可信，莫雷利创新性地结合了医学、心理学以及美学，对于鉴定学的发展起到了巨大的推动作用。因此，我们可以把从瓦萨里到莫雷利的鉴定观念的发展归结为一个走向系统、全面和科学的鉴定学的发展历程，这一发展的特点是从主观转为客观，从重印象转为重形式，从解读文献转为研究艺术品本身。鉴定从本质上来说是一种主观性很强的活动，如何在主观和客观之间找到一个很好的平衡点应当是每一个鉴定工作者必须思考的问题。[48] 长达四个世纪鉴定观念的发展可以看作是一个主观价值判断和客观知识判断平衡的过程。

鉴定家们所从事的鉴定活动毫无疑问大大促进了艺术史的研究和艺术的发展，鉴定的出现使得许多原本寂寂无闻的艺术家载入史册，重新被世人广泛知晓。但是，鉴定活动的重要性并没有得到一致的认可。否定鉴定的一方认为艺术活动的本质是追求美的价值，只要作品做到具有美的价值就是好作品，至于作品本身是原创还是复制并不重要；此外，鉴定活动与社会和艺术品市场息息相关，因此鉴定者无法做出客观公正的评价。我们从非洲艺术品的赝品大量流入艺术市场的泛滥中，就可以窥见鉴定的日益式微。对鉴定持肯定态度的一方认为，对作品的审美判断离不开对作品正确归属的鉴定，认知是审美当中不可或缺的重要因素。在这方面，卡洛·金兹伯格是其中一个重要的代表人物，作为微观历史学派（microhistory）的创始人，金兹伯格认为对艺术品的鉴定是历史叙述的基础之一。他于 1979 年发表的《线索：证据范式的根源》（*Clues: Roots of Evidential Paradigm*）一文中，就认为莫雷利等人创立的科学鉴定法使得 19 世纪的人文学科涌现出了现象学的典范（epistemological paradigm），并极大地促进了心理学等学科的发展。从鉴定学的发展来看，它本身越来越倾向于与其他学科相融合，逐步发展成为一个交叉学科，如与植物学、古文献学、档案学的融合，这使得鉴定学的内涵越来越丰富，它的任务不仅仅局限于做归属鉴定，我们从中可以学到更加广博的知识。从鉴定活动的神经认知基础来看，虽然鉴定活动本质上离不开直觉判断，但是关于神经活动的研究已经表明，直觉判断实际上是一个基于各种感觉信息和知识储备的复杂的认知过程，因此具有科学性，本质上不同于主观臆断。这种直觉判断与弗洛伊德所说的潜意识具有交集，两者在科学话语的世界里都占据一定的位置；最后，从社会认知理论（social-cognitive）的角度来看，鉴定活动的结果允许争议，但是鉴定活动本身可以帮助我们形成一种意识，即评价和判断应该建立在多方考证、看重作品本身和知识积累的基础之上，在这个基础上做出的鉴定才是真实可信而且才是有价值的。从上述四个方面来看，鉴定在艺术史上，乃至在社会生活中都应当具有重要的地位。

莫雷利的科学鉴定法为鉴定学在现代的发展奠定了基础，并且为它的发展翻开了新篇章。19 世纪末 20 世纪初，伯纳德·贝伦森（Bernard Berenson）则继承了莫雷利关于科学鉴定方法的观念和目标，形成了以鉴定为基础的艺术史。在本论文后面的部分，我将继续探索贝伦森鉴定理论的发展、思想根源、学术成就和鉴定成就以及他对东方艺术，尤其是中国艺术品的收藏和研究。

注释

1. 范景中主编:《美术史的形状Ⅰ:从瓦萨里到20世纪20年代》,中国美术学院出版社,2002年,第1页。

2. 范景中主编:《美术史的形状Ⅰ:从瓦萨里到20世纪20年代》,中国美术学院出版社,2002年,第6页。

3. 同上,第43页。

4. Carol Gibson-Wood, *Studies in the Theory of Connoisseurship from Vasari to Morelli*, New York, 1988, pp. 21-25.

5. Carol Gibson-Wood, *Studies in the Theory of Connoisseurship from Vasari to Morelli*, New York, 1988, pp. 45-46.

6. Ibid., pp.50-52.

7. Carol Gibson-Wood, *Studies in the Theory of Connoisseurship from Vasari to Morelli*, New York, 1988, pp. 53-55.

8. Roger de Piles, *Abrégé de la vie des peintres, avec des réflexions sur leurs ouvrages, et un traité du peintre parfait, de la connoissance des dessins, &de l'utilité des estampes*, Paris, 1699, p.93.

9. Carol Gibson-Wood, *Studies in the Theory of Connoisseurship from Vasari to Morelli*, New York, 1988, p.61.

10. Roger de Piles, *Abrégé de la vie des peintres, avec des réflexions sur leurs ouvrages, et un traité du peintre parfait, de la connoissance des dessins, &de l'utilité des estampes*, Paris, 1699, p.96.

11. Carol Gibson-Wood, *Studies in the Theory of Connoisseurship from Vasari to Morelli*, New York, 1988, p.64.

12. Carol Gibson-Wood, *Studies in the Theory of Connoisseurship from Vasari to Morelli*, New York, 1988, p. 65.

13. Ibid., p.68.

14. Carol Gibson-Wood, *Studies in the Theory of Connoisseurship from Vasari to Morelli*, New York, 1988, p. 67.

15. Carol Gibson-Wood, *Studies in the Theory of Connoisseurship from Vasari to Morelli*, New York, 1988, pp. 67-68.

16. 《注释和评论弥尔顿的〈失乐园〉》,乔纳森·理查森父子合著。他的儿子是小乔纳森·理查森(Jonathan Richardson Junior, 1694—1771)。

17. Cf. Jonathan Richardson, *Two Discourses: Essay on the Whole Art of Criticism as it Relates to Painting and an Argument in Behalf of the Science of the Connoisseur*, London, 1719, I: pp.39-45.

18. Jonathan Richardson, *Two Discourses: Essay on the Whole Art of Criticism as it Relates to Painting and an Argument in Behalf of the Science of the Connoisseur*, London, 1719, I: p. 3.

19. Jonathan Richardson, *Two Discourses: Essay on the Whole Art of Criticism as it Relates to Painting and an Argument in Behalf of the Science of the Connoisseur*, London, 1719, I: p.7.

20. Ibid., p.17.

21. Ibid., p.26.

22. Jonathan Richardson, *Two Discourses: Essay on the Whole Art of Criticism as it Relates to Painting and an Argument in Behalf of the Science of the Connoisseur*, London, 1719, I: p.33.

23. Jonathan Richardson, *Two Discourses: Essay on the Whole Art of Criticism as it Relates to Painting and an Argument in Behalf of the Science of the Connoisseur*, London, 1719, I: p.151.

24. Ibid., p.179.

25. Cf. Ibid., pp. 203-212.

26. Carol Gibson-Wood, *Studies in the Theory of Connoisseurship from Vasari to Morelli*, New York, 1988, p.73.

27. Carol Gibson-Wood, *Studies in the Theory of Connoisseurship from Vasari to Morelli*, New York, 1988, p.77.

28. Carol Gibson-Wood, *Studies in the Theory of Connoisseurship from Vasari to Morelli*, New York, 1988, pp. 83-85.

29. Ibid., pp. 86-87.

30. Richard Wollheim, *On Art and the Mind: Essays and Lecture*, London, 1973, p.180.

31. 范景中主编:《美术史的形状Ⅰ:从瓦萨里到20世纪20年代》, 中国美术学院出版社, 2002年, 第180页。

32. Carlo Ginzburg, "Clues: Roots of a Scientific Paradigm Theory and Society", Vol. 7, No. 3, 1979, p.274.

33. 陈平:《西方美术史学史》,中国美术学院出版社,2008年,第121页。

34. Carlo Ginzburg, "Clues: Roots of a Scientific Paradigm Theory and Society", Vol. 7, No. 3, 1979, p.277.

35. Ibid., p. 278.

36. Richard Wollheim, *On Art and the Mind: Essays and Lecture*, London, 1973, p.183.

37. Ibid., pp.195-200.

38. Ibid., p.186.

39. 范景中主编《美术史的形状Ⅰ:从瓦萨里到20世纪20年代》,中国美术学院出版社,2002年,第182页。

40. Cf. Max J. Friedländer, *On Art and Connoisseurship*, Boston: Beacon Press, 1942, pp.164-169.

41. 陈平:《西方美术史学史》,中国美术学院出版社,2008年,第122页。

42. Edgar Wind, *Art and Anarchy*, London: Northwestern University, 1985, p. 36.

43. Ibid.

44. 范景中主编:《美术史的形状Ⅰ:从瓦萨里到20世纪20年代》,中国美术学院出版社,2002年,第183—184页。

45. Richard Wollheim, *On Art and the Mind: Essays and Lecture*, London, 1973, p.180.

46. 这个英文版是由唐克雷德·博伦纽斯[Tancred Borenius]根据弗里德伦德尔的德文手稿翻译而成的,而这本书的德文版 *Von Kunst und Kennerschaft*直至"一战"结束后(1946年)才正式问世。

47. Richard Wollheim, *On Art and the Mind: Essays and Lecture*, London, 1973, p. 184.

48. Cole Herbert M, "A Crisis in Connoisseurship", *African Arts*, Vol. 36, p.8.

第二章　伯纳德·贝伦森的生平

第一节　童年时代

1865 年 6 月 26 日，伯纳德 · 贝伦森出生于立陶宛的历史名城维尔纽斯（Vilnius）西南 40 英里（64.37 公里）外的小村布特瑞莫尼斯（Butrimonys），当时这里是沙俄政府允许的少数犹太人聚居区之一。贝伦森生命中的前十年就是在立陶宛的这个小乡村度过的。

他的父亲阿尔伯特 · 瓦尔沃金斯基（Albert Valvrojenski）19 岁时与犹太长老所罗门之女，17 岁的尤迪丝（Judith Mickleshanski）通过传统的犹太社区相亲，在 1864 年结为夫妇。作为一个富裕家庭的穷女婿，阿尔伯特在妻子的娘家一住就是十年。他是个知识分子，却对做生意一窍不通，也没有干力气活的强壮体格，但他很有思想，深受当时欧洲启蒙主义思潮的影响，反教权主义、宗教怀疑论都是他思考的主题。

结婚一年之后，年轻的小夫妻生下了儿子伯恩哈德 · 瓦尔沃金斯基（Bernhard Valvrojenski），也就是后来的伯纳德 · 贝伦森。伯恩哈德小时候有着乌黑明亮的大眼睛，五官轮廓都很标致，手指纤细而瘦长，他一出生就得到家里所有人的宠爱。三年后父母为他增添了一个妹妹，取名姗达（Senda），五年后又添了弟弟亚伯拉罕（Abraham）。伯恩哈德自幼展现出过人的天赋、非常聪颖，从孩提时代起，父母便对他有着很高的期望。

对于伯恩哈德来说，外祖母戈尔迪（Goldie）在很大程度上承担了真正的母亲角色，因此当他不到 5 岁时，外祖母的溘然长逝对他的打击很大。那是一段黑暗的日子，但同时也让他认识到生命的可贵，因为每一段人生都值得珍视，尤其在它消逝之后便难以寻觅。此外，童年时的一个小伙伴的早逝更是加深了他的这种体会，让他觉得人生应该活得像“神圣的仪式”。[1]

伯恩哈德小时候最早学会的语言是德语，据他父母亲回忆，他 3 岁时就能够看懂德文读物。而在他们生活的小村子里，日常接触到的有意第绪语、波兰语、俄语与立陶宛语等多种语言，这在无意间也为伯恩哈德日后积累非常渊博的学识创造了一个非常好的语言环境。

父亲的反教权思想并不能阻止伯恩哈德被送进传统的犹太学校，从天刚蒙蒙亮直到村口的小路边亮起煤油灯，小伯恩哈德都在希伯来文学校里学习。尽管他也免不了小孩淘气的天性，偶尔也会偷偷地揪一下拉比（rabbi，犹太人用于尊称老师的词）的胡子，但他毫无疑问是个勤奋的学生，因为从 6 岁起他就开始读艰深的希伯来文《旧约·创世纪》，圣经对他的影响很大，激起了他对人类起源的好奇，以及对人间不平的愤慨。

如饥似渴的读书历程从此开始，他小时候最喜欢阅读叙述性的文字，这个时期的阅读中，对他影响最深的作家是歌德（Johann Wolfgang von Goethe，1749—1832）。歌德是德意志民族文学最杰出的代表，在他的笔下，浮士德已经成为追求思想解放的象征。

伯恩哈德少年老成，勇敢刚毅。从小，家里就教育他必须像男子汉一样做事。要求他必须能够克服疼痛、恐惧以及无助的感觉。在他 7 岁那年，他就很肯定地告诉母亲，自己已经长大成人了，即便是这样稚气未脱的言语，还是得到家人一致的肯定和赞许。

伯恩哈德热爱阅读，但他同样钟爱美。从他小时候起，自然之美、艺术之美便打动了他的心。他喜欢一个人静静地在立陶宛的乡间漫游。连绵起伏的群山，成片静谧的白桦林，冬日山巅的皑皑白雪以及夏日溪流的浮光掠影，无不成为他童年记忆中难以抹去的场景。田野、山村、个风物、景致从一开始就给了他幼小的心灵以美的熏陶。当他10岁那年离开家乡远赴异国他乡时，经常在午夜时分的梦境中重游于立陶宛乡间的日子。

贝伦森似乎拥有与生俱来的审美眼光，对美展现出一种异乎寻常的敏感性。据他本人的回忆，早在童年时，当他还被母亲抱在怀里，就曾被一幅油画的美所吸引，张开双臂拼命扑向那幅画着葡萄与酒瓶的作品，这可能是他最早的艺术审美体验。而对于大自然的审美体验，这里有一段特殊的经历值得注意：

我那时候可能也就五六岁吧？反正可以肯定的是当时还不到七岁，我记得那是一个初夏的清晨，乳白色的薄雾静静地闪着微光，在林间轻轻地颤抖着。空气中洋溢着淡淡的芬芳，暗香浮动。那一天宜人的微风吹拂，犹如大自然温暖的爱抚。我还清楚地记得自己当时爬上了一截树桩，仿佛一下子就沉浸在‘它者’（It-ness）之中，与大自然非常和谐地融为一体。虽然我当时还叫不出这个名字，但我也不需要任何语言，因为它和我已经合二为一了。

Was I five or six? Certainly not seven. It was a morning in early summer. A silver haze shimmered and trembled over the lime trees. The air was laden with their fragrance. The temperature was like a caress. I remember...that I climbed up a tree stump and felt suddenly immersed in It-ness. I did not call it by that name. I had no need for words. It and I were one. [2]

从贝伦森晚年所写的自传里摘录出来的这段生动的文字中，我们隐约可以觉察到他早年就对美非常敏感，而且对美的体会也非常深刻。尽管他小时候还无法准确地表达出自己的感受，不过，这应该就是审美经历中的一次超凡体验（transcendental experience）。

贝伦森在其漫长的一生中将会研究和探索“它者”这一美的主题。日后，贝伦森将会尽可能深入地阐述他所说的这个词有着什么样的含义。正如17世纪的英国诗人托马斯·特拉赫恩（Thomas Traherne，1636—1674）所说的：

日光可见永恒之美，
万物俱含无限天机……

Eternity was manifest in the light of the day,
and something infinite behind everything appeared...[3]

写到这里，笔者必须提及贝伦森的犹太身份对他童年造成的影响。犹太民族自古以来就颠沛流离，饱经磨难。第一次世界大战之前，流落在世界各地的犹太人大多处于社会底层（这种状况在新大陆有所改观），没有平等的公民权。当时在立陶宛生活的犹太人甚至无法获得合法耕种的权利。饱受压迫，然而心怀神圣期待的民族让幼年时的贝伦森深受感动，但同时也觉得非常压抑。也许正是由于这个缘故，成年后的贝伦森对自己的童年在情感上一直具有双重性，一方面他很少回忆自己的童年，即使在晚年的传记《自画像速写》（*Sketch for a Self-Portrait*）一书中，对这段往事也只是简略地一笔带过；另一方面，当往昔的影子偶尔造访时，遥远的故乡蓦然袭上心头，他又会发出这样的感慨：“我总觉得自己当初不应该离开那儿。”[4]

第二节　少年时代

1874年，贝伦森外祖父所罗门家的宅子被一把大火烧了个精光，原本一直住在岳父家的阿尔伯特一家被迫另谋出路。当时沙俄统治下的立陶宛经济萧条，反犹主义盛行，经济状况与外部生存环境的恶化迫使阿尔伯特不得不另做打算。早期移民到美国的亲友传回的故事总是那么令人神往，波士顿在传说中仿佛是个遍地黄金的天堂。于是，阿尔伯特·瓦尔沃金斯基于1874年离开立陶宛，几经辗转，终于来到美国东海岸马萨诸塞州的波士顿。1875年夏天，伯恩哈德和母亲以及妹妹姗达一同坐船，历尽艰辛，最终也抵达波士顿与父亲会合。他最小的两个妹妹伊丽莎白（Elisabeth）和瑞秋（Rachel）之后就出生在这里。

来到新大陆之后，阿尔伯特将自己打着鲜明种族和地域印记的姓氏“瓦尔沃金斯基”改为“贝伦森”，伯恩哈德·瓦尔沃金斯基从此也就成了伯恩哈德·贝伦森。多年之后，当第一次世界大战开始时，伯恩哈德·贝伦森还将自己具有德语色彩的名字伯恩哈德（Bernhard）中的“h”去掉，换成更加英语化的名字伯纳德（Bernard），这在当时是一种相当普遍的做法。

1872年，波士顿刚刚经历了一场大火，但两年后，它又重新焕发出一派欣欣向荣的景象。巍然耸立的高楼，宽阔笔直的街道，无不让背井离乡来到这里的新移民对未来的美好生活充满了信心。然而，蜂拥而至的移民也改变了这座城市的人口结构，这些后来者已经无法再享受到先驱们同等的机会。阿尔伯特在波士顿只能依靠沿途叫卖为生，他温文儒雅的形象很受家庭妇女们的欢迎。阿尔伯特也曾一度租过店面，但由于无法负担沉重的经营成本，只得返回老路。为了一家老小的生计，他不得不走街串巷，兜售锅碗瓢盆。如果恰好在路上偶遇自己的孩子和同学们放学回家，迎面走来，他便仓皇逃窜，以保全孩子的颜面以及自己脆弱的自尊。

阿尔伯特即使在这样的生存环境下，也依然与自己的朋友们保持着思想上的交流。他们这一群体都有一个共同点：当他们抵达新大陆后，其中的许多人便迅速地让自己适应当地的主流文化，不再墨守他们原先所信奉的犹太宗教传统，或许那些陈旧的传统会时刻提醒他们，正是为了逃离这种对犹太民族的歧视和压迫他们才远走他乡，来到这片新大陆，开始全新的生活。几乎所有从原先饱受压迫的环境中逃离出来的犹太人都具有这些相同的特色。

少年时代的贝伦森与父亲在思想上存在着很大的分歧，加之两人都是性格暴烈的个人主义者，经常格格不入。但是成年后，贝伦森却很感激父亲作为一个离经叛道的知识分子为自己做出的表率。在晚年给他父亲的信中，贝伦森就曾写到，父亲朋友圈子里的德国文化从他孩提时代起对他来说就是一种有益的影响，给他带来了自由的思想。“我在很大程度上得益于自己小时候听到的您和您的朋友们进行思想交流时那些谈话的影响，这让我从中获得了许多有益的熏陶。”[5]

尽管生活上异常拮据，阿尔伯特依然将儿子送到很正规的学校学习英文。从这里我们可以看出一个很重要的问题，贝伦森在10岁之后才开始接受正规的英文教育，这对他日后的英语写作产生了很大的影响，他自认对英文习语和方言的掌握不够纯熟，同时行文中还带着德语特有的略显拘谨的风格。[6]这或许也是日后他的妻子玛丽（Mary Pearsall Smith）坚持为他修改英语文章的缘故。

在米诺街11号顶层狭小的阁楼里，夏天异常闷热，冬天又寒风凛冽，令人难以忍受，条件非常艰苦。少年贝伦森在这个与世隔绝的小天地里只管一头扎进书堆，埋头苦读，无暇他顾。他那时候阅读面非常广泛，几乎无所不包。从《圣经·旧约》里的英雄故事到以利亚·凯洛格（Elijah Kellogg）所写的儿童探险故事，从罗宾汉（Robin Hood）的侠盗传奇到丹尼尔·笛福（Daniel Defoe）的《鲁滨逊漂流记》，以及纳撒尼尔·霍桑（Nathaniel Hawthorne）改写的古代希腊神话，甚至还有阿拉伯语的《一千零一夜》（كتاب ألف ليلة وليلة）。他博览群书、沉迷其中。成年后他对历史、人类学、民族学的特殊爱好应该可以追溯到这段时期的阅读经历。他自己写道：“尤其喜欢阅读通俗科学的读物，然后就是东方历史和古物方面的著作，还有游记以及关于俄罗斯的所有书籍。”冬天太冷，然而贝伦森一直埋头忘我地阅读着各种不同文字的书籍，有时候他淌下来的鼻水都流到书里，凝结起来，鼻子跟书几乎粘在一块。[7]

“从 12 岁到 16 岁，正是贝伦森求知欲最旺盛的阶段之一”，他废寝忘食、如饥似渴地学习，为他一生渊博的学识，奠定了相当扎实的基础！[8] 贝伦森曾经在 1884 年对哈佛大学的同窗好友追忆起这段往事，说自己那时更像是一个“行走的幽灵和梦游者”[9]，除了读书与学习之外，其他全然不顾。

天朗气清的日子，他还会带上书本到波士顿风光旖旎的自然环境里漫游，在欣赏大自然景物之美的同时享受着自己的精神食粮。晨雾、白桦、波光粼粼的湖水，梅里马克河的水流轻轻地冲刷着他的双足，而这个悠游的少年则半卧在河边阅读着《少年维特之烦恼》……

当贝伦森年满 16 岁时，也就是 1881 年，父亲将他送进波士顿最好的古典文科中学——波士顿拉丁学校（同时也是美国最古老的公立学校，成立于 1635 年）就读。为了贴补家用，在波士顿拉丁学校里，少年贝伦森在学习和阅读之余，不得不靠为差生补习以换取些许微薄的报酬。同时，贝伦森开始从波士顿公共图书馆借书，每周两次，靠大量的阅读来了解这个全新的国度。历史、文学、艺术等诸多学科门类都被他囊括其中。

那时候，贝伦森似乎在为自己准备着一个未来，至于它的边界究竟在哪里，甚至连他自己都无法预知。由于贝伦森非常有才华，他拥有这么多的选择，甚至很有可能由于一时的热情而挥霍自己宝贵的时间和精力，他同样也有可能因为优柔寡断而反受其害。

然而，在他诸多的兴趣中最突出的是诗歌，他从童年开始就对它情有独钟。在他 16 岁的时候，第一次读到了马修·阿诺德（Matthew Arnold，1822—1888，英国著名诗人）的诗歌，它们对贝伦森似乎具有某种特殊的启示意义。他写道：“这种感觉就像我活了十六年，一直以来都是哑巴，突然之间，我发现自己好像被赋予了某种声音，他的每一行诗句仿佛都是从我的心灵深处流淌出来。”[10]

第三节　大学时代

图2.1　贝伦森1887年摄于哈佛，时年21岁

1883 年，贝伦森进入波士顿大学就读。尽管他身材瘦小，异常单薄，但这个博学多才、举止洒脱的英俊青年却一直是老师和女同学们的宠儿。大学一年级时，他常常和自己心仪的同学伊丽莎白·唐宁（Elizabeth Downing）去参观波士顿美术馆。漫长的午后，他们一起在波蒂切利《维纳斯的诞生》（*The Birth of Venus*）的复制品面前久久徘徊，为它的美沉醉不已。马修·阿诺德的文化观在这一时期对他有着很深的影响，并开拓了他的知识眼界。阿诺德曾说过，“与基督徒进行思想交流对于一个人在精神上的成长具有很大的帮助”[11]，贝伦森对此颇有感触。

贝伦森最初选择就读波士顿大学主要是出于经济上的考虑，私底下他觉得这所学校完全不能满足自己的需要。波士顿大学的同窗，报业大亨之子爱德华·沃伦（Edward Warren）仰慕贝伦森的才华，主动为他提供了经济上的资助。1884 年，贝伦森欣然转至哈佛大学。

19 世纪 80 年代，哈佛大学在校长查尔斯·威廉·艾略特（Charles William Eliot，1834—1926）的领导下实施了多项教学改革，进入了历史上的黄金时期，不仅校园面积大大扩展，师资队伍也得到了很大的加强。贝伦森（图 2.1）恰逢其时，他迫不及待地开始了自己在哈佛的学业。他不仅学习希伯来文、拉丁文、希腊文、阿拉伯文、梵文，而且还选修了文学、心理学、艺术学等课程。巴雷特·温德尔（Barrett Wendell）、阿瑟·乔治·塞吉维克（Arthur George Sedgwick）、威廉·詹姆斯（William James）、亨利·亚当斯（Henry Adams）、查尔斯·埃利奥特·诺顿（Charles Eliot Norton）这些大名鼎鼎的学者都曾面对面地为他授过课。贝伦森后来的许多美学理论，就源自心理学家和哲学家威廉·詹姆斯。

诺顿那时刚刚加入哈佛大学的教师队伍，并于 1874 年开设了哈佛大学有史以来第一门美术课程。诺顿是约翰·拉斯金（John Ruskin, 1819—1900）的朋友，对意大利艺术与考古学、拉斐尔前派的艺术都颇有研究。贝伦森在大学期间曾经选修了诺顿教授艺术和美学方面的两门课程，受益匪浅，这对他日后从事艺术研究产生了很大的影响。但诺顿对贝伦森的印象并不好，他对同事巴雷特·温德尔说："贝伦森这个人太好高骛远了，他的野心大过才能。"（Berenson has more ambition than ability.）[12]

在哈佛校园，贝伦森加入了艺术爱好者的圈子，与查尔斯·勒泽尔（Charles Loeser）、乔治·桑塔耶纳（George Santayana）结为好友。波士顿名媛伊莎贝拉·斯图尔特·加德纳（Isabella Stewart Gardner）在这一时期通过诺顿教授认识了贝伦森，马上将这个前途无量的年轻人揽入门下。

1887 年，从哈佛大学毕业之前，贝伦森申请了前往欧洲留学的奖学金，尽管得到了希尔（Hill）、莱昂（Lyon）等教授的鼎力支持，但终究未能如愿。不久，贝伦森在哈佛大学的老师和朋友们为他筹集了 700 美元，作为他到海外留学一年的资金，其中最主要的赞助者显然就是伊莎贝拉·加德纳夫人。

1887 年 6 月，22 岁的贝伦森怀揣着成为一名伟大作家的梦想，启程前往欧洲。

第四节　欧洲游学阶段

初到巴黎的贝伦森对新生活充满了热情，他在巴黎尽情享受美好的生活，在卢浮宫看艺术品，听歌剧，上法文课，购买书籍，还要为朋友们选购礼品。不难想象，他的经济很快就入不敷出，多次向朋友们借贷，甚至屡次写信向妹妹姗达告急。这一期间他经常给自己的赞助者加德纳夫人寄自己喜欢的书籍，然而，当加德纳夫人询问他在写作方面的收获时，他则写信回应，虽然自己没有创作出文学作品，但正在以另一种方式学习。[13]

1888 年 1 月，贝伦森离开法国，前往英国，他非常向往牛津大学浓厚的学术氛围。在留英期间，他认识了奥斯卡·王尔德（Oscar Wilde）等诸多文化名流。在伦敦，他首次遇见玛丽·史密斯·科斯特洛（Mary Smith Costelloe），当时玛丽是政治家弗兰克·科斯特洛（Frank Costelloe）的妻子，女权主义运动的倡导者之一。玛丽出生于美国费城，是贝伦森的哈佛校友，婚后她跟随丈夫来到英国定居。然而，在不久之后，她却成为贝伦森一生的伴侣。

在游学欧洲之前，贝伦森本来有着许许多多的理想，他最大的梦想是成为诗人、小说家、思想家、批判家，简而言之，也就是想成为新时代的歌德。[14] 但欧洲的游学经历改变了他，同时他发表的小说遭遇到波折，于是他打算在海外再游学一段日子，依靠好友沃伦 800 美元的资助，他开始了从西班牙到西西里岛，然后穿越整个意大利的艺术朝圣之旅。

应该说，这次意大利之行成为改变贝伦森一生的关键。他欣赏到各种美妙的艺术品，还结识了意大利艺术评论家卡瓦尔卡塞莱。在罗马参观时，拉斐尔的作品令他赞叹不已，因而认为拉斐尔在意大利画坛至高无上的地位是名副其实的。

不过，也正是在这个时期，由于加德纳夫人对他成为知名作家的期许屡屡落空，并且她从贝伦森的回信中也窥出端倪，他已经对文学写作失去了兴趣。1889 年，加德纳夫人倍感失望地终止了自己与贝伦森之间的书信往来。

初到佛罗伦萨，贝伦森即与恩里克·科斯塔（Enrico Costa）这位对收藏文艺复兴画作颇有兴趣的富家子弟相遇。两人志趣相投，一拍即合，结伴同游于各地画廊，前往如今已是荒烟野蔓、芜草丛生的乡间野外遍寻艺术大师往昔作画的场所，一同到乌尔比诺（Urbino）探访拉斐尔当年的成长之地。

这一时期，贝伦森有幸读到莫雷利刚刚出版的著作。莫雷利主张，伟大的艺术家总有自己独特的方式来再现事物，因此我们通过绘画中不为人所注意的细微之处，往往可以发现绘画作品的真实作者。鉴定一幅画作真伪的最好方法，就是观察这位创作者是如何描绘耳朵、指甲或衣纹褶皱，抑或观察他塑造鼻子的独特方式。

贝伦森从莫雷利的鉴定理论中学到如何培养艺术鉴定的专业眼光，以及如何使用照片作为绘画鉴定的科学辅助手段。在给同学伯顿（Burton）的信中他兴奋地提及："我如今已是一流的艺术鉴定家，但如果留在哈佛，我到现在可能还只是个五流的小说家。"[15] 读到此处我们就可以看出，贝伦森已经把自己的人生方向转到绘画鉴定领域。

1890 年 1 月中旬，贝伦森与科斯塔一起到意大利米兰拜会他们仰慕已久的鉴定家乔瓦尼·莫雷利。莫雷利对贝伦森极为赏识，称赞这个 24 岁的年轻访客必将成为在"学术性艺术研究方面大有可为的青年"，"看到这样一位英俊青年站在我收藏的画作前真的是一件赏心乐事"。[16] 他让朋友弗里佐尼（Gustavo Frizzoni）带着贝伦森到博尔迪博物馆看画，考验贝伦森对画作的分析能力如何。虽然贝伦森和弗里佐尼的年龄相差 25 岁，但他们两人却一见如故，就此结为忘年之交。

莫雷利之后称贝伦森为"来自波士顿的年轻的莱莫利耶夫"（young Lermolieff from Boston），莱莫利耶夫是莫雷利常用的笔名，由此可见他不仅对贝伦森的评价很高，而且还认定这个年轻人可以传承自己的衣钵。

1890年5月底，在造访莫雷利之后不久，某天清晨，贝伦森和恩里克·科斯塔在贝加莫（Bergamo）山谷前的小咖啡馆进行了一次重要的谈话，这件事情非常生动地记录于贝伦森晚年所著的《自画像速写》一书中。让我们再来回顾一下贝伦森这次发自肺腑、激情澎湃的“事业宣言”吧：

恩里克，你明白，在我们之前，没有任何人把他整个人生的全部活动都奉献给艺术鉴定事业。有的人把艺术鉴定当作政治活动之外的消遣，比如莫雷利和明格蒂[17]，其他人则因为自己在博物馆工作或教授艺术史才做些鉴定活动。而我们则完全不同，我们没有功利目的，没有野心，没有非分之想，不期望获取任何回报。我们应当勤学敏思，以便做到能够辨别15、16世纪意大利画家作品的真伪，尽量准确地判断出那些通常归属于他们名下的作品正确与否。在贝加莫这里，在向北延伸的所有芳香馥郁、浪漫迷人的山谷之中，我们不可停歇脚步，直至我们能够确认每一幅洛托（Lotto）的作品都是洛托本人所作，每一幅卡里亚尼（Cariani）的作品都真的出自卡里亚尼之手，每一幅普雷维塔利（Previtali）的作品确实都是普雷维塔利的真品，……[18]

You see, Enrico; nobody before us has dedicated his entire activity, his entire life, to connoisseurship. Others have taken to it as a relief from politics, as in the case of Morelli and Minghetti, others still because they were museum officials, still others because they were teaching art history. We are the first to have no idea before us, no ambition, no expectation, no thought of reward. We shall give ourselves up to learning, to distinguish between the authentic works of an 'Italian painter of the fifteenth or sixteenth century, and those commonly ascribed to him. Here at Bergamo, and in all the fragrant and romantic valleys that branch out northward, we must not stop till we are sure that every Lotto is a Lotto, every Cariani a Cariani, every Previtali a Previtali, ... [19]

正是在这一次谈话中贝伦森明确了自己一生努力的目标。在他游学欧洲的这几年，尤其是在意大利的这段时间，都为他指向了这逐渐成熟与自我发现的时刻。在美术馆里流连忘返、刻苦钻研画作的无数时光，已经在他的心里埋下了这个想法，而与莫雷利的会面以及贝加莫宜人的环境则更加坚定了他的信念，正是这次贝加莫之行使贝伦森充分认识到自己已经找到了未来事业的方向。这在他一生中具有重要的意义，是他人生的转捩点。

1890 年 7 月，贝伦森回伦敦找画时又与玛丽·科斯特洛相遇，玛丽的雍容端庄，精致的五官，清澈的眼睛，明亮的栗色长发和丰满的身材，在他心目中是一位非常理想的女性形象。当时正逢玛丽与丈夫弗兰克的婚姻已经步入低潮，而贝伦森的出现更是加速了这段婚姻的破裂过程。两人的感情在伦敦郊外玛丽父母的家中逐渐发展起来。从此以后，贝伦森的人生轨迹就和这位早年曾经积极投身于“女权运动”的新女性紧紧结合在一起。

通过玛丽和贝伦森之间大量的书信往来，我们可以看到两人的心是如何逐渐靠近的。玛丽希望贝伦森将自己的才华用于产生社会效益以及带来经济上的收益，而贝伦森则认为世俗化等于自杀。他希望自己对艺术的追求不附带任何功利的色彩，但玛丽开始将他推向以画谋生的方向。可以说，早在 1890 年，贝伦森就已经预见到了把艺术与经济利益结合将会给自己带来毁灭性的伤害，因为他相当了解“人性之不完美”[20]，他当时对以鉴定的专业知识谋生是非常抵触甚至是不齿的。

贝伦森与科斯塔结伴同行的游学到 1890 年秋天正式宣告结束，这次旅行为他开启了着重研究和分析意大利绘画的新时期。

1890 年 11 月，贝伦森结束短暂的布达佩斯之行后回到佛罗伦萨，与后来成为鉴定家的查尔斯·勒泽尔一起四处寻访、赏鉴艺术品。勒泽尔慷慨地将桑塔耶纳对他的资助与贝伦森共享，两人一起租住的居所也由他一人承担日常开支。

在修道院里观赏湿壁画的日子里，贝伦森仔细阅读了乔治·瓦萨里的《名人传》，他深深地为瓦萨里书中的热情所感染，不过，他对瓦萨里关于索多玛（Sodoma）[21] 的评价并不认同。面对着修道院里真实的湿壁画，他赞同弗里佐尼的说法，索多玛是画家当中的一位英雄人物。[22]

他们偶尔从意大利乡间回到佛罗伦萨，初冬的雨水使阿尔诺河水位几乎涨至与堤岸齐平，奔涌的水流如瀑布一般轰鸣，这声音伴随着贝伦森度过了许多苦读的日子。贝伦森明白，自己虽然已经熟悉了不少大师之作，但这样的知识储备还远远不够，要做出科学的鉴定需要最高的标准，需要有十足的把握——这是贝伦森对自己提出的专业素养要求。

1890 年，玛丽带着妹妹艾丽斯（Alys）于圣诞节前造访佛罗伦萨，贝伦森热情地为她们作艺术向导，事后在给格特鲁德·伯顿（Gertrude Burton）的信中他欣喜地表示这是自己一生中最快乐的日子。[23]

1891 年 2 月，贝伦森与勒泽尔到那不勒斯（Naples）寻访绘画与雕塑名作，这一时期他对艺术品“触觉值”的观念逐渐成型。此外，贝伦森还在蒙特·奥利韦托远离凡尘俗世、古老而神秘的马焦雷修道院（Monte Oliveto Maggione）加入了天主教，受到宗教感召的他顷刻之间觉得“意大利变得愈加美不胜收”。[24]

第五节　著书立说

1891 年 2 月底，贝伦森在 26 岁时再次来到伦敦，在玛丽的安排下，他经常为伦敦上流社会的贵妇们做艺术讲座。这些讲演为他在学术方面的写作奠定了基础，积累了大量的素材，并成为他稳定的经济来源。

玛丽与贝伦森之间的感情与日俱增，她最终选择离开丈夫弗兰克。玛丽以贝伦森的学生自诩，追随他一起周游欧洲，四处赏画，进行深入研究。或许是由于天主教对个人婚姻生活的严格规定，贝伦森对天主教的情感开始发生变化，一方面，他认为天主教产生了美（如大量宗教绘画与雕塑作品），另一方面它也摧毁了美（对非基督教艺术文化，如希腊、罗马文化的破坏）。

玛丽不管走到哪里，都会把自己观赏过的艺术品进行详细的记录，贝伦森的点评与鉴定也帮助她不断丰富着这个目录。她希望写一本书把自己的经验和体会生动地记录下来，但她更希望贝伦森不要浪费自己在艺术鉴赏方面的才华，能够把自己的学识变成著述。因此，当她创作的关于威尼斯画家的文章引起贝伦森的兴趣时，她鼓励贝伦森成为该书共同的作者。1894 年，《文艺复兴时期的威尼斯画家》在普特南（Putnam）出版社最终付梓发行时，贝伦森却成为该书唯一的作者。同年年底，玛丽在给父亲的信中做出这样的解释：

当然，我自己本来打算用我与贝伦森两个人共同的名义出版这本书，因为我当时认为，甚至直到现在我依然持有同样的观点，回应谣言最好的方式就是尽量将事情的真相公诸于众，我们一直在严肃而认真地从事学术研究……但是母亲坚决反对（我和贝伦森的名字同时出现在这本书上），我只好让步，请普特南先生把我的名字撤掉。我觉得这样做也是公平的，因为贝伦森对这本书的贡献更大，而且我借助他渊博的学识写成的《汉普顿宫廷艺术品》也将以我个人的名义独立发行。

My idea of course was to have both names, because I thought and still think that the best way to answer scandal is to tell the exact truth as openly as possible, namely that we have been doing serious and scholarly work together...but mother opposed it so decidedly that I yielded the point and asked Mr. Putnam to leave out my name. This I thought was only fair, as the smaller part of the work is mine, and then I am using his riches for the

Hampton Court book which is to appear in my name. [25]

当时，玛丽的母亲之所以强烈反对女儿和贝伦森共同出版这本书，主要是为了避免社会公众对有夫之妇玛丽与贝伦森之间保持这种暧昧关系投以过多的关注。

事实上，在贝伦森与玛丽相濡以沫的五十年间，贝伦森发表的任何作品无不倾注了玛丽的大量心血。贝伦森出版的著作后面附上的艺术品名录许多都源自玛丽详尽细致的笔记。而且，在玛丽看来，尽管贝伦森是位睿智的谈话者，但他写作的文风突兀生硬，因此她坚持为贝伦森写作的所有手稿做最后的修改和润色。应该说正是由于玛丽的再三催促，贝伦森日后才创作出一系列介绍意大利文艺复兴时期艺术大师绘画作品的书籍和文章，促使欣赏意大利文艺复兴时期的艺术在美国本土和英伦三岛等地蔚然成风，成为一种新的潮流。这也一举奠定了贝伦森作为一位学识渊博的鉴定家的地位，并且使得他的专业鉴定意见被钟爱意大利艺术的广大收藏家奉为圭臬。

在《文艺复兴时期的威尼斯画家》（*Venetian Painters of the Renaissance*）这本书中，贝伦森大胆地列出了34位艺术家的名单，其中包括贝利尼（Bellini）、卡尔帕乔（Carpaccio）、乔尔乔内（Giorgione）、提香（Titian）、洛伦佐·洛托（Lorenzo Lotto）等人，贝伦森认为他们构成了威尼斯画派，并且试图准确地鉴定出他们所有的传世作品。他以自己列出的这份名录向这一领域的权威——英国新闻记者约瑟夫·阿瑟·克罗（Joseph Arthur Crowe）和美术史家、鉴定家乔瓦尼·巴蒂斯塔·卡瓦尔卡塞莱（Giovanni Battista Cavalcaselle）发起了挑战——这两位曾一起出版了一系列书籍，其中包括《意大利北部绘画史》。贝伦森试图给这个领域设定新的严格标准，大幅删减了《意大利北部绘画史》一书中认可的威尼斯绘画真品的数量。贝伦森表示，克罗和卡瓦尔卡塞莱当年的写作环境很恶劣，当时的旅行速度比自己所处的时代缓慢得多，而当时的摄影术还不足以有效地辅助他们进行科学的鉴定。

贝伦森认为，鉴定绘画作品如今已经变成像“精确的科学一样”，这在很大程度上应该感谢摄影术，它能够把散落在欧洲各地的绘画作品进行最精确的复制。贝伦森强调说，除了少数收藏于圣彼得堡的画作之外，对于自己书中讨论的所有画作，他都有过直接的观看体验。贝伦森的《文艺复兴时期的威尼斯画家》一书促进了学者们对文艺复兴艺术的研究，成功引起人们对这一领域的重视。通过对绘画作品剔芜存精的筛选，贝伦森增强了收藏者对艺术品市场新的信心，引导他们发现文艺复兴时期的绘画真品；通过删减威尼斯画派真品的数量，他成功地提升了那部分绘画珍品的价格。这本书迅速地让贝伦森成为意大利文艺复兴艺术研究的专家，成为美国的第一位“鉴定家”。

《文艺复兴时期的威尼斯画家》一书的出版也成为贝伦森和加德纳夫人修复关系的契机。1894 年 3 月，作品一出版，贝伦森就给加德纳夫人寄去了这本书，贝伦森在信中说道：

> 在我人生的关键时刻，您给予我的慷慨资助令我永生难忘。如果说我在过去这五年间没有给您写信的话，那是由于我没有什么好的作品可以奉献给您，这也就无法改变您决定中止我们之间的书信往来时，对我所抱持的成见。如今，我随信奉上自己的这本拙作，其实我最应该感谢的人就是您……[26]

此外，贝伦森向加德纳夫人承诺在两年之内会再给她寄几本自己新出的著作；他认为如果这能够让加德纳夫人对他重拾信心，付出再多的努力也是值得的。[27]

加德纳夫人的反应非常热烈，她不仅在第一时间给贝伦森回信，还提出自己夏天到欧洲旅游时希望可以去探望贝伦森，一起探讨这本新书以及其他许多方面的事情。贝伦森在这本书的序言中声称“威尼斯绘画是意大利文艺复兴艺术中最完整的体现”以及威尼斯艺术在视觉效果上的辉煌成就，让加德纳夫人相信贝伦森可以帮助自己实现长久以来的梦想：收藏意大利文艺复兴时期艺术大师的绘画珍品。

1895 年，贝伦森的新作《洛伦佐·洛托：论构建艺术批评》（*Lorenzo Lotto, An Essay in Constructive Art Criticism*）再度由普特南出版社刊行。经过周密的研究，贝伦森断定洛伦佐·洛托（1480—1556）的老师并非乔瓦尼·贝利尼（Giovanni Bellini）而是阿尔维斯·维瓦里尼（Alvise Vivarini）。书中的分析从作品创作的外部因素与个人因素转到了对艺术家创作的心理及作品本身的研究。

1896 年，贝伦森又一部重要的作品《文艺复兴时期的佛罗伦萨画家》（*Florentine Painters of the Renaissance*）问世，这本著作给艺术史的学生们引进了"触觉值"（Tactile values）的概念以及艺术"提升生命价值"（art as "Life-enhancing"）的功能，这个美学理论在书中介绍乔托和马萨乔（Massaccio）的内容时出现，之后马上成为一个时代的流行语。贝伦森受威廉·詹姆斯（William James）的《心理学原理》一书的启发，解决了美学研究的一大难题，也就是从心理学而非哲学层面出发来解释我们对艺术之美的快乐体验。

贝伦森认为佛罗伦萨画家，从乔托到米开朗琪罗的画都具备这样一种美，观者能够在二维平面里得到三维空间的体验，使观者的视觉效果可以延展出一种类似触觉的感受。佛罗伦萨画家不像威尼斯画家那样重视色彩，他们的成功在于他们刺激观者的"触觉想象力"（Tactile imagination）的能力特别出色。通过对艺术审美的分析，贝伦森认为"触觉值"是绘画所特有的艺术美感。

虽然学术界对此书褒贬不一，但是在 1896 年夏天，当贝伦森和玛丽到德国的美术馆参观时，却不时看到艺术专业的年轻学生们怀揣着这本书作为观赏名画的指导手册，他们对此深感自豪。

到了 1897 年，贝伦森又出版了《意大利中部画家》（*Central Italian Painters of the Renaissance*），书中高度赞扬拉斐尔画作的构图水平，提出了"空间构图"（Space-composition）这一概念，并继续深化"触觉值"的概念，威廉·詹姆斯读过该书之后盛赞自己的学生。这本书虽然在欧洲引起不少争议，但在美国却广受好评。

贝伦森心里非常明白，如果他想在艺术批评和鉴定领域继续保持权威地位，就应当不断地出版学术著作，否则很快就会销声匿迹，被人们遗忘。

1901 年和 1902 年，贝伦森整理出历年来撰写的单篇论文，合成两本专著在乔治·贝尔父子出版社（George Bell and Sons）付梓发行，名为《意大利艺术研究和批评》（*The Study and Criticism of Italian Art*，第一辑、第二辑），这两本书一经出版再度引起学界的论战。凯尼恩·考克斯（Kenyon Cox）在《国家》（*Nation*）杂志上发表专栏评论，把第二本专著誉为“现代鉴定学最伟大的成就，真正的成就”。[28]

1903 年，贝伦森完成了一生中最具里程碑意义的著作《佛罗伦萨画家素描集》（*The Drawings of the Florentine Painters*），分成上下两册发表，这部著作凝聚了贝伦森长达七年孜孜以求、不懈努力的心血结晶。按照贝伦森自己的说法，写作这样一部著作几乎把自己扼杀了。[29] 伦敦的学术刊物《世界大事年鉴》（*Annual Register*）对它做出了很高的评价：“对于艺术史的学生和收藏家而言，这部著作在学术价值上超越了之前在这同一方向上的任何尝试和其他任何学派的研究”。[30]

贝伦森在被后世称为“四福音书”（《威尼斯画家》《佛罗伦萨画家》《意大利中部画家》和《意大利北部画家》）的《文艺复兴时期的意大利北部画家》（*North Italian Painters of the Renaissance*）一书的写作中，从一开始创作就陷入瓶颈，写作进展相当缓慢。为了完成这本书，他经常需要到实地考察，以便编订这本书详细的画家目录和清单。

1905 年 2 月，贝伦森开始挣扎着写作有关安德烈亚·曼泰尼亚（Andrea Mantegna，1431—1506）的部分，他是《文艺复兴时期的意大利北部画家》中最早同时也是最主要的人物之一。正是在这段时期，贝伦森身体开始变得异常虚弱，严重消化不良的症状再度发作。“何苦为了一本书而如此费尽心力，呕心沥血呢？”这对他来说是一种特别痛苦的煎熬。

为何人们要出版著作呢？如果纯粹是为了沽名钓誉，那是相当可悲的事情；但是，如果作品胎死腹中，则又令人非常绝望。[31]

在给加德纳夫人的信中，他这样向她倾诉着自己内心的苦闷。

在《文艺复兴时期的意大利北部画家》一书中，贝伦森应用了诸如触觉值、空间构图、动作以及微妙的视觉感受等标准，但这是令人感到相当困惑的任务，因为这里收录的画家名单中包含的伟大画家较少。贝伦森本人亦认为收录在这本著作中的文艺复兴时期意大利北部画家相对而言略显逊色，在某些方面还达不到伟大画家的标准。

当他开始剖析文艺复兴时期意大利北部某一位艺术家的优点时，时常发现他的天赋总会被他在另一方面的缺点所掩盖，因此够不上“天才式”艺术家的标准。这样的困扰反复出现。因此，在贝伦森看来，即使是科雷乔（Correggio，1494—1534）也远远不如“拉斐尔、米开朗琪罗、乔尔乔内和提香”，他总体的艺术成就也远在他们之下。

当《文艺复兴时期的意大利北部画家》的文稿部分创作完毕之时，贝伦森告诉加德纳夫人：

这是我讨厌去写的一本书，倘若不是因为有太多的催促以及心里存在应该去完成这样一本书的使命感，它是不可能问世的。我刚刚已经完成了这本书，然而，我并没有感觉到丝毫的欣喜之情，更谈不上陶醉于大功告成的喜悦，恰恰相反，我觉得自己很失落，唯一可以感受到的只有自己内心深处很沉重的迷失感。[32]

此外，在写作的过程中，时常发现与自己所景仰的老师乔瓦尼·莫雷利存在着许多不一致的观点，这也让贝伦森倍感难过与不安，他写道：“我已经无法再认同他关于如何区分柯尔德里亚吉（Cordegliaghi）和普雷维塔利（Previtali）之间不同艺术个性的理论。”[33]

贝伦森在写作时遭遇了种种的焦虑、折磨以及内心苦苦的挣扎，用他自己的话来说，就是一种很深的挫折感。医生诊断他患有严重的神经衰弱，建议他暂时不要一心想着著书立说的事情了。至此之后，贝伦森每年基本上都会到瑞士的圣莫里茨（St.Moritz）的风景名胜、度假胜地进行疗养。这也许可以从另一个方面解释，为什么贝伦森在后来的岁月里，出版的学术著作变得特别少，早年写作时历经的艰难与身体不适，逐渐令他望而却步，所以他最有影响力的学术著作大部分集中在早年，特别是在 40 岁之前。

在一系列文艺复兴画家的研究著作问世之后，贝伦森的研究活动受到了维克霍夫（Franz Wickhoff，1853—1909）的关注，认为他的著作像卡瓦尔卡塞莱一样优秀。1930 年，这四本书汇集成一部著作出版，题为《文艺复兴时期的意大利画家》（*The Italian Painters of the Renaissance*），成为 20 世纪意大利文艺复兴美术史的权威著作。这部著作从此成为世界各大图书馆的必藏书目。不过，根据肯尼思·克拉克在他的自传《自画像：另一半》中的说法，刚开始，由于牛津大学的克拉伦登出版社（Clarendon Press）对这部著作不够重视，排版和印刷都很糟糕，因此，贝伦森的这一著作销量异常惨淡。后来他的朋友——费顿出版社（Phaidon Press）的创办人贝拉·霍罗威茨博士（Dr Bela Horowitz）从克拉伦登出版社买来此著作的版权，匠心独运，重新排版并配上精美的插图之后，销量陡然上升，曾在数周之内售出 60000 册。[34] 大有洛阳纸贵之势，此著作立即成为这一领域最权威、最畅销的著作。

贝伦森的其他著作还有《意大利艺术研究与批评》（*The Study and Criticism of Italian Art*）（第三卷，1916）、《意大利文艺复兴绘画》（*The Italian Pictures of the Renaissance*，*1932*），后一本书对意大利文艺复兴时期的主要艺术家、绘画作品和地点进行了详细的著录。贝伦森的美学理论和观念都在这些著作中得到了充分的阐述。通过写作和出版这一系列具有很大影响力的著作，贝伦森逐步确立了自己在意大利文艺复兴艺术研究方面的权威地位。

日后，他还陆续出版了《美国所收藏的威尼斯绘画》(*Venetian Painting in America*，乔治·贝尔父子出版社，1916)、《方法三论》(*Three Essays in Method*，克拉伦登出版社，牛津，1926)、《视觉艺术中的美学与历史》(*Aesthetics and History in the Visual Arts*，万神殿书局，纽约，*1948*)、《自画像速写》(*Sketch for a Self-Portrait*，哈密斯·汉密尔顿，伦敦，1949)、《谣言与反思》(*Rumor and Reflection*，康斯泰伯，伦敦，1952)、《日落与黄昏》(*Sunset and Twilight*，哈密斯·汉密尔顿，伦敦，1963)等著作。虽然贝伦森对古典艺术衰落等问题进行过研究和探讨，但晚年的许多书籍大都是对自己的思想、日记以及书信的整理，且大部分以人生随笔为主。[35] 因此贝伦森最重要的作品，基本上还是他早年完成的那几部著作。

玛丽对贝伦森有着很高的期望。她对贝伦森在意大利文艺复兴时期的学术研究做出相当大的贡献。正是在玛丽一贯的敦促、支持和帮助之下，才使得贝伦森早年在短短的十多年间不断有著作问世。他们数十载一直在欧洲各大美术馆以及乡间艺术巡游，期间，玛丽总是随身带着笔记本，为贝伦森即将出版的著作抑或业已出版、计划再版的著作增添艺术家的条目以及对画作所处的国家和位置逐一做出详尽的记录。为他著作中重要的绘画目录和名单不断地做出补充，增加一些新的内容，是她永无止境的任务。肯尼思·克拉克就曾在他的演讲中提到，自己见到两人在参观“贝利尼风格”(Bellinesque)的圣母像时的情况，贝伦森沉醉于欣赏，而玛丽则坚持着要确认这幅画的真实作者以便扩充目录。[36]

玛丽在世的时候，由于她个人并不欣赏贝伦森英文的写作风格，所以贝伦森所有的英文著作都经过她的润色和裁定。但在玛丽过世之后，贝伦森再也无须顾忌会被身边的专家挑剔，写作较为自由。他晚年所著的传记《自画像速写》一书，文风自然旷达，“清新生动，风格独特”，写得非常成功。[37] 或许可以这样说，贝伦森本人的英文写作能力长久以来总是被他周围最亲近的家人和朋友所束缚，一直未能尽情地挥洒自己的文字和灵感，就如同遗落淤泥的钻石，掩盖了自身原有的光芒。

第六节 鉴定生涯

19 世纪末，欧洲刚刚经历了经济大萧条，在大洋彼岸的美国，经济却开始飞速发展。美国财力雄厚的新富阶层为了摆脱一夜暴富、文化匮乏的形象，开始大肆购买象征高雅文化的欧洲艺术品，他们在这一方面耗费巨资，大幅拉升了欧洲艺术品的价格。同时，由于传统欧洲贵族阶层在经济萧条期如同家道中落，不得不变卖祖先流传下来的许多珍贵的艺术遗产，这为艺术品市场提供了大量的资源。美国有的是大量的金钱，而欧洲有的是杰出的艺术品，此时最需要的就是通过像贝伦森这样的专业人士把这两方面的资源连接起来，使欧洲优秀的艺术品可以源源不断地流入美国。

早在 1892 年，贝伦森就曾帮助自己富有的朋友詹姆斯·伯克（James Burke）与画商加利亚迪（Gagliardi）接洽，以 600 英镑的价格购买了一幅皮耶罗·迪·科西莫（Piero di Cosimo，1462—1521）的名画，由于伯克认为这幅画至少值 800 英镑，他将 200 镑的差额赠予贝伦森。

1893 年，贝伦森被一个陌生人请到罗马，为一群来自美国的百万富翁鉴定他们有心购买的画作的真伪。贝伦森发现，他们打算花 60000 美元购买的四幅画其实是价值不足 100 美元的赝品。这次鉴定为贝伦森赢得了 100 美元的收入，从此为他开辟了绘画艺术鉴定的财路。

有很长一段时间，这位年轻而执着的鉴定家根本没有预料到，他已经开始在某些人的心里埋下了仇恨的种子，这将会给他的余生带来很多的麻烦和困扰，因为他专业而准确的鉴定往往会破坏画商获取超额利润。

1894 年，贝伦森回美国时，罗德岛的退休银行家西奥多·帕里斯

（Theodore M. Paris）成为他的第一位正式主顾，由他代理绘画鉴定与收购艺术品方面的顾问。

加德纳夫人早年就曾通过哈佛大学著名的艺术史教授诺顿购买欧洲名画。1894 年 3 月，贝伦森借《文艺复兴时期的威尼斯画家》一书和她恢复书信联系时，加德纳夫人刚刚继承了父亲近 200 万美元的遗产，打算把自己主要的收藏方向从古籍珍本转向文艺复兴艺术大师的名作。她敏锐地觉察到，贝伦森正是自己最需要的人。她打算借助贝伦森的专业知识为自己在欧洲购入意大利文艺复兴艺术大师的经典作品，扩充自己的艺术收藏。贝伦森马上向她推荐了波蒂切利（Sandro Botticelli，1445—1510）的《卢克蕾提亚之死》（*Death of Lucretia*），这幅画当时的市场价格大约 3000 英镑。

1894 年 12 月，贝伦森在法国见到了阔别多年的加德纳夫人，并带她同游卢浮宫，加德纳夫人告诉他，自己打算购买《卢克蕾提亚之死》。12 月 19 日，他们通过画商奥托·古特昆斯特（Otto Gutekunsti）合法购买了这幅画，从此开始了贝伦森与加德纳夫人之间长达三十多年的合作生涯。当时为了表达自己的喜悦之情，同时也为了感谢贝伦森，加德纳夫人额外赠送他一幅毕沙罗（Pissarro）的水彩画作为圣诞礼物。

在长达三十多年的时间里，贝伦森为加德纳夫人购买了大量珍贵的文艺复兴时期的大师作品以及其他欧洲名画。其中最著名的一次交易发生在 1896 年，他们通过科尔纳吉（Colnaghi）公司购买了提香的《诱拐欧罗巴》（*The Rape Of Europa*），最后成交价为 10 万美元，这笔价值不菲的交易使意大利文艺复兴艺术品的价值跃上了新的高度。那个时候德国美术史家博德也非常想为柏林博物馆购买此画，当他发现自己的出价被美国买家赶超时暴怒不已，不过这反而增添了贝伦森的成就感。

贝伦森与加德纳夫人之间的合作，既满足了她建立一流美术馆的雄心，也为贝伦森热爱的第二故乡波士顿做出贡献，同时还解决了他在经济上的困境，可谓一举三得。他为加德纳夫人鉴定和购买名画，只收取

5% 的佣金，而当时通常的惯例为 10%。可见贝伦森给加德纳夫人提供的服务从一开始就有友情与感激的成分，而不单纯是出于商业利益上的考量。但即使佣金的比例较小，由于艺术品的成交金额很高，贝伦森的经济收入也是相当可观的。1899 年，他曾经自豪地告诉妹妹姗达，自己一年靠卖画的佣金和咨询费至少可以赚取 15000 美元的利润。

当然，在多年交易中，难免也有一些不和谐的插曲。1899 年 6 月，当贝伦森辗转通过科尔纳吉公司购买了波蒂切利的《圣母子的圣餐》（*Madonna and Child of Eucharist*）。由于不符合当时意大利新颁布的文物法，这幅画是走私偷运出境的。贝伦森为了竞价购画成功不得不答应画商古特昆斯特：一旦成交，将支付他一定的回扣。当该画以 15000 英镑（75000 美元）的价格被加德纳夫人购得后，欧洲媒体大哗，原始卖家也被象征性的处以罚款。之后不久，加德纳夫人为 1898 年通过贝伦森购买的小荷尔拜因（Hans Holbein the Younger）名画《威廉爵士与布兹女士的画像》（*Portraits of Sir William and Lady Butts*）质疑贝伦森，她发现该画的成交价格 17000 英镑，而卖方只得到了 16000 英镑。贝伦森解释说，有时为了竞画成功不得不支付一些好处费，如果她不愿意支付，自己可以不收 5% 的相关报酬，但以后将无法进行同样复杂的购买操作。加德纳夫人并没有扣发贝伦森的报酬，也没有连带着对其他交易的回扣问题产生质疑，但贝伦森为自己赚取的收益增加了不少心理负担。

这是个艺术研究者与美术史家都大量进入市场、参与艺术品鉴定的时期，艺术记者罗伯特·戴尔（Robert Dell）在巴黎，美术史家朗顿·道格拉斯（Langton Douglas）在伦敦都加入到这个行业，连声名卓著的德国美术史家博德都无法置身事外。但贝伦森无疑是他们所有人中最成功的鉴定家，因此也备受非议、嫉妒与诽谤。

也许是受到这些谣言的影响，杰克·加德纳多次劝告自己的妻子不要通过贝伦森购买艺术品，他认定贝伦森从自己的妻子这里诈取了大量钱财，并暗中进行调查。但加德纳夫人并没有动摇自己对贝伦森的信任，在丈夫去世之后，她反而加快了购买名画的步伐。不过，每当一幅心仪的画作要价高昂时，她经常会在信中向贝伦森诉苦，说自己都要依靠卖衣服抵债了，“不仅可能后半辈子要忍饥挨饿，甚至可能因债台高筑而不得不在铁窗内惨度余生”。[38]

1903 年 1 月 1 日，加德纳夫人邀请朋友到加德纳艺术博物馆来参加开幕式，还邀请了波士顿交响乐团来助兴。这是一场精彩纷呈、美不胜收的艺术盛会，完美地融合了绘画艺术和音乐欣赏。同年 2 月 23 日，“芬威庭院”（Fenway Court）的美术馆正式对社会公众开放，这个美术馆收藏和展示了加德纳夫人在过去几十年的艺术珍藏，主要是过去十年间在贝伦森的帮助下收集起来的艺术珍品。从 1894 年起，加德纳夫人就开始委托贝伦森在欧洲各地协助她收藏那些珍贵的艺术品。十多年过去了，应该说，他们之间的合作成就斐然，在美国波士顿聚集了世界第一流的艺术收藏品，波士顿的社会各界为加德纳博物馆如此丰富的珍藏惊叹不已。

1903 年，贝伦森夫妇二人特地从意大利返回美国参观刚刚对社会公众开放不久的加德纳博物馆。在这次美国之旅的行程中，贝伦森夫妇有几天在加德纳夫人的府上做客，贝伦森的太太玛丽在自己的日记中写道：“每当我们离开房间的时候，就有加德纳家的女佣冲进我们住的房间，她不是只把煤油灯关小，而是在第一时间里就把煤油灯吹熄。”从这个细节中可以推想，加德纳夫人的日常生活节俭到极点，可以算得上是相当苛刻。但如果是为了一幅珍贵的绘画作品，她就会不遗余力，想方设法举债也要把它买下来。玛丽还提到，她在加德纳夫人的家中，甚至连饭都吃不饱，幸亏在波士顿的时候，贝伦森的母亲为他们准备了一些干粮，晚上刚好可以拿出来充饥，因而才得以顺利挨过这一夜。可见加德纳夫人的确非常节俭，正如她在信中所说，自己大概是唯一一个除了吃喝与看演出之外，就把所有的钱财都花在艺术品上的美国人了。[39]

但是，加德纳夫人还是依靠着父亲留给她的不到两百万美元的遗产，在贝伦森的帮助下，购得了世界上第一流的艺术品。尽管她手中可供支配的财富与约翰·皮尔庞特·摩根（John Pierpont Morgan，1837—1913）等一大批美国富豪相比，真的是微不足道，但是她所购得的艺术品，却足以媲美任何一个重要的艺术机构。最主要的原因就在于有贝伦森这样一位大鉴定家来协助她完成这一伟大的人生理想——为她年轻的、缺乏悠久的文化传统和艺术积淀的祖国带来第一流的艺术品。

如今，从加德纳博物馆网站的介绍中我们可以读到这样的内容：

这是美国最早、最成功、最具特色的私人博物馆，它的创始人加德纳夫人是美国波士顿的七大奇迹之一，当地一家报纸曾说："这个国家中再也没有像她这样的人。她极具个性，并且拥有超乎常人的勇气。她是时髦人物的领袖，她绝不模仿任何人，她所做的每件事都是新奇且富有创意的。"加德纳夫人最早把拉斐尔和马蒂斯的作品介绍给美国人，在她的博物馆里，参观者仿佛置身于另一个世界。开放伊始，这座博物馆立即引起了极大的轰动，受到广泛的赞誉。博物馆如今对社会公众开放，对于没钱的学生则免收门票。[40]

1990 年 3 月，加德纳博物馆失窃了 12 幅画，其中包括伦勃朗的名作《加利利海上的风暴》（*The Storm on the Sea of Galilee*，*1633*），这是他唯一一幅存世的海景作品（图 2.2）。[41] 尽管这批画在馆内众多的珍品当中只是处于相对次要的位置，但它们的价格在 1990 年也已经超过 3 亿美元，可见加德纳夫人经由贝伦森之手购得的艺术品是何其珍贵，甚至可以说价值连城。

贝伦森另一位重要的合作者是画商约瑟夫·杜维恩（Joseph Duveen，1869—1939）。当恩斯特·萨缪尔斯（Ernest Samuels）写贝伦森的传记时，贝伦森与杜维恩之间商业往来的许多重要的秘密档案他还无法看到。贝伦森的其他传记作者梅莉·希可丝特（Meryle Secrest）

图2.2　伦勃朗　加利利海上的风暴　(1633)

以及西尔维娅·桑德斯·斯普里格（Sylvia Saunders Sprigge）等人同样无法见到杜维恩和贝伦森之间商业往来的秘密函件，因为杜维恩保存在纽约大都会艺术博物馆（Metropolitan Museum of Art）的这些档案直到2002年才公诸于世。原来早在1912年，贝伦森就与大画商杜维恩私底下签订了报酬丰厚的秘密合约，为意大利古代艺术大师的绘画作品提供“贝伦森的鉴定报告”（俗称“贝伦森通行证”），让这些画可以堂而皇之地进入美国百万富翁的家中，登堂入室，装饰他们的客厅，装点他们的门面，贝伦森因此在很短的时间内，迅速积累了巨额的物质财富。

1895年初，杜维恩在伦敦组织了一次威尼斯画派展览，他向许多收藏家借了大量“名家”作品。当贝伦森研究了这次画展之后，于1895年3月在伦敦发表了长达42页的鉴定报告，指出这众多的展品中大多数都是赝品，根本就不是那些名家的真品，引得当时的社会舆论一片哗然，贝伦森的鉴定结论让这些收藏家们气急败坏，他为此树敌众多，当然也因此一举成名。[42] 更为重要的是，这件事让杜维恩注意到了贝伦森，并且关注着他的一举一动长达十年之久，最终不断地拉拢和利诱贝伦森，与之订立秘密协议，把他从“破坏者”转变为他的“维护者”。从此贝伦森开始了与画商秘密合作的职业生涯。这一经历给他带来了丰厚的物质回报，但同时也让他名声扫地，一直为世人所诟病。晚年时他为此懊悔不已，觉得自己的人生非常失败。

关于贝伦森与杜维恩是如何结识的，在恩斯特·萨缪尔斯所写的传记《伯纳德·贝伦森：一位鉴定家的成长历程》一书中还记录了另外两个版本。

第一种引述自萨姆·博赫曼（Sam Behrman）——《杜维恩传》（*Duveen*）一书的作者：1906年秋天，37岁的约瑟夫·杜维恩，这位纵横国际艺术市场的大亨与贝伦森相遇。他们的相见有一定的戏剧性。萨苏（Sassoon）夫人把贝伦森带到邦德街的杜维恩画廊参观藏品。他同意和她一起去，但要求自己的身份被保密。他看到其中一幅画时惊呼起来："我愿意花3万英镑把这幅画买下来！"他当时想为加德纳夫人买这件艺术品。杜维恩转向萨苏夫人说："这家伙太懂行了。"[43] 不久之后，当他猜到了贝伦森的真实身份，就开始极力邀请他当自己的艺术顾问。

还有另一种说法引自爱德华·福勒斯（Edward Fowles）的《杜维恩兄弟回忆录》（*Memories of Duveen Brothers*）。杜维恩知道贝伦森对博德所鉴定的埃诺尔收藏品（Hainauer Collection）颇有微词，因此他想请美术史家朗顿·道格拉斯来鉴定这批画作。道格拉斯当时刚刚成为美国大亨摩根（J.P.Morgan）的艺术顾问，无法接受这个任务。杜维恩于是找到了贝伦森，付给他相当高昂的费用来鉴定这批画。贝伦森在杜维恩楼上的画廊里整整用了三个下午进行鉴定，对其中多幅画作的可靠性提出了质疑。

无论他们之间的初次相遇究竟是何种情形，杜维恩显然意识到贝伦森作为鉴定家的国际声誉，于是和他缔结了不公开的合作关系。他在1906年12月18日从伦敦写给贝伦森的信中，热情地感谢他把自己介绍给加德纳夫人认识。"我敢肯定，我们的相识不久之后将带来愉快的生意往来，加德纳夫人确实很有魅力。"[44]

但是，到了1907年，当加德纳夫人决定通过贝伦森从杜维恩公司购买安德烈亚·德尔·卡斯特格诺（Andrea del Castagno）的《一位绅士的画像》（*Portrait of A Gentleman*，售价12500英镑）时，杜维恩要求她同时打包购买安东尼奥·波拉尤奥洛（Antonio Pollaiuolo）的《一位女士的侧身像》（*The Profile of A Lady*，售价12000英镑）。贝伦森在信中大力推荐卡斯特格诺的画，他说“让这样伟大的艺术品进入您的收藏当中是我一直以来的梦想与希望”。[45] 加德纳夫人同意购买这两幅画。但当后者寄到时，她发现自己真正想购买的《一位绅士的画像》却迟迟未能送达。加德纳夫人意识到自己上当了，一气之下取消了这桩交易，并且从此不再与约瑟夫·杜维恩有任何生意上的往来。

在和杜维恩兄弟公司的多年合作中，咨询事务日益增多，但贝伦森通常都会想方设法让自己远离这些琐事俗务，把它们转交给玛丽处理，只是稍微加上自己简明精练的注释。但是，当有些作品的鉴定变得特别困难时，他也会要求对方寄来更大的照片，甚至要求去看原作。他向玛丽表示自己对画商之间勾心斗角的事情极其厌倦，而且，他还忍不住补充一句：“这是我自作自受的结果。（I have made my bed and must lie in it.）”[46]

事实上，虽然贝伦森为杜维恩提供了许多帮助他销售名画的鉴定报告，但他依然没有丧失自己作为权威专家的道德底线。杜维恩认为只要贝伦森愿意写一篇关于《戴红帽子的年轻男子》（*Young Man with a Red Hat*）以及一幅圆形浮雕画的文章，它们就能够卖出好价钱，可以作为“波蒂切利”的作品出售。然而，贝伦森一再拒绝他的要求。他不愿意为了让画卖出好价格而写文章，因为他希望“自己不仅仅是鉴定家，同时也能保持自己作为一位公正的学者和人文主义者的地位”。当这两幅画的销售变得异常困难爱德华·福勒斯对贝伦森提出抗议，他恳求说：“为了公司更好的销售，这不应该有什么问题。贝伦森甚至不需要提到我们的名字……我们并不是追逐廉价的知名度，而只是想让这些画作卖个好价格。”[47] 他们需要他的支持。然而，贝伦森还是坚守自己的立场，不肯动摇。这也是导致 1929 年他与杜维恩彻底决裂的一个序曲。

外人很难真正了解贝伦森和杜维恩之间交易的内幕，但是贝伦森给加德纳夫人的一封信也许可以让我们窥见他的真实心理。在这封自我剖析的信中，他写道：“我的心灵和良知都在抵制着我身不由己做着的这件事；然而，它并非属于不诚实，或者完全没有给社会带来一些好处。但我并不属于那种喜欢与奸商进行勾结之辈，我自己并不是一个生意人，而且我也不是一名外交家。”[48]

贝伦森对自己的鉴定结论作出如此评价：“虽然我不敢说自己的鉴定结论就是最终定论，但我可以肯定的一点是，它们至少是走向真理而不是走向谬误。”萨缪尔斯认为贝伦森的这个自我评价还是比较客观公正的，它发自内心，正好表达了贝伦森本人生活的核心意义。但是，贝伦森终究还是利用当时的艺术品市场赚取了高额的利润，使自己在精神上已经向这个艺术市场妥协了！

1923 年，哈恩一案成为贝伦森鉴定生涯重要的转折点。

1920 年，安德烈·哈恩夫人（Madame Andrée Hahn）打算出售自己的一幅藏画，她相信这是达·芬奇的名作《戴额饰的美女》（*La Belle Ferronière*）（图 2.3），而杜维恩在没有看到过这幅画的情况下就公然声称这不是达·芬奇的作品。于是哈恩夫人把杜维恩告上法庭。1923 年，哈恩夫人的藏品被带到法国巴黎，与卢浮宫所藏的达·芬奇画作进行比对。杜维恩召集了贝伦森等重量级的鉴定专家为自己出具证据，声称哈恩夫人收藏的画只是仿作。9 月 3 日，当此案正式审理时，其他专家证人并未出席。在反复质询之下发现，作为第一证人的贝伦森已经记不清那幅画究竟画在何种材料上了，这显然大大降低了他的鉴定报告的可信度。原告律师林格罗塞（Ringrose）让贝伦森手扶《圣经》宣誓，他是否受雇于杜维恩，并且一直接受他在经济上的报酬？贝伦森不得不低头承认。同时，陪审团还发现，提供巴黎报告的其他专家，如罗杰·弗

图2.3 达·芬奇 戴额饰的美女

莱、查尔斯・霍姆斯（Charles Holmes）等人与贝伦森一样，也与杜维恩素有经济往来。1929 年 10 月，此案最终达成庭外和解，杜维恩向原告赔偿了 6 万美元。1952 年，卢浮宫的研究人员用红外线扫描了馆藏的所有达・芬奇的作品，结果显示《戴额饰的美女》与《蒙娜・丽莎》技法非常相似。他们把自己发现的结果也反馈给了贝伦森。不过，许多保守的美术史家依然质疑把这幅画作归入达・芬奇的名下是否合适。然而，由于这一场官司，杜维恩与贝伦森之间私底下进行合作的秘密从此广为外界所知，这也极大损害了他作为权威鉴定家的声誉。

第七节　贝伦森的情感世界

在贝伦森漫长的一生当中，亲情、爱情、友情丰富了他的生活，提升了他的生命品质。

他是父母的好儿子，弟妹的好兄长。作为长子，他主动承担起整个家庭的经济重担。虽然在欧洲游学初期，他也曾经向自己的妹妹姗达借过钱。不过，一旦他通过写作和鉴定赚到了可靠的收入，他便立即给家里汇款，从 500 美元一年到 1000 美元一年，得知父亲生病后，他立刻汇去 500 美元。1903 年，31 岁仍无业在家的弟弟亚伯拉罕向他借一万美金做生意时，他和玛丽也立刻从伦敦的“巴林兄弟公司”（Baring Brothers & Co）支取这笔款项汇给他，希望能帮助家人解决问题。他多次邀请妹妹姗达到佛罗伦萨，也曾在欧洲陪伴到此旅行的母亲和妹妹游玩。虽然常年定居于佛罗伦萨，但他和家人尤其是姗达的书信往来非常频繁，姗达一直把这个哥哥当成自己的偶像来崇拜。尽管当年越洋交通非常不便，但他依然多次回乡探望家人。最小的妹妹瑞秋读书深造也是由他出资大力支持的。1903 年夏天，当贝伦森回到家乡波士顿时，发现不仅城市发生了翻天覆地的变化，而且曾经在经济方面非常窘迫的父母弟妹们过上了优渥的中产阶级的生活，而这很大程度上是靠他多年从事艺术鉴定、著书立说获得的收入来支撑的。

可能这也是导致他走上了与画商勾结之路的一大重要原因。

贝伦森与妻子玛丽的关系非常复杂。相识之初，玛丽已是有夫之妇，被贝伦森的才华吸引后，她不顾自己身为二女之母的身份，舍家弃女，到欧洲各地巡游。有时与贝伦森同行，有时是和其他朋友一起，她在欧洲艺术圣殿里徜徉，积累了大量资料，最后更是成就了贝伦森的第一本著作《文艺复兴时期的威尼斯画家》。1889 年，玛丽的丈夫病逝。1900 年 12 月，贝伦森与玛丽在相伴 9 年之后终成眷属。婚后，贝伦森和玛丽在佛罗伦萨附近的塞蒂尼亚诺买下了一座别墅，名为“伊塔蒂别墅”（Villa I Tatti，从别墅的规模而言，译为“伊塔蒂庄园”应该比较合适。不过，从语意上讲，译为“塔蒂别墅”似乎更为贴切），玛丽对别墅进行了精心的改造，同时也为此耗资巨大。

如果没有玛丽，贝伦森会变成什么样的人呢？没有人能确定。但是很有可能，他会成为一名纯粹的美的鉴赏者，而没有任何其他的建树。正是玛丽一次又一次，用自己的书信、用自己的文章、用自己的行动，帮助贝伦森迈出了治学的第一步。在《伯纳德·贝伦森：一位鉴定家的成长历程》这本书中读者可以看到，这第一步迈得非常艰难，因此不难想象，如果没有玛丽的敦促和推动，贝伦森很可能会虚掷才华，永远只是一个好的谈话者，不会成为第一流的艺术鉴赏家。

在晚年回忆录《自画像速写》中他也曾追悔自己早年的阅读过于宽泛，遗憾自己没有在希腊研究方面成为专家。确实，年少聪慧未必就能结出成年的硕果，而玛丽就是那个不断为他翻土、浇水、灌溉之人。

在学术创作的道路上，玛丽不仅是他最得力的助手，同时也是他的捍卫者。每当贝伦森有新作发表，引起各种争议，或者没有得到足够的重视时，玛丽都会发表文章捍卫贝伦森的作品，肯定它们的价值，宣扬它们的意义。

然而，贝伦森与画商之间之所以会进行长期秘密合作，玛丽确实也是始作俑者。虽然贝伦森在参与商业上的绘画鉴定之初就预感到未来的风险——金钱在这个行业中意味着什么。他曾对玛丽强调过自己应当做学者型的艺术鉴赏家，以写作为主，而且做出的鉴定都是出于良知、准确可靠的学术行为。但或许是沃尔特·佩特的思想对他影响太深，正如他后来被人们称为“现代版的享乐主义者马利乌斯”（Marius the Epicurean）一样，他越来越钟爱金钱带来的舒适生活：可以任意购买大量的图书资料和绘画作品的摄影照片，享受舒适的旅行，有足够的闲暇写作，住上美丽的别墅……所有这些物质诱惑逐渐威胁到他原本无比珍视的高洁的生存方式。同时，玛丽的奢华品位和高消费的生活方式，她需要照料的父母与女儿也都增加了贝伦森的经济压力。因而，贝伦森将自己最终与画商同流合污都归咎于玛丽“毁了他的生活”[49]其实并不公平。

在玛丽与贝伦森的感情关系中，玛丽的浪漫性格曾经多次造成情感危机，她与德国艺术家赫尔曼·奥布斯特（Hermann Obrist）的长期“柏拉图恋情”以及和其他男性的短期爱恋也深深地伤害过贝伦森。

不过，贝伦森自己的感情世界也异常活跃。他也与另一位女性有过长期的情感纠葛。1908 年 11 月，贝伦森到纽约参观约翰·皮尔庞特·摩根的图书馆时，对这里的藏书印象深刻（他认为大量精美的艺术品与赝品混杂在一起），然而，给他留下更深印象的则是摩根图书馆 26 岁的馆长、古籍珍本专家贝拉·科斯塔·格林妮（Belle de Costa Greene）。格林妮身材苗条，一头黝黑的长发以及混血儿特有的浅褐色皮肤，周身洋溢着异域风情。虽然这段感情最后不了了之，但贝伦森依然赞叹她是一位可以提升生命价值的女性，甚至也有艺评家嘲弄般地认为贝伦森的“触觉值”理论也许用在女性身上更为合适。可能考虑到自己当年对贝伦森的情感造成的伤害，玛丽对丈夫的背叛行为忍气吞声，甚至还主动接待过格林妮，称赞她是个迷人的姑娘。

我们从贝拉·格林妮写给贝伦森的一封信中也可以窥见格林妮对贝伦森的评价：

我热爱你广博而宁静的智慧，世间所有的喧嚣在你的智慧面前沉静下来，你教我的那些思想是如此的深邃而纯净，虽然直到如今我依然无法完全领会它们的意思和精妙所在……[50]

玛丽与家人的关系也深深地困扰着贝伦森，每年她都要回英国看望自己的母亲，从玛丽和前夫分居开始，母亲就承担起为她照顾两个女儿的重任。玛丽的离开影响了贝伦森的生活和写作，他经常对此表示不满，并且认为这伤害了玛丽和自己的关系。不过在经济方面，贝伦森还算得上慷慨，当玛丽需要他为自己的家人提供经济上的帮助时，他从未拒绝。

他们两人原本可以拥有自己的孩子，但贝伦森一直不希望生儿育女的世俗杂务影响自己的生活。他一直认为，孩子是与混乱、喧嚣、无知联系在一起的。1901 年底，当他发现玛丽怀孕时，贝伦森不仅大发雷霆，甚至还怀疑这个孩子不是自己的。大吵一架之后，玛丽便独自返回英国做了流产手术。许多年过去了，当伊塔蒂别墅里增添了一个可爱的 4 岁小女孩——玛丽的外孙女时，年老的贝伦森第一次发觉幼小生命的可爱之处，他发现自己原来也非常喜欢小孩。[51]

1945 年，玛丽与世长辞。1949 年，贝伦森在伦敦出版了自传体随笔《自画像速写》(*Sketch for a Self-Portrait*)，在这本书的扉页上，他郑重地写下了："谨以此书献给与我相依相伴 50 载的妻子。"

另一位对贝伦森影响至深的女性是加德纳夫人。多年来，贝伦森与加德纳夫人一直保持着大量的书信往来。在玛丽与奥布斯特恋爱期间，贝伦森开始将加德纳夫人视为理想的女性形象，当成楷模来敬爱。1904 年 11 月 14 日，加德纳夫人带领贝伦森夫妇参观自己的美术馆时提到将会把它留给波士顿的社会公众。玛丽在信中由衷感慨道：

长久以来，人们一直渴望听到她和她的藏品出丑……现在，美丽的博物馆让他们可以原谅她所作的一切，尤其当她如此慷慨地决定将它留给波士顿之后。[52]

贝伦森深受加德纳夫人向家乡波士顿捐赠博物馆的高尚行为的感召，第二年，当他回到佛罗伦萨，在自己风景别致的伊塔蒂别墅中悠闲踱步，看着自己满柜的珍贵藏书与画作，他也开始梦想着有朝一日将这些珍贵的财富留给自己挚爱的母校哈佛大学。这个想法在之后长达五十年的人生中不断成熟，最终开花结果。[53]

贝伦森一生交游甚广，朋友众多。恩师威廉·詹姆斯、知己亨利·亚当斯（Henry Adams）、连襟伯特兰·罗素（Bertrand Russell）[54]、同窗乔治·桑塔耶纳、校友诺曼·哈普古德（Norman Hapgood）……对于他来说，他们都是能够“提升生命价值”（life-enhancing）而不是“减损生命价值”（life-diminishing）的良师益友。

青年时代的贝伦森善于交友，但也经常四处树敌。好友勒泽尔当年还曾与他分享过桑塔耶纳赠予他的赞助费，但贝伦森却在背后嘲笑勒泽尔的专业水准，结果导致两人反目成仇。从此成了亦敌亦友的关系，经常互挖墙脚。贝伦森的年少轻狂、恃才傲物是他时常树敌的重要原因之一。围绕着当年新创刊的《伯林顿杂志》（*Burlington Magazine*）展开的风波也可以让我们感受一二。贝伦森无法容忍在自己书里挑错的朗顿·道格拉斯。他不仅唆使自己的朋友帕金斯（F. Mason Perkings）撰文批评道格拉斯的文章，还让好友让·保罗·里希特（Jean Paul Richter）抨击道格拉斯的新书。里希特委婉地拒绝了这个无理的要求，并试图安抚贝伦森的情绪，但气愤的贝伦森却宣称两人“多年的友谊就此衰微了”。[55]

年纪渐长之后，贝伦森的脾气亦趋温和，和朋友的关系也多有改善。佛罗伦萨作为意大利文艺复兴艺术的中心，常年接待着无数欧美游客的来访。贝伦森的伊塔蒂别墅也成为艺术圣地，迎来送往各国文人雅士，贝伦森从中结识了许多新朋友。另外，贝伦森亲手培养了非常多的青年才俊，他们中的许多人后来都成为世界上最主要的美术馆和博物馆的馆长，而且他们在学术上均取得很大的成就。譬如英国美术史家肯尼思·克拉克曾经当过他的助手，约翰·波普-亨尼西（John Pope-Hennesy）、赫伯特·霍恩（Herbert Horne）、约翰·沃克（John Walker）等人都曾在他的指导下进行学术研究，英国建筑史家斯科特（Geoffrey Scott，1884—1929）也曾担任他的秘书和图书管理员。由此可见，贝伦森在培养和提携后学方面做出了很大的贡献。

虽然贝伦森并没有成为文学家，但他与不少著名作家情谊深厚。由于贝伦森年轻时相当俊秀，以至于连奥斯卡·王尔德也一度心仪于他。著名作家伊迪丝·华顿（Edith Wharton）是他的知己好友，交情匪浅。此外，他还与恩斯特·海明威（Ernest Hemingway）常有书信往来。1954年，贝伦森的忘年之交海明威获得诺贝尔文学奖，他在接受颁奖时说道，至少有三位作家比自己更应该获得这个奖项，其中着重提到了贝伦森。当然，这是海明威的自谦之辞，但我们从中不难看出他对贝伦森推崇备至。1952年12月13日海明威在致贝伦森的信中批驳了卡洛斯·贝克（Carlos Baker）教授评论自己的小说《老人与海》运用了象征主义艺术手法。他写道："没有什么象征主义。海就是海，老人就是老人，孩子就是孩子，鱼就是鱼。鲨鱼就是鲨鱼，不好也不坏。人家所说的象征主义全是胡扯。"而贝伦森把《老人与海》比作一曲海洋牧歌，"行文沉雄稳健却又扣人心弦"。以此，海明威将贝伦森引为知己。

第八节　塞蒂尼亚诺的智者

贝伦森晚年一直生活在佛罗伦萨近郊的塞蒂尼亚诺，从这里可以远眺阿尔诺河两岸美丽的风景（图2.4）。他与玛丽相濡以沫、携手到老，一起步入了生命的黄昏。

他的住所伊塔蒂别墅成为各地来访的社会名流和艺术史家雅集之地。每年都会有许多学者如朝圣般从世界各地前来看望贝伦森，他因此被誉为“塞蒂尼亚诺的智者”（the Sage of Settignano）。

贝伦森始终在寻找能够“提升生命品质”的朋友，在生活的茫茫大海中，贝伦森感觉自己仿佛是一个独孤的岛屿，似乎只有每天都看到一些新的面孔才能减轻他内心的孤独。

青年才俊肯尼思·克拉克赢得了伯纳德老人的友情，他甚至把自己的书房借给克拉克，为他提供自己的艺术收藏品作为著书时的参考资料。克拉克经常陪同贝伦森在伊塔蒂别墅周围的花园和附近的山间小径散步，贝伦森曾引用英国19世纪诗人沃尔特·萨维奇·兰德（Walter Savage Landor）著名的诗句对克拉克说：“我热爱大自然，其次就是艺术。”（Nature I loved, and next to nature, art;）[56]这句话用在贝伦森身上最为合适，与兰德一样，他钟情大自然。年老时，有一次前往北非和西亚进行朝圣之旅，面对着巴尔贝克神庙遗址（Baalbeck）朴素的美景时，他由衷地赞叹：“它坚定了我的信念，所有存在的视觉艺术只是想教会人们更好地欣赏大自然的风景。”[57]尽管这句话本身也很朴实，但不乏哲理以及对美的沉思。其实，贝伦森从小在立陶宛的乡间已经培养了自己对大自然无比的热爱以及敏锐的审美眼光，这对他后来走上艺术研究的道路，应该有着莫大的帮助。

贝伦森夫妇和管家妮基·玛丽安诺（Nicky Mariano）在1922年10月初从德国返回伊塔蒂别墅。这年秋天，贝伦森很惬意地在书房里继续自己战前悠闲的生活方式。他在给法国的文学评论家夏尔·杜博

图2.4a　伯纳德·贝伦森晚年生活的周边环境

图2.4b　俯瞰阿尔诺河两岸

（Charles Du Bos，1882—1939）的信中描述自己如今的生活状态（图 2.5）："我思考、我阅读、我散步、我谈天。"[58] 他承认似水的年华开始对自己产生的影响。他说自己很遗憾刚刚过世的普鲁斯特（Marcel Proust，1871—1922）"不能够继续活着去感受、去分析、去记录年老岁月的逐日逼近"。[59] 这项任务他即将在自己晚年的日记中逐步完成。似乎是预期到那样的情景，妮基从马路对面的小别墅里搬到了伊塔蒂别墅顶层的一个房间里，以便更好地照顾贝伦森，以防不测。此后的日子里她一直住在那儿，直到贝伦森 37 年后逝世为止。[60]

随着第二次世界大战的爆发，战争的阴霾始终笼罩着意大利。对于贝伦森而言，他最大的安慰和乐趣就是躲进自己的图书馆和太太玛丽以及管家妮基一起如饥似渴地阅读。他们三人都熟练地掌握了多种语言，可以在这一片天地里如鱼得水、自由地遨游着。我们可以在贝伦森撰写的《悦读的一年：1942》（*One Year Reading for Fun: 1942*）一书中读到许多精彩的片段。在那一年里，贝伦森自觉收获甚多，他省却了平日与画商打交道耗费的大量时间、精力以及招惹的烦心事，可以心境平和地做学问、记录下积淀多年的人生感想。从这里我们可以看出为什么贝伦森青年时代就佳作迭出，创作了文艺复兴研究的诸多重要著作，而此后却成果寥寥的原因所在。除了早年写作给他带来的巨大压力和身体衰弱让他将学术创作视为畏途之外，他把很大一部分精力都用于与画商打交道，显然也是影响他创作的一大因素。

1942 年的经历还让贝伦森明白了自己对意大利与意大利人民的感情。如果说，早年他留在这里是被意大利美丽的风景和浓郁的文化氛围所吸引，但是在 50 年之后，他已经在内心深处把意大利当作自己的家园，从心底产生了最真切的归属感。所以，尽管在"二战"中，出身犹太家庭的贝伦森选择留在意大利会面临诸多危险和艰难，但贝伦森还是毅然决定留下来，对这里始终不离不弃，可以说佛罗伦萨已经成为他真正的精神家园。

当第二次世界大战结束时，贝伦森觉得自己与意大利人民联系得

图2.5a　1937年贝伦森于塞蒂尼亚诺，时年71岁

图2.5b　贝伦森与妮基·玛丽安诺1956年摄于科尔迪拉诺的小别墅[61]，德里克·希尔（Derek Hill）拍摄

图2.5c　1956年，贝伦森坐在床头笔耕不辍，时年91岁 罗伯特·罗塔（Robert Mottar）拍摄

比以往更加紧密，而长久以来他如此深爱着的地方最终也对他回馈以崇敬之情。贝伦森晚年的时候，佛罗伦萨授予他“荣誉市民”称号，这是一项真正令他为之感动的荣誉。

晚年的贝伦森更加惜时如金（图 2.5c），我们从他一句广为流传的名言中就可见一斑，贝伦森写道：

我情愿是一名乞丐，站在街角，手捧帽子，请求过往的路人把他们花不掉的时间都扔进里面。

I would willingly stand at street corners, hat in hand, asking passers—by to drop their unused minutes into it. [62]

当贝伦森逐渐老去的时候，有一次，肯尼思·克拉克前往伊塔蒂别墅看望暮年时的贝伦森（图 2.6）。他以前总是穿戴考究、衣冠楚楚，而如今却身穿黑袍、头戴四角帽，戴着黑框眼镜，不修边幅，仿佛是从贝克特（Beckett）戏剧中直接走出来的人物，克拉克看了心里不由得泛起一阵酸楚，很不是滋味。后来，“不知怎的，我们谈论的话题转到了德国浪漫主义”，当克拉克讲起卡罗琳娜（Carolina Schlegel）荒谬的言行时，贝伦森不禁哑然失笑。克拉克写道：“是的，我确实听到他笑了，在我的生命中真的很少有其他事情比这更让我觉得如此满足。”[63] 从这段文字中可以读到克拉克与贝伦森之间亲如父子的真挚情感。

图2.6 1959年4月的贝伦森摄于伊塔蒂[64]

1945 年，贝伦森的太太玛丽在二战的尾声中悄然离世。1959 年，94 岁高龄的贝伦森也在意大利佛罗伦萨溘然长逝。死后，他与妻子合葬于伊塔蒂别墅的小礼拜堂内。贝伦森就此完成了自己不同凡响且充满争议的传奇人生，他一生的功过是非则留待世人评说……而他身后诸多重要的学术著作和鉴定成就以及伊莎贝拉·斯图尔特·加德纳博物馆和哈佛大学意大利文艺复兴研究中心，时至今日依然是贝伦森留给后人的宝贵文化遗产，它们都见证了他非凡的艺术鉴赏力。

注释

1. Ernest Samuels, *Bernard Berenson: The Making of a Connoisseur*, Boston, 1981, p.6.
2. Bernard Berenson, *Sketch for a Self-Portrait*, New York: Pantheon, 1949, p. 18.
3. Thomas Traherne, "The Third Century", in *Centuries of Meditations*, New York: Cosimo, Inc., 2007, p. 153.
4. Ernest Samuels, *Bernard Berenson: The Making of a Connoisseur*, Boston, 1981, p.2.
5. Ernest Samuels, *Bernard Berenson: The Making of a Connoisseur*, Boston, 1981, p.16.
6. Ibid., p.2.
7. Meryle Secrest, *Being Bernard Berenson: A Biography*, New York, 1979, p. 41.
8. Kenneth Clark, "Bernard Berenson" , *The Burlington Magazine*, No. 690 (Sep, 1960), pp. 381-386.
9. Ernest Samuels, *Bernard Berenson: The Making of a Connoisseur*, Boston, 1981, p.19.
10. Meryle Secrest, *Being Bernard Berenson: A Biography*, New York, 1979, p. 64.
11. Ernest Samuels, *Bernard Berenson: The Making of a Connoisseur*, Boston, 1981, p.23.
12. Bernard Berenson, *Sketch for a Self-Portrait*, New York: Pantheon, 1949, p. 51.
13. Ernest Samuels, *Bernard Berenson: The Making of a Connoisseur*, Boston, 1981, p.57.
14. Cf. Bernard Berenson, *Sketch for a Self-Portrait*, New York: Panthcon, 1949, p. 60.
15. Ernest Samuels, *Bernard Berenson: The Making of a Connoisseur*, Boston, 1981, p.98.
16. Ibid., p.103.
17. 马尔科·明格蒂 [Marco Minghetti，1818—1886），曾于1863—1864年任意大利总理。
18. 笔者在翻译此段文字时，参阅了李本正先生所译“英国艺术史的成长和它从欧洲获得的益处”（哈斯克尔）一文。
19. Bernard Berenson, *Sketch for a Self-Portrait*, New York: Pantheon, 1949, p. 60.
20. Ernest Samuels, *Bernard Berenson: The Making of a Connoisseur*, Boston, 1981, p.121.
21. 即画家乔瓦尼 巴齐（Giovanni Bazzi），一般通称为索多玛。
22. Ernest Samuels, *Bernard Berenson: The Making of a Connoisseur*, Boston, 1981, p.98.

23. Ernest Samuels, *Bernard Berenson: The Making of a Connoisseur*, Boston, 1981, p.135.

24. Ibid., p.136.

25. Ernest Samuels, *Bernard Berenson: The Making of a Connoisseur*, Boston, 1981, p.169.

26. Ernest Samuels, *Bernard Berenson: The Making of a Connoisseur*, Boston, 1981, p.187.

27. Ibid.

28. Ernest Samuels, *Bernard Berenson: The Making of a Connoisseur*, Boston, 1981, p. 374.

29. Cf. Ernest Samuels, *Bernard Berenson: The Making of a Connoisseur*, Boston,1981, p.379.

30. Kenneth Clark, "Bernard Berenson", *The Burlington Magazine*, Vol.102, No. 690(Sep., 1960), p.383.

31. Ernest Samuels, *Bernard Berenson: The Making of a Legend*, Boston, 1987, p.25.

32. Ibid., p.29.

33. Ibid., p.30.

34. Kenneth Clark, *A Self-Portrait: The Other Half*, London, 1977, p.85.

35. 范景中主编《美术史的形状Ⅱ：西方美术史的文献和书目》，中国美术学院出版社，2002年，第370页。

36. Kenneth Clark, "Bernard Bernson" , *The Burlingtong Magazine* Vol.102, No.690, The Burlingtong Magazine Publication ltd, p.386.

37. Ibid., p.387.

38. Ernest Samuels, *Bernard Berenson: The Making of a Connoisseur*, Boston, 1981, p. 245.

39. Ernest Samuels, *Bernard Berenson: The Making of a Connoisseur*, Boston, 1981, p.303.

40. 参阅加德纳博物馆官方网站的主页 http://www.gardnermuseum.org。

41. 1898年，加德纳夫人通过贝伦森以19000英镑的价格在伦敦购得伦勃朗的《穿黑衣的女士与绅士》（A Lady and Gentleman in Black）与《加利利海上的风暴》以及他一幅极为罕见的《自画像》。

42. Cf. Ernest Samuels, *Bernard Berenson: The Making of a Connoisseur*, Boston, 1981, p. 222.

43. Ernest Samuels, *Bernard Berenson: The Making of a Legend*, Boston, 1987, p. 40.

44. Ibid.

45. Ernest Samuels, *Bernard Berenson: The Making of a Legend*, Boston, 1987, p.52.

46. Ibid., p.92.

47. Ibid., p.328.

48. 参阅《贝伦森与加德纳夫人通信录》一书第456页的信件。

49. Ernest Samuels, *Bernard Berenson: The Making of a Connoisseur*, Boston, 1981, p.369.

50. Ernest Samuels, *Bernard Berenson: The Making of a Legend*, Boston, 1987, p.294.

51. Bernard Berenson, *One Year's Reading for Fun:1942*, New York, 1960, p.175.

52. Ernest Samuels, *Bernard Berenson: The Making of a Connoisseur*, Boston, 1981, p.415.

53. Ibid., p.417.

54. 伯特兰·罗素（1872—1970），英国著名哲学家、数学家和逻辑学家。玛丽·贝伦森的妹妹艾丽斯（Alys）是罗素的第一任太太。

55. Ernest Samuels, *Bernard Berenson: The Making of a Connoisseur*, Boston, 1981, p.395.

56. 这个句子出自沃尔特·兰德的诗作《七十五岁生日作》（On His Seventy-Fifth Birthday）: I strove with none, for none was worth my strife; Nature I loved, and next to Nature, Art; I warm 'd both hands before the fire of Life; It sinks; and I am ready to depart. 刘元先生译本：吾生信无争，孰值余与搏？造化吾所钟，次而乐艺苑；吾已暖双手，向此生之火；此焰日衰微，吾今归亦安。

57. Ernest Samuels, *Bernard Berenson: The Making of a Legend*, Boston, 1987, p. 326.

58. Ibid., p. 305.

59. Ibid.

60. Ibid.

61. Bernard Berenson, *Sunset and Twilight: From The Diaries of 1947-1958*, New York, 1963, pp. 374-375.

62. Kenneth Clark, *A Self-Portrait: The Other Half*, London, 1977, p.107.

63. Ibid.

64. 1959年4月，贝伦森在聆听了美籍英国小提琴家叶赫迪·梅纽因（Yehudi Mcnuhin）特地为他演奏的优美音乐之后，于Villa I Tatti留影，这也是他生前拍摄的最后一张照片。From: Hanna Kiel, ed., *The Bernard Berenson Treasury*, 1887-1958, New York, 1962, pp.13-17

第三章　伯纳德·贝伦森的成就

第一节　贝伦森的思想根源

伯纳德·贝伦森在10岁的时候，随家人移居美国波士顿。在他的青少年时代，父亲对他的影响很大。正如半个多世纪之后，贝伦森在给父亲的信中承认道："我觉得您是最具有激励性、最有意思的伙伴……我认为您与朋友们坐在一起交谈的时候，我在旁边静静地侧耳倾听，得到了许多非常有益的熏陶，对我的成长帮助很大。"[1] 因为贝伦森的父亲也算是进步的知识分子，早年深受法国启蒙思想家伏尔泰（Voltaire）和卢梭（Rousseau）的影响。刚到波士顿时，挣扎在社会的最底层，现实生活的不如意往往使得他只能在书本中寻求精神上的寄托。迅速崛起的普鲁士王国在1870年的普法战争中战胜了逐渐没落的法国，最终建立了强盛的德意志帝国。由于父亲的影响，贝伦森也日益沉迷于德国文学。父亲给他取了一个德语名字"伯恩哈德"（Bernhard），这个名字在德语中的寓意是"像熊一样勇敢、无所畏惧"，父亲希望他长大之后能够成为生活的强者。正是由于贝伦森对德国文学的熟悉和热爱，所以后来当他从哈佛大学毕业时，他是怀揣着成为"歌德式的人物"这样的梦想远赴欧洲留学。他在晚年的自传中写道："我必须承认，在20岁的时候，我有着非常远大但又有些模糊的理想——成为诗人、小说家、思想家、批评家，简而言之，就是成为新时代的歌德。"[2]

由于贝伦森对歌德的思想非常了解和熟悉，他后来在美学理论上提出的“艺术应该提升生命的价值”或“艺术应该使生命得以升华”（Life-enhancing）等美学观念也受到歌德思想的启发。贝伦森认为“艺术提升生命价值”（增强生命力）可以通过自己所说的“观念化感觉”（ideated sensations）来获得。

在哈佛大学就读期间，对贝伦森的心灵产生最大影响的一位老师是心理学家、哲学家威廉·詹姆斯（William James）(1842—1910)。[3] 詹姆斯在课堂上用较为通俗易懂的语言解释了体验审美感受时的意识状态和心理现实性（psychological reality）。贝伦森回忆道：“他传授给我们的这些颇具启发意义的信条，已经成为我心灵的一部分。”[4] 贝伦森后来的美学理论在很大程度上得益于威廉·詹姆斯的影响。他研究威廉·詹姆斯的著作《心理学原理》（*The Principles of Psychology, 1890*），受益良多。后来，当他在写作《文艺复兴时期的佛罗伦萨画家》碰到瓶颈的时候，他选择将这些心理学原理应用于自己的美学理论当中，选择用心理分析的方法而不是以哲学的方式来解决与审美感受相关的许多问题，颇具创造性地提出了自己的“触觉值”美学概念。贝伦森出版了《文艺复兴时期的威尼斯画家》等系列丛书之后，回到美国，到威廉·詹姆斯的府上登门拜访，受到他热情的接待，并且很诚恳地建议他“抽空回母校给自己的学生举办几场讲座”。[5]

图3.1　沃尔特·佩特（1839—1894）

不过，贝伦森在美学思想上，受到的最大影响还是来自于沃尔特·佩特。

沃尔特·佩特（Walter Horatio Pater，图 3.1）是英国 19 世纪下半叶最具影响力的美术评论家之一，他经常就哲学和古典艺术等相关问题在伦敦知名的学府举办讲座。佩特从1869年便开始为《双周评论》(*Fortnightly Review*)等杂志撰写一系列关于意大利文艺复兴的文章，如莱奥纳尔多(1869)、波蒂切利(1870)、皮科·德拉·米兰多拉(Pico della Mirandola)和米开朗琪罗(1871)等。后来他将这些文章汇编起来，于1873年以《文艺复兴历史研究》(*Studies in the History of the Renaissance*)为题结集出版，其中最后6页简要的结论部分应该是佩特最有影响力同时也是最具争议的文字，人们普遍认为他在此处推崇的是一种享乐主义的生活态度。这本书再版的时候，迫于压力把结论部分删除。几年之后重新出版，更名为《文艺复兴：艺术与诗歌研究》(*The Renaissance: Studies in Art and Poetry*)，这本书得到过许多专家的高度赞赏，王尔德(Oscar Wilde)甚至将其称为“黄金之书”。[6]

梅莉·希可丝特(Meryle Secrest)所写的传记《成为伯纳德·贝伦森》(*Being Bernard Berenson*)以及恩斯特·萨缪尔斯(Ernest Samuels)所著的《伯纳德·贝伦森：一位鉴定家的成长历程》(*Bernard Berenson: The Making of a Connoisseur*)都谈到了沃尔特·佩特对贝伦森在思想观念上的影响。希可丝特的书涵盖了贝伦森的一生，其中清楚地阐明了贝伦森对佩特的作品抱有浓厚的兴趣，正是这种兴趣使得贝伦森发现了意大利文艺作品之美，从而转向研究艺术。《成为伯纳德·贝伦森》一书中探讨佩特对贝伦森的影响只限于贝伦森的年轻时期。恩斯特·萨缪尔斯的《伯纳德·贝伦森：一位鉴定家的成长历程》在这方面的讨论也并不全面，他对贝伦森的研究以1905年为终点，只涵盖了贝伦森40岁之前的前半生。萨缪尔斯指出，贝伦森曾在《哈佛月刊》(*Harvard Monthly*)上发表过一篇名为“第三类”(The Third Category)的短篇故事，这篇故事中刻画了一个名为罗伯特·克里斯蒂(Robert Christie)的人物。克里斯蒂是一个羸弱的感觉论者，善于营造一种奢华且精致的氛围，容易让人联想到王尔德笔下的格雷(Doris Gray)。萨缪尔斯指出贝伦森笔下的这个唯美主义者正是“佩特的门徒”，一个现代版的马利乌斯。因为佩特内容最充实的作品就是他在

1885年发表的关于理想生活的哲理小说《享乐主义者马利乌斯》(Marius the Epicurean，也译为《伊壁鸠鲁的信徒马利乌斯》。

到了1942年，当第二次世界大战激战正酣之时，贝伦森躲进自己的图书馆里静下心来看书，并且写了许多记载自己当年读书心得的日记。这些日记后来收集在一起，汇编成读书笔记《悦读的一年：1942》(*One Year's Reading For Fun: 1942*)。这一年8月16日，他写道：

这几天，我重温了沃尔特·佩特的《享乐主义者马利乌斯》这本书，我惊奇地发现它在很大程度上就好像是我自己精神生活的传记。毫无疑问，它对我产生过非常大的直接影响。可以说，至今还没有任何其他外在的因素能够如此深刻、彻底、持久地影响着我。虽然这段时间我还读了其他许多著作，但是都没有像我重读这本书时，对主人公马利乌斯的所思所想、他的理想与抱负、以及他的疑问和困惑产生如此强烈的认同感。[7]

从贝伦森本人这些生动的描述中，我们可以看出沃尔特·佩特的这一本著作《享乐主义者马利乌斯》对他的影响确实非常大。贝伦森的两位传记作者希可丝特和萨缪尔斯都认为，佩特的唯美主义不仅影响着贝伦森的美学思想，同样也影响了贝伦森的生活方式。贝伦森有两大目标，第一，他希望自己能够像欣赏艺术一样惬意地生活着，对于艺术和大自然具有高度的敏感性；第二，贝伦森希望自己能够过着贵族般的生活，他期待自己的生活如艺术品一样精致、高雅，能够在自己豪华的居所内接待来自世界各地的仰慕者、名人以及青年才俊，让自己的寓所成为文人墨客雅集之地。不过，我们相信沃尔特·佩特本人对生活的理解一定远非如此。佩特肯定不会认为只有贵族才能审美般地生活，而且他笔下的人物也并没有成为接待来自四方宾朋和敬慕者的人物。

然而，当我们对记录着贝伦森晚年生活的相关材料进行深入的挖掘时，我们就会认识到关于佩特对贝伦森产生的影响这个问题，其实并不像希可丝特和萨缪尔斯所描写的那样。相反，在贝伦森晚年时，他开始重读佩特的作品，此时他发现佩特对自己的影响不再是那种奢侈、豪华的生活，而是一种超脱尘嚣与凡俗，特别与众不同的感觉。贝伦森认为，正是佩特促使他从纷繁喧闹的日常生活中感受到完美和幸福，获得精神上的支撑。同时，这种感知的特质对贝伦森的艺术观念也产生了相当大的影响，但是这并不意味着贝伦森全然继承了佩特的美学理论。因此，佩特与贝伦森之间的关系与其说是“影响”，倒不如说贝伦森在佩特的作品中找到了“共鸣”。

这一点也可以从另一方面得到佐证，在1948年出版的《视觉艺术中的美学与历史》（*Aesthetics and History in the Visual Arts*）一书的绪论中，贝伦森写道：

> 我毕生追求的艺术理论和艺术史首先关注的是一件作品是如何被感知的，即这件作品是如何影响“观者、听众、欣赏作品的人，而不是作品的创作者，除非这位作者本身也变成了作品的欣赏者。”[8]

这个观点与佩特在《文艺复兴：艺术与诗歌的研究》一书中阐述的观点无疑是一致的。佩特在自己的这部著作中引用德国诗人诺瓦利斯（Novalis，1772—1801）的句子：“作为一个哲学家，就应扫除惰性，发扬朝气。”[9]佩特借此表达了哲学和艺术对人类精神的作用在于促使其成为一种人生形态——即能够不断地进行敏锐的体察。他在书中写道：“每个时刻，人们的手中和脸上会呈现某种完美的姿态，山峰与海洋会显出格外迷人的色彩，只有在那一时刻，激情、感悟与智慧的火花才会对我们具有难以抗拒的真实感和吸引力。”[10]佩特希望通过哲学和艺术等文化形式对人类精神的促进作用，唤起人们对生命进行更为深刻的体悟，从而达到他所说的这种完美的状态。

贝伦森和佩特还有一个很突出的共同点，即他们两人都认为艺术作品的消费者和观赏者的作用非常重要。鉴于艺术消费者的重要性，贝伦森认为必须缩短艺术与普罗大众之间的距离。在贝伦森看来，佩特一直致力于通过自己的著作，使艺术从评论家和美术史家所规定的条条框框的束缚中解脱出来，让它进入寻常百姓家。

此外，贝伦森还认为对艺术作品进行鉴赏最基本的要求在于感知能力的培养，他称之为“前期的准备工作”，并认为这可以提升人们对于画作的鉴赏能力和看画过程中的愉悦感。而这种能力的培养并不需要美术史的专门训练，也不需要具备某种特殊的禀赋，这一点也正是贝伦森对佩特所倡导的美学观念的高度概括。贝伦森表示自己对佩特的著作之所以感兴趣，不仅在于他的文笔充满了感性和睿智，更重要的是因为佩特对于艺术作品的认识没有受到教条的束缚，也没有将艺术家图式化。

贝伦森在哈佛大学就读期间，就已经很着迷于佩特的著作。不过，贝伦森有一次很主动地要把佩特的书借给自己的老师威廉·詹姆斯，想看看他读了之后会有什么反应。没想到詹姆斯马上递还给他，说：“我不喜欢这本书，它让我感觉很不自在，如坐针毡。”毫无疑问，詹姆斯并不喜欢佩特那种优雅、感性的文风，正如他有一次建议自己的弟弟亨利·詹姆斯（Henry James，1843—1916，美国著名作家）“如果你有什么想要表达的，应该直接把它倾吐出来”。[11]

然而，佩特还是具有相当大的影响力。他的著作《文艺复兴：艺术与诗歌研究》得到许多作家的高度评价。在文学方面，一些早期的现代主义者如马塞尔·普鲁斯特（Marcel Proust）、詹姆斯·乔伊斯（James Joyce）、威廉·叶芝（William Butler Yeats）、埃兹拉·庞德（Ezra Pound）等著名作家都非常欣赏佩特的著作；而深受他影响的美术史家除了贝伦森之外，还有罗杰·弗莱、肯尼思·克拉克以及查理德·沃尔海姆等知名人士。

在艺术批评理论方面，贝伦森在很大程度上受到佩特的影响；而在鉴定理论方面，贝伦森受到的影响主要来自乔瓦尼·莫雷利的科学鉴定法，可以说他师承莫雷利。

乔瓦尼·莫雷利自己也有一些很杰出的学生，比如让·保罗·里希特（Jean Paul Richter）(1847—1937)、古斯塔沃·弗里佐尼（Gustavo Frizzoni）(1840—1919)，以及康斯坦斯·乔斯林·福尔克斯（Constance Jocelyn Ffloulkes）等学者。但是，对世人影响最大的还是贝伦森。

然而，贝伦森与莫雷利见面的机会并不多，他一生与莫雷利总共只见过三次面。1890 年 1 月中旬，贝伦森在恩里克·科斯塔的陪同下终于在意大利米兰见到了自己仰慕已久的艺术鉴定家莫雷利。

莫雷利在写给里希特的信中把贝伦森称为“来自波士顿的年轻的莱莫利耶夫,”这象征着在艺术鉴定发展过程中，乔瓦尼·莫雷利与伯纳德·贝伦森这两位重要的鉴定家之间的薪火相传,。

乔瓦尼·莫雷利和沃尔特·佩特对他的影响也代表了两条不同人生道路的抉择，在经过激烈而艰难的思想斗争之后，伯纳德·贝伦森最终还是选择了成为一名鉴定家。这一点我们从贝伦森在贝加莫山谷前发表的那番激情洋溢的“事业宣言”[12] 中就可以清楚地看到。

正是 1890 年 5 月底前往贝加莫与莫雷利见面的这一趟旅行，让贝伦森找到了自己未来事业的方向，并且正是与莫雷利的这次晤面让他充分认识到这一点，让他下定决心把自己所有的精力都投入到鉴定事业。[13]

第二节 贝伦森的学术成就

伯纳德·贝伦森最重要的学术著作，基本上是在 40 岁之前完成的。他在很大程度上重新设定了人们对意大利文艺复兴绘画艺术的审美标准，他在欧洲和美国大陆再度掀起人们对意大利文艺复兴艺术作品的研究和收藏热潮。他的《意大利文艺复兴时期的画家》《佛罗伦萨画家素描集》等系列著作塑造了人们对意大利文艺复兴大师的基本印象和重新认识。

一、《意大利文艺复兴时期的画家》——“四福音书”

伯纳德·贝伦森于1894年出版了《文艺复兴时期的威尼斯画家》，这是他出版的第一本专著。紧接着，他又相继出版了其他三本，这就是1896年出版的《文艺复兴时期的佛罗伦萨画家》、1897年出版的《文艺复兴时期的意大利中部画家》以及于1907年出版的《文艺复兴时期的意大利北部画家》。在这四部著作中，伯纳德·贝伦森的美学观念得到了充分的阐述。不过，贝伦森美学理论的核心概念主要囊括于1896年出版的《佛罗伦萨画家》和1897年出版的《中部画家》这两册书当中。然而，这四本书通常都被认为是一个不可分割的整体，被专家们亲切地称为“四福音书”，这四本著作给他带来了国际性的声誉。在19世纪末，正是由于贝伦森的这一系列著述，使他声名鹊起，日益为世人所熟知。此后，贝伦森逐渐成为意大利文艺复兴研究方面的权威专家。1930年，牛津大学的克拉伦登出版社（Clarendon Press）把这四册书汇编成完整的一部出版，取名为《文艺复兴时期的意大利画家》（*The Italian Painters of the Renaissance*），不久便成为意大利文艺复兴美术史的权威著作。

从诸多方面来看，“四福音书”是贝伦森最杰出的作品，这一系列著述在出版后的一百多年里，几乎没怎么改动过，内容基本上还是保持原貌。这部《文艺复兴时期的意大利画家》几乎成为世界各大图书馆的必藏书目，它发挥着巨大的影响力，重塑广大艺术研究者看待文艺复兴绘画艺术的审美眼光，也让人们重新认识到文艺复兴艺术的伟大成就，这也是为什么在这一系列书目出版之后不久，美国和欧洲财力雄厚的各大博物馆再度将目光转向文艺复兴绘画名作，掀起了另一轮收藏热潮的原因。

由于伯纳德·贝伦森写作出关于“文艺复兴时期的意大利画家”系列丛书，时间是在1894年至1907年之间，基本上是他40岁之前的著作，所以一般的评论家都认为他才华出众，大器早成。当他写作出

《佛罗伦萨画家》和《意大利中部画家》的时候，人们都认识到他在文艺复兴艺术研究领域做出了很重要的贡献。

在近现代的美术史家当中，伯纳德·贝伦森的艺术鉴赏理论应该算是相当具有原创性的，例如，他提出的“触觉值”“触觉想象力”“提升生命价值（增强生命力）”“空间构图”等一系列的美学概念都具有较为深远的影响。他提出的这一系列重要的美学概念，大大地丰富了美学语言。尽管按照贝伦森的同学桑塔耶纳的说法：“贝伦森相当缺乏系统性思维的能力。”[14] 但是他却尝试着通过将艺术鉴赏与心理学、生理学等学科相结合来帮助我们理解和掌握艺术现象的无限性。

贝伦森认为判断艺术作品杰出与否的一个重要标准，在于它是否具有“触觉值”，这也是贝伦森提出来的一个很重要的理论。

1. 触觉值（Tactile Values）、触觉想象力（Tactile Imagination）

伯纳德·贝伦森在1896年出版的《文艺复兴时期的意大利画家》系列著作中的第二本——《文艺复兴时期的佛罗伦萨画家》（*Florentine Painters of the Renaissance*）一书中第一次提出了自己这个颇具原创性的概念：“触觉值”。他认为画家只有成功地给视网膜留下有触觉价值的印象，才算顺利完成自己的任务。

如今，绘画已成为一门这样的艺术——它旨在仅凭二维平面便营造出艺术真实性的持久印象。因此，画家必须有意识地构建起自己的三维空间，正如我们所有观者都在无意识中做的一样。只有成功地做到给视网膜留下有触觉价值的印象，他才算顺利地完成自己的任务。因此，如果一件艺术品想要做到让我信以为真，并且对我产生持久的影响力，那么画家的第一要务，在于唤起观者的触觉，从而能够造成这样一种错觉，仿佛我能触碰到它，就如同我的掌心和手指都拥有不同的肌觉（muscular sensations），正好与画中这个人物（或事物）各个凸起的部分一一对应。

Now, painting is an art which aims at giving an abiding impression of artistic reality with only two dimensions. The painter must, therefore, do consciously what we all do unconsciously—construct his third dimension. And he can accomplish his task only as we accomplish ours, by giving tactile values to retinal impressions. His first business, therefore, is to rouse the tactile sense, for I must have the illusion of being able to touch a figure, I must have the illusion of varying muscular sensations inside my palm and fingers corresponding to the various projections of this figure, before I shall take it for granted as real, and let it affect me lastingly.[15]

贝伦森在《文艺复兴时期的佛罗伦萨画家》一书中评论乔托和马萨乔等佛罗伦萨画家的艺术特征时提出了这个重要的概念，他在这本书中革命性地提出了观者在欣赏杰出的画作时可能会产生的一系列身体反应，虽然只是寥寥数语，却很形象生动地阐释了这个独特的美学概念。

贝伦森提出这样一个具有重要意义的理论，在很大程度上也受到当时盛行的“审美移情说”（empathy）的影响。什么是“审美的移情作用”呢？简单地说：“它就是人在观察外界事物时，设身处在事物的境地，把原来没有生命的东西看成有生命的东西，仿佛它也有感觉、思想、情感、意志和活动，同时，人自己也受到对事物的这种错觉的影响，多少和事物发生同情和共鸣。”[16] 在东方，日本佛教学者铃木大拙（すずきだいせつ，1870—1966）在他的“禅的无意识与艺术”一文中也写道：“只是看是不够的，艺术家必须进入物体之内，从里面去感觉它，并亲身体验它的生活。”[17] 这两者之间颇有几分相似的意味。

贝伦森一直在思考着是什么使得美术作品有别于文学或音乐作品？欣赏绘画作品得到的这种愉悦感的真正根源到底是什么？由于单凭视觉并不能让我们准确地感受到三维空间，正如婴儿只有通过触摸才能更好地了解外界的事物。因此，这种感觉必须借助于观赏者的身体反应和触觉才能获得，只有通过肌肉感受动作才能得到。因此，画家如果想要在二维的平面里描绘出三维空间，他就必须给视网膜留下有触觉价值的印象才能达到这种效果。

尽管贝伦森在描述“触觉值”这个概念时所用的篇幅并不长，但是它在当时却引起了相当大的轰动。据报道：自从贝伦森提出“触觉值”这个理论之后，每一个走进博物馆看画的观众都开始期盼着自己的手指和掌心中能够产生贝伦森所说的那种奇妙的反应。

自从贝伦森提出了“触觉值”理论之后，他就拥有了一套非常行之有效的美学语言，可以用于分析文艺复兴时期佛罗伦萨画家的优劣之处。他认为佛罗伦萨画家在唤起观者的触觉想象力方面的能力最强，鉴于佛罗伦萨画派在意大利文艺复兴艺术史上的重要地位，贝伦森最重要的两部著作《佛罗伦萨画家素描集》和《文艺复兴时期的佛罗伦萨画家》都是紧紧地围绕着佛罗伦萨画派展开的。为了更加靠近自己所研究的艺术作品，贝伦森甚至把自己的家也安置在佛罗伦萨。在他长达94年的漫长一生当中，有将近60载的光阴是在佛罗伦萨近郊的塞蒂尼亚诺度过的。

图3.2 大力神赫拉克勒斯与安泰俄斯（1478）现收藏于佛罗伦萨的乌菲齐美术馆

贝伦森曾经举过这样一个例子《大力神赫拉克勒斯与安泰俄斯》（图3.2），他认为这幅画就非常能够体现自己所说的“触觉值”。通过这幅画，我们也可以很真切地感受到贝伦森所说的这种“触觉值”。

恩斯特·贡布里希在自己的著作《艺术与错觉》（*Art and Illusion*）一书中对贝伦森的美学概念“触觉值”做

出如下评述：

伯纳德·贝伦森在1896年出版的论述佛罗伦萨画家的才华横溢的著作中，按照希尔德布兰德的分析方式系统地阐述了他的美学信条。他以自己长于含蓄措辞的天赋，几乎把那位雕刻家的略显浮华的一整本书总结成这么一句话："画家只有给视网膜留下有触觉价值的印象才算是完成任务。"对于贝伦森来说，乔托或者波拉尤奥洛（Pollaiuolo）值得我们注意之处是，他们恰恰做到了这一点。跟希尔德布兰德一样，他也是更关心美学，而不是关心历史。[18]

贝伦森认为佛罗伦萨画派的绘画作品在唤起观者触觉想象的能力方面甚至比我们见到真实事物时的感觉还要强烈。当然不仅仅绘画作品能够产生贝伦森所说的这种"触觉值"，雕塑作品同样也可以产生"触觉值"，例如贝伦森收藏的一些中国古代的佛教雕塑艺术品，尽管贝伦森的太太玛丽觉得它们外表狰狞，但是连她也不得不承认它们产生的"触觉值"确实非常强烈。[19]

有趣的是，贝伦森认为他所见过的触觉值最强的事物是他经常去散步的山上看到的一棵树，他认为这棵树的"触觉值"特别强烈。贝伦森曾经带着肯尼思·克拉克一同前往参观和欣赏这棵树。克拉克认为贝伦森的每一本著作，都应该在扉页中最醒目的位置印上这棵树的形象，让人们可以更加直观地体会到贝伦森所说的"触觉值"。不过，令人倍感遗憾的是，随着贝伦森离开人世，肯尼思·克拉克再也找不到他经常去朝圣般仰望的那棵"触觉值"很强烈的树了。

贝伦森总是不遗余力地颂扬那些达到他所倡导的美学理想的艺术家，例如乔托、马萨乔（Masaccio）、米开朗琪罗以及委拉斯开兹等人，他深刻地感受着他们的艺术世界，认为这些伟大画家的许多作品都能够激发最强烈的触觉想象力。

贝伦森认为，委拉斯开兹的《布列达的投降》（*The Surrender of*

图3.3 布列达的投降（*The Surrender of Breda*，1634—1635） 现收藏于马德里的普拉多美术馆

Breda）（图 3.3）是一幅具有强烈触觉值的画作。他参观西班牙普拉多美术馆的时候，曾经在这幅画前面驻足了数个小时，深深为它着迷。他认为这幅画或许是再现某一个特定的历史场景最著名的作品，当然也是表现得最好的作品之一。

不过，由于贝伦森的“触觉值”这一美学理论存在着某些难以避免的缺陷，例如，他并没有解释清楚自己所说的非常强烈的可触性究竟是什么。所以，这一美学理论并不是令人非常信服，如今，这个概念也已经较少使用了。

2. 提升生命价值（Life-enhancement）

此外，贝伦森还提出了一个与“触觉值”紧密相关的概念——“提升生命价值”（Life-enhancement），这应该有点类似于精神上的“升华”或者相当于“增强生命力”。贝伦森提出这个美学概念在很大程度上是受到尼采（Friedrich Wilhelm Nietzsche，1844—1900）的影响，他认为尼采的著作《悲剧的诞生》（*Birth of Tragedy*）从心理学的角度出发为美学提供了一种最佳的思维方式，并且尼采的价值就在于“他憎恶一切有损于生命的事物，正如同他热爱一切有益于生命的事物一样”。[20] 在写作《文艺复兴时期的北部画家》及随后“艺术的衰落”等部分以及《视觉艺术中的美学与历史》一书中贝伦森对这个概念加以发展，并且做出如下的解释：

> “提升生命价值”指的是在想象中，将我们与作品中的人物、行为、状态融为一体，从而使我们获得希望，增强活力。[21]

贝伦森美学理论中的“触觉值”与“提升生命价值”这两个概念之间密切关联，艺术品不可能只具有其中一个品质，而缺少另一项品质，两者缺一不可。其实，就是为了使“提升生命价值”这个概念落到实处，贝伦森才提出了“触觉值”这个概念，他认为这种价值能够激发观者的触觉想象力（Tactile imagination），可以让我们感受到作品的表面质地、重量，以及张力，最终与艺术品及其创作者之间达到近距离接触的境界。

贝伦森认为乔托是自古典时期以来第一个在自己的绘画作品中展现出这些美学特征的画家，他认为文艺复兴时期佛罗伦萨著名画家的作品中往往都能够突出地表现这些美学特征，它们可以达到使人的生命体验得以升华的效果。

“提升生命价值”这个概念比较抽象，它是一个相当模糊而令人难以捉摸的美学术语，一般人通常很难理解。根据贝伦森的理论，如果一件艺术品要做到“提升生命价值”，它就应当全方位地吸引和影响人们，包括他们的神经和感官。

此外，与“增强生命力”紧密相关的概念是“提升生命的价值”（Life-enhancing）和“减损生命的价值”（Life-diminishing）这一对概念。贝伦森把自己晚年前往北非和西亚的“朝圣之旅”称为一次“提升生命价值”的美好经历。

3. 空间构图（Space-composition）

贝伦森在《文艺复兴时期的意大利中部画家》（1897）一书，提出了“空间构图”这一概念，他认为翁布里亚画派（Umbrian school）被空间构图所支配，就如同佛罗伦萨画家的作品往往具有强烈的“触觉值”一样，这种空间构图能够在观者眼里激发形式和运动的“观念化感觉”（ideated sensations）。[22]

另外，在同一部著作当中，他把锡耶纳画派分为装饰画家和插图画家，在贝伦森的美学理论中，他使用了“装饰”（decoration）和“插图”（illustration）来区分艺术的形式（form）和内容（content），他在此处的用法与当代美学批评术语不一致，值得我们注意，否则很容易产生误解。

贝伦森提出一系列独特的美学概念，极大地丰富了美学词汇。

二、《佛罗伦萨画家素描集》这部著作的学术成就

《佛罗伦萨画家素描集》（*The Drawings of the Florentine Painters*）通常被公认为贝伦森学术价值最高的著作。1897年，贝伦森开始写作这一部具有里程碑意义的学术论著，1903年，这一部著作问世。它结合了人们熟知的素描作品和文字，把鉴定结果和每一位艺术家的创造性与艺术个性融合为一个统一的整体。经过大量修订后，这部著作在1938年出版了新版本，从原来的两卷扩展为三卷，除了它许多鲜明的特色之外，它至今依然是这一领域最重要的参考书目。这部著作融合了严谨的学术、视觉记忆力以及对艺术品质几乎是直觉性的反应等成果，在这一领域里至今还没有哪一部著作在学术成就上能够超越它。

《佛罗伦萨画家素描集》由三个部分构成：第一部分是此著作的正文主体内容；第二部分是系统的目录以及对上千幅素描作品详细的描述和分析；第三部分是艺术作品精美的图录。其中的正文部分非常适合鉴定家们在研究绘画作品时作为指南。

贝伦森晚年在自传中，是如此评价自己的这一部著作：

我花在这项工作上长达十年光阴（如果包括前后两个版本的话），我并不能说自己是在虚掷时光。凭借着我有限的知识，这本书开启了对艺术家素描作品较新的研究方法，即使不能说全新的研究方法的话。除了它们作为创作的内在价值之外，人们也开始越来越关注素描作品。此外，这也是首次研究绘画作品的内在价值。这部著作的两个创新之处在于：首先，把素描纳入艺术家整体创作不可分割的一部分，并且认为它至少与艺术家的最终作品一样有价值；其次，素描作品可以反映艺术家的创作过程以及他个人的天赋。例如，他是否是一位与生俱来的画家，就像提香一样，或者像米开朗琪罗一样是个天生的图绘者？

如今，每部关于某位艺术家的专著都会既考虑他的素描又考虑他的最终作品。产生这样的结果在一定程度上可能是受到我在《佛罗伦萨画家素描集》中所采用的分析方法的影响。

当贝伦森开始研究文艺复兴时期佛罗伦萨画家的素描作品时，这一领域还是一片处女地，他在《佛罗伦萨画家素描集》中取得的成果，也奠定了后来人们研究这一领域非常坚实的基础。

肯尼思·克拉克在16岁时第一次读到了贝伦森的著作，这些书对他产生很大的影响！当时，有一位朋友问他毕业之后想做什么，克拉克随即回答道，“但愿能够帮贝伦森先生编订一部新版的《佛罗伦萨画家素描集》。”[23] 这些话出自一个与贝伦森未曾谋面的年轻人，他当时甚至与贝伦森都不在同一个国家。

6年后，肯尼思·克拉克刚满22岁。一从牛津大学毕业，他便立即赶往意大利，经人介绍，认识了贝伦森。当克拉克即将离开的时候，贝伦森问他，是否愿意协助他一起编订新版的《佛罗伦萨画家素描集》。克拉克年轻时的梦想仿佛一下子飘近了，他后来回忆道："这简直太不可思议了——就像发生在童话故事里一样。"[24] 肯尼思·克拉克就这样与伯纳德·贝伦森开始了他们之间的师徒情谊!

从克拉克对自身经历的这段描述中，我们也可以看出《佛罗伦萨画家素描集》这部著作影响有多么巨大，它甚至激发了一个青年学子对于艺术研究的热情和追求。

贝伦森在编写《佛罗伦萨画家素描集》这部书时，历尽了艰辛，使他感觉痛苦不堪，加重了贝伦森原来"神经衰弱"和"消化不良"等症状，这也直接导致了他后来极大地减少自己在学术著作方面的写作。因为在贝伦森之前，在这一领域里还未曾出现过比《佛罗伦萨画家素描集》这部书更大的、更系统的著作，对托斯卡纳地区画家的素描作品进行如此系统的研究，就这方面而言，贝伦森应该是首屈一指的，而且这部伟大的作品历经了时间的考验，证明它在这一领域内巨大的价值，即使时至今日，那些研究意大利文艺复兴绘画的专家学者，依然把它作为一部必不可少的参考文献。但是，写作这部著作过程中历经的艰难也是常人难以想象的，他们跑遍了欧洲各大美术馆，不厌其烦地劝说博物馆和美术馆的保管员把古代大师们的素描作品取出来供他们研究，我们可以想象得到他们在这一期间必定碰到不计其数的挫折。

三、《视觉艺术中的美学与历史》

这是贝伦森在83岁高龄时（1948）出版的重要论著，也是他在"二战"之后出版的首部著作。正如他自己坦率承认的一样：

我并不是辩证家；无法运用大量华丽的辞藻和生动的例子来进行论证。因此，我在这本书中所做的只是把我在思考艺术理论和艺术史的时候，脑海中刚好闪过的一些想法记录下来而已。”[25]

在一定程度上，这本书只是重复了他早年著作《文艺复兴时期的意大利画家》中的一些美学理论，尽管将近半个世纪过去了，贝伦森的这些观念并没有太大改变。不过，他尝试着阐释清楚自己早年在文章中只是略微涉及到的某些美学概念。例如，他进一步阐述了“提升生命价值”这一个重要的美学概念。此外，他在书中还提醒读者，只有具象艺术才能够激发“观念化感觉”，并且只有当触觉值、运动等相关的艺术品质没有被夸张或变形的时候，它才能达到这种艺术效果。而且贝伦森还坚持认为如果想要“提升生命价值”，这些“观念化感觉”必须是愉悦的，如与人交流作呕之事，很难达到令人满意的艺术效果。[26]

在审美的观念方面，贝伦森坚信艺术家的自发性。一个真正的艺术家应当完全不理会外界的压力，只关注自己的内心。围绕自发性，贝伦森认为艺术创作是这样一个过程：绘画的题材就像是跳水时所用的跳板一样，艺术家只是借助于这个跳板跃入水中。

以上只是简略地阐述了伯纳德·贝伦森其中一部分学术成就，从中不难发现他早年的美学观念尽管有些晦涩，但还是颇具原创性，给很多艺术批评家如浮龙·李（Vernon Lee）、罗杰·弗莱（Roger Fry）、克莱夫·贝尔（Clive Bell）等人带来全新的启发。而且，令人颇为惊奇的是贝伦森的理论即使用于现代的绘画和雕塑当中，也依然行之有效。例如，亨利·摩尔关于雕塑的一些表述，实际上就是对触觉值和空间构图等概念的引申和运用。如今，许多过往的美术史家的论著早已束之高阁积满灰尘，但贝伦森的著作依然发挥着重要的作用，持续地影响着一代又一代热爱意大利文艺复兴艺术的人们。

第三节　贝伦森的鉴定成就

贝伦森让世人永远铭记的，还是他在意大利文艺复兴绘画鉴定领域的卓越成就。这一点也是专家们普遍认同的：意大利文艺复兴绘画作品的鉴定是贝伦森诸多成就中最有价值的部分，同时也最具深远影响。他在鉴定方面所取得的成就早已掩盖了他在学术方面的成就。为了厘清贝伦森在鉴定领域是怎样取得如此杰出的成就，我们或许应该先深入地了解一下他的鉴定方法。

贝伦森的鉴定方法

贝伦森在 1902 年出版了《意大利艺术的研究和批评》(第二辑) 一书。凯尼恩·考克斯认为这本书与《意大利艺术的研究和批评》(第一辑) 相比，更加趣味盎然，并且把它称为“现代鉴定学真正的最大成就”。[27] 在这本著作中，贝伦森收录了自己早在 1894 年就已完成的一篇名为“鉴定入门”(Rudiments of Connoisseurship) 的文章。《艺术新闻》的专栏记者科提索兹 (Royal Cortissoz) 特地在英国《独立报》(*Independent*) 上发文，赞誉“鉴定入门”是《意大利艺术的研究和批评》(第二辑) 这部著作中最有价值的部分。[28] 这篇文章中，贝伦森给鉴定学下了一个非常简明扼要的定义：“为了判断艺术品之间的相互关系而对他们进行比较”。[29] 贝伦森在这里进一步发展了乔瓦尼·莫雷利提出来的“科学鉴定方法”。他总结了莫雷利的观察结果，并且指出在肖像画中，如果把耳朵、指甲与眼睛进行比较的话，耳朵和指甲对于鉴定家而言，更有助于准确地判断出绘画作品的归属，因为它们可能是画家在无意识的状态下完成的，因而有可能会形成一种定势，并成为这个画家自身的一种特征。因此，他得出这样的结论：形式细节 (morphological details) 更有助于判断画家的本质特征。他在这篇文章中给出以下的理由：

第一，因为它们并不是表现的工具。

第二，它们往往会被忽略。

第三，它们并不会被艺术潮流所左右。

第四，它们往往受艺术家作画习惯的影响，因而易于判断出艺术家的真正身份。

第五，由于它们所具有的独特性和细微之处，或者因为这位画家寂寂无闻，所以往往逃过被刻意模仿和复制的命运。[30]

此外，贝伦森根据绘画作品中形式因素（formal elements）对于鉴定的适用程度，将它们分为三类：

最适用的形式因素：耳朵、手、衣褶、风景。

较适用的形式因素：头发、眼睛、鼻子、嘴角。

适用性稍差的形式因素：头盖骨、下巴、人体的结构与动态、建筑、色彩、明暗对照法。[31]

当然，列出绘画作品中适用于鉴定的这三类形式因素，并不意味着贝伦森就不重视画作总体的艺术质量。他再三强调，艺术质量是鉴定中需要考量的最重要因素。只不过，对于艺术质量而言，愈是重要的形式因素，对于鉴定的适用性愈差；反之，越是容易被人忽略的形式因素，随之而来的鉴定效果就越好。

为了探究贝伦森的鉴定方法，我们不妨先来看一段生动的文字，或许对我们会有意想不到的启发。贝伦森以前在意大利塞蒂尼亚诺的邻居——英裔美国女作家艾瑞丝·奥瑞格（Iris Origo）在她的自传《图像与阴影》（*Images and Shadows*，*1970*）中，回忆起自己小时候，有一次贝伦森带他们一行人前往乡间某个偏僻的小教堂去看一幅早已斑驳褪色的湿壁画，奥瑞格在此描述了她在途中见到的情景：

贝伦森驻立在浮动着氤氲幽香的松柏林间，凝望着远山那寂静宁谧的轮廓，抑或是近处某个闲逸的农庄以及周边的鸽舍和树丛，这个时候他会卸下自己平时严肃的表情，愉快地招呼大家：“快看，这个场景是不是很像柯罗（Corot）的作品，或者佩鲁吉诺（Perugino）的画面?”[32]

奥瑞格表示，跟在贝伦森的身边，不知不觉中就会明白“凝望的艺术”真正的内涵是什么。她写道，看完湿壁画之后，贝伦森讲了一个源自印度的古老传说，是关于弓箭之神教自己的孩子如何准确地射中目标的故事，来比拟赏画之道：

他把小孩带入一片森林，然后问他看到了什么。这个小孩回答：“我看到了一棵树。”“你再看看”“我看到了一只小鸟”“你仔细再瞧瞧”“我看到了它的头”“再看清楚点”“我看到了它的眼睛”“那就瞄准目标，放箭！”贝伦森总结道，看画的道理其实也一样，“假如你全身心地投入，片刻足矣”。[33]

恩斯特·萨缪尔斯在《伯纳德·贝伦森：一位鉴定家的成长历程》一书中也提到：

弗兰克·科斯特洛显然也被妻子玛丽严格按照贝伦森的指导学习鉴定的方式所逗乐，他告诉自己的岳母，“老师教玛丽一直盯着绘画作品中的一只手臂或者衣纹的一角长达两个小时，却丝毫不看作品的其他部分。”[34]

从以上这些文字中，我们约略可以了解到贝伦森在鉴定时采用的方法基本上还是莫雷利沿袭下来的那一套科学鉴定方法，尤其是在他从事鉴定事业的初期更是如此。另外，我们从贝伦森训练玛丽学习鉴定的方法中，也可以瞧出一些端倪，他在鉴定时，只会截取自己最想关注的那部分，其他内容则一律舍弃。这一点，我们从多年之后，约瑟夫·杜维恩与安德烈·哈恩夫人围绕着一幅真伪难辨的达·芬奇作品《戴额饰的美女》打官司时的一段小插曲也可以得到佐证。1923 年

9月3日，原告律师林格罗斯为了杜维恩和哈恩之间的官司而质询作为第一证人的鉴定专家贝伦森，以下是两人在法庭上的唇枪舌剑：

林格罗斯问道："你对卢浮宫的《戴额饰的美女》一画是否很有研究？"贝伦森答道："在这一生中，我看过这幅画可能有一千遍了。""那么它是画在木板上还是布面上？"贝伦森苦思冥想了好一会儿，最后回答："我不知道。"林格罗塞讥讽道："既然你刚才声称对它如此有研究，怎么连一个这么简单的问题也答不上来？"贝伦森反唇相讥："这就像你问我莎士比亚创作他不朽的十四行诗的时候，到底是写在哪种纸上，我也不知道一样。"[35]

这很容易让人联想到春秋时，伯乐向秦穆公推荐的相马高手九方皋居然连马的雌雄和颜色都辨识不清，但这并不妨碍他成为千古留名的相马大师。贝伦森和他有着异曲同工之处，他们注重的都是事物内在的本质特征和精髓所在，而忽略其他细枝末节。

贝伦森在1926年曾经出版了一本著作《方法三论》(*Three Essays in Method*)。他希望能够通过举出一些具体的例子来阐述自己科学而客观的鉴定过程，并借此来告诉年轻的艺术研究者他在鉴定过程中具体进行了哪些步骤。其中在第一部分"寻求正确鉴定归属的9幅画作"(Nine Pictures in Search of An Attribution)，他花了超过50页的篇幅，来讲解自己是如何得出这样的鉴定结论。不过，我们相信，他在实际的鉴定过程中，应该不会这么繁琐，贝伦森只是为了详细地阐述一般的鉴定步骤，才会如此反复地求证和不断地比较着作品的局部特征。所以，他在这一本书中，采用的是一种"逆推法"，即先知道结论，然后再讲述自己的推理过程。

实际上，贝伦森后来也解释，自己一辈子都在研究意大利文艺复兴时期的绘画作品，已经积累了一种类似于"第六感"的艺术敏感性，可以凭直觉很快地判断把一幅作品的创作的年代，准确地归入它所属的画派，并将其而不需要研究艺术家的作画技法或者他所用颜料的化学成分。

贝伦森在这本书中并没有直接描述他实际上使用的鉴定方法。有鉴于此，我们只能推测他大致的鉴定过程。当他面对着一幅不知名的画作时，他应该会立即下意识地把它与自己脑海中浮现的与这幅画作相关的其他几幅画作相比较，然后他会在有可能创作这幅画的几位潜在的画家之间进行权衡，然后再推测出最有可能的那个人选。接下来，他就会检验这个可能性最大的画家，并且把这幅画作与他拥有的这位艺术家相关绘画作品的摄影照片相比对，最后决定支持还是推翻自己的假设。根据我们以上的分析，贝伦森采用的这一套鉴定方法与其他鉴定家的方法相比其实并没有太多不同之处。

克拉克曾经在自传《树林的另一部分》中非常生动地描述了自己亲眼所见贝伦森颇具神秘色彩的鉴定过程：

贝伦森先生走近画作，用手指轻轻地敲了敲画布的表面，然后把耳朵贴近画面很用心地倾听着，仿佛在期待着一个很轻的声音告诉他答案。而后，思筹良久，他才会说出这幅画是何人所作。

He would come very close to it and tap its surface and then listen attentively, as if expecting some almost inaudible voice to reply. Then, after a long pause, he would murmur a name.[36]

贝伦森在画作前的一举一动（图 3.4）确实为鉴定平添了几分神秘的色彩。尽管这个鉴定过程看似一个完全自发的过程，然而，在这个看似自发性的辨识行为背后，蕴藏着的却是对艺术具有高度敏感性的推理过程。

克拉克表示自己从来没有听到过贝伦森解释这样做的原因，显然，他在鉴定画作时的行为在外人看来似乎充满了复杂性，令人捉摸不透，感觉神乎其技。然而，克拉克却明白贝伦森轻叩画面是为了了解画作如今的状况、画布大概的年代以及后来是否重新安装过。同时，克拉克也明白一般人没有贝伦森那么好的视觉记忆力和快速的推理能力，故此都会认为这其中必定有诈。贝伦森在晚年的自传中也写道：

不久，我发现自己竟然与算命先生、看手相师以及占星家归入一类，被人视为那种有意行骗之辈。最初，别人都认定我已经发明了一种能够准确无误地判断出绘画作品究竟是由何人所作的鉴定手法。

I soon discovered that I ranked with fortune—tellers, chiromancists, astrologers and not even with the self—deluded of these, but rather with the deliberate charlatans. At first I was supposed to have invented a trick by which one could infallibly tell the authorship of an Italian picture.[37]

文艺复兴艺术著名的作家浮龙·李（Vernon Lee[38]，1856—1935）甚至认定贝伦森已经掌握了鉴定方面的某种诀窍，却又不肯与她分享这个秘密。此外，在《画商詹泊尔日记》一书中，雷奈·詹泊尔也描述了杜维恩告诉他一些类似的说法，杜维恩说：

图3.4　贝伦森1955年在罗马波格赛美术馆鉴定画作
大卫·西摩尔（David Seymour）拍摄

贝伦森知道的倒不少，但却不肯拿出东西来与别人分享，为什么呢？因为他不愿别人与他平起平坐，或者起码与他水平相近。凡是可能会有些用处的东西，他对你都一概秘而不宣，他也从不肯邀我一块儿到卢浮宫博物馆。[39]

至于贝伦森是否真的对自己的鉴定技巧有所保留，秘而不宣这个问题，其实也无须妄加猜测。贝伦森拥有卓绝的鉴定能力主要来源于他长久以来不断勤勉实践的结果。在当时没有现代科学仪器的情况下，贝伦森进行鉴定时基本上只能依靠着手持式放大镜和手电筒，这是他刚开始的时候仅有的两样辅助工具。他行走于意大利以及欧洲各地那些无名的小镇和城市，看了大量的私人收藏品，从锡耶纳到维也纳都留下过他的足迹。肯尼思·克拉克在自传中还提到贝伦森早年时有一次为了看一幅心仪已久的绘画作品，长途跋涉，辗转抵达偏远的乡村，结果在乡间小路上遇到恶犬追逐，最后只能狼狈不堪地落荒而逃。[40]从中可以看出贝伦森在鉴定方面付出的不懈努力以及时常遭遇的挫折，可以说他在鉴定方面取得卓越成就绝非偶然。

19 世纪上半期，文艺复兴绘画的鉴定相当混乱，许多收藏家都宣称自己拥有文艺复兴艺术大师的作品，甚至连许多重要的美术馆也充斥着大量的赝品和伪作。然而，随着莫雷利和贝伦森等鉴定家的横空出世，这种混乱的局面才逐渐得以改观。

贝伦森更是完成了莫雷利想完成却一直未能完成的任务，为散落在意大利各地的绘画作品编订系统而详尽的鉴藏目录。贝伦森这一部分的鉴定成就非常有价值。

美国著名作家亨利·詹姆斯对贝伦森作出这样的评价："他是唯一在世的意大利绘画权威专家。"[41]罗杰·弗莱在伦敦权威的学术刊物《雅典娜神殿》（*The Athenaeum*）上也发表了一篇热情洋溢的评论，赞扬贝伦森"对美术史的贡献胜过任何一位在世的美术史家……因为他对绘画作品的正确鉴定，意义非同小可，对于刺激与解放纯粹的审美观念，具有很高的价值”。[42]同时，弗莱也认为贝伦森重构的“阿米科·迪·山德罗”（Amico di Sandro）这位画家令人颇为信服。

不过，贝伦森的鉴定也带来了负面影响，许多学者觉得贝伦森把意大利文艺复兴的艺术品有计划、有系统地搜刮、劫掠到美国，甚至把他称为“走私艺术品的豺狼”（art jackal）。持有这种观点的人还包括查理德·沃尔海姆，他在《艺术与心灵》（*On Art and Mind*）和《绘画作为一门艺术》（*Painting as an Art*）等著作中都表达了自己的这种观点。例如，他在《绘画作为一门艺术》中写道：

> 在我心目中，鉴定学是最传统的艺术史模式，同时也具有最深远的意义。它发轫于乔纳森·理查森，由乔瓦尼·莫雷利加以进一步发扬光大，然而当前却被伯纳德·贝伦森败坏了名声，他把鉴定学用于谋取私人利益并使它变成为富豪们进行自我标榜的工具。[43]

1902年，37岁的贝伦森从哈佛大学毕业15周年之际，他们当初的同班同学再度相聚，贝伦森向他的同学们汇报自己所取得的成就时说：“如今，大多数运往美国的意大利绘画作品，都有‘我颁发的个人签证’”。[44]

贝伦森在鉴定中经常依靠主观判断，他认为这些是有效证据：包括自己的知觉与反应，以及比较记忆的作用。如果我们比较过去将近一个世纪的鉴定研究报告，就会发现，贝伦森在没有其他辅助工具和高科技手段的情况下，他的鉴定准确率还是相当高的。

第四节　哈佛大学意大利文艺复兴研究中心

贝伦森在1888年还是一名阮囊羞涩、居无定所的穷学生。而到了1900年，贝伦森与玛丽·皮尔索尔·史密斯（Mary Pearsall Smith）结婚时，已能在意大利佛罗伦萨附近的塞蒂尼亚诺租下了一处非常舒适温馨的别墅——伊塔蒂。这座别墅原先的主人于1905年去世，他的继承人韦斯特伯里（Westbury）明确表示不愿再延长租约，将于1907年圣诞节前把这处别墅收回。不过，贝伦森推测韦斯特伯里当时的经济状况一定很拮据，因为他刚刚在摩纳哥的蒙特卡洛（Monte Carlo）赌博输掉了一大笔钱，因此贝伦森就提议自己愿意出价5000英镑（相当于25000美元）买下伊塔蒂别墅（图3.5）及其周边的房产，韦斯特伯里立即就接受了这个在当时看来似乎还算不错的报价。

除了伊塔蒂别墅之外，贝伦森这次花5000英镑还让他获得别墅周边的两幅农田及其相应的农舍和建筑，还有一处较小一点的别墅、一个私人的小礼拜堂以及大约50亩的橄榄树、葡萄园和柏树林。

因此，我们不妨大胆地设想一下，如果不是由于贝伦森夫妇在文艺复兴绘画鉴藏领域的成功给他们带来了丰厚的经济报酬，也许他们

图3.5　贝伦森位于塞蒂尼亚诺的伊塔蒂别墅

在1907年伊塔蒂别墅租约期满之后，很有可能就返回美国了。因为贝伦森夫妇当时已过不惑之年，如果他们依然没有稳定的收入和固定的居所，返回美国似乎成为他们最好的选择。

其实，贝伦森夫妇在1903—1904年重返美国参观加德纳夫人的博物馆这段时间，看过美国许多新兴富豪的别墅，但是没有一处居所如伊塔蒂给他们留下如此幽静、典雅的感觉，于是他们心里就萌生了把这座别墅买下来的念头。这件事情在贝伦森夫人玛丽的日记中亦有记载。

在1907年，贝伦森夫妇把“伊塔蒂别墅”（Villa I Tatti）买下来之后，他们便着手进行不断的修缮和扩充，这个地方成为玛丽接下来38年以及贝伦森之后50多年生活的理想家园，最终也成为一处举世闻名的艺术研究机构。

至于伊塔蒂这个名字的由来以及它究竟代表什么意思？后世学者虽然颇多猜测，但始终莫衷一是，很难追溯到其真正的源头。根据米伦·吉尔莫（Myron Gilmore）教授的最新研究，它可能是由于13世纪此处的一片土地被授予佛罗伦萨当地德高望重的一位扎蒂（Zatti）家族成员而得名。至于Villa I Tatti中文名的翻译，译为“塔蒂别墅”或许更为贴切，然而，如果从别墅的规模而言，译为“伊塔蒂庄园”似乎更加合适。

伊塔蒂别墅是在玛丽的主持下，在著名建筑史家杰弗瑞·斯科特（Geoffrey Scott，1884—1929）的设计规划下，并且在另一位年轻建筑师塞西尔·平森特（Cecil Pinsent）的具体实施下日臻完善，最终达到如今这个规模。杰弗瑞·斯科特是贝伦森这处别墅的设计师，也是《人文主义的建筑》（*Architecture of Humanism*）这部著作的作者。伯纳德·贝伦森居住在斯科特建造的富于人文主义气息的别墅内，过着人文主义者的生活。这里承载着他许多的人生理想，难怪他被后来的许多学者包括肯尼思·克拉克等人称为“最后一位人文主义者”。他寓居于伊塔蒂这座象牙塔内，过着精致、高雅、贵族般的生活，他在这里接待了来自世界各国众多的文人雅士、名流政要、远宾近朋。

早在1903年底，贝伦森在加德纳夫人打算向家乡波士顿捐献“芬威庭院”（Fenway Court）艺术博物馆高尚行为的感召下，就产生了在自己身后把伊塔蒂别墅捐赠给哈佛大学作为意大利文艺复兴研究中心的想法。除此之外，还有另一个重要的决定性因素根源于他自己的人生追求。

贝伦森自幼便喜欢阅读，成年后更是嗜书如命。建立一个非同凡响的图书馆（图3.6），一直是他心中的梦想。成为意大利文艺复兴研究的权威专家之后，贝伦森经常在百忙之中抽出时间，仔细查阅世界各地新出版的书目。他对不同领域知识的渴求总是永无止境，因此他订购的书籍和学术刊物一直源源不断地从欧洲各地及美国汇至伊塔蒂。贝伦森的太太玛丽经常向他的家人抱怨他在图书馆方面耗资巨大，甚至在伊塔蒂别墅里几乎都没有足够的空间来容纳贝伦森四处购得的这些书籍。贝伦森在晚年的自传中，如此写道：

我的图书馆里可谓包罗万象……50多年来，一有闲暇时光，我就喜欢收集各种书籍。我从来不会因为一部书在藏书家眼里异常珍贵就勉力求之。我的朋友恩斯特·施泰曼因（Ernst Steinmann）偶然在我的书架上发现一册非常罕见的早在16世纪就出版的关于米开朗琪罗的书籍，而我之前却浑然不觉。我的藏书都是买来使用的工具，我并没有把它们当作艺术品……假如死后精神可以永存的话，我希望自己的灵魂能够寓居于伊塔蒂以及这里的图书馆之内，萦绕在周围，像以往一样阅读和写作……[45]

1959年，贝伦森去世的时候，他珍贵的藏书已经达到50000册左右，这些都是过去几十年里经他亲手精挑细选过的书籍，是世界上最好的私人藏书之一。主要关于地中海地区的文明，包括艺术和考古学等诸多领域的内容，甚至还有关于中国、印度以及近东地区文化和艺术的书籍。

不过，贝伦森到了晚年有时候面对着到处堆积如山的书籍连他自己都有些担忧，他开始和玛丽商量修改自己早已立好的遗嘱，还向在摩根图书馆工作的专家贝拉·格林妮（Belle Greene）寻求一些有益的建议。格林妮提醒他，要么把伊塔蒂的图书馆与更大的研究机构合并，要么取得充足的捐赠基金，成立一个运作良好的托管理事会，否则这里最终将会“沦为那些四处闲逛的学者们路旁借宿的旅馆”（degenerate into a wayside inn for loafing scholars）。[47] 并且建议贝伦森与哈佛教授保罗·萨克斯（Paul J. Sachs）保持联系，进一步商讨此事。贝拉·格林妮的建议更加坚定了贝伦森把伊塔蒂捐给哈佛大学的决心。贝伦森的堂弟劳伦斯·贝伦森（Lawrence Berenson）作为他在美国的代理律师，一直都非常热心地替他联络校方，始终尽心尽力，无偿地帮他操办这件事情。

图3.6 贝伦森位于伊塔蒂别墅中的图书馆[46]

哈佛大学校方起初并不太愿意接受这项捐赠，他们要求贝伦森进行的是一项完全的捐赠，最好连同他名下的遗产也包括进来，以便校方可以维持 I Tatti 这个地方的正常运作以及为学生提供奖学金，因为这需要一笔非常庞大的资金。

贝伦森从 40 岁左右便开始憧憬着伊塔蒂别墅有朝一日能够成为“隐逸文化的一处世俗修道院”，但玛丽则完全无法认同他的这个想法，她一心希望贝伦森把伊塔蒂别墅及其他遗产都留给自己的女儿。她时常在贝伦森耳边冷嘲热讽，不愿意他把伊塔蒂别墅用来“收容一大群

图3.7 哈佛大学意大利文艺复兴研究中心

来自哈佛的美国闲散人士”，而她自己的子孙从中获得的利益却少之又少。贝伦森最终顶住了来自家人的巨大压力，决定把伊塔蒂别墅连同他的大部分遗产都捐给自己热爱的母校哈佛大学。其实，早在 1915 年，贝伦森就曾公开表示过打算把自己的房产和图书馆赠予哈佛。此后，在 1937 年，也就是他从哈佛大学毕业 50 周年之际，他再次表达了自己的这个强烈愿望。然而，由于第二次世界大战以及战后需要处理的一大堆事务曾经令哈佛一度相当为难。直到 1959 年，也就是贝伦森去世的那一年，他的这项捐赠才最终被校方正式接受。

在成为哈佛大学意大利文艺复兴研究中心（图 3.7）之后，这里的藏书量又翻了数番，达到 17.5 万册。此外，还有超过 600 种学术期刊以及关于意大利文艺复兴各个方面、全方位的在线资源可供查阅。贝伦森捐赠的图书馆、120 多件非常珍贵的艺术收藏品以及超过 30 万张相当难得的艺术作品的高清图片和其他视觉材料的档案库，都成为哈佛大学意大利文艺复兴研究中心重要的组成部分，对美术史研究具有非常重要的促进作用。

贝伦森希望自己的故居能够成为人文艺术研究机构的中心。然而，到了 1932 年，以贝伦森为代表的鉴定学的重要地位和威望开始动摇，图像学研究的趋势逐渐形成。贝伦森当时担心哈佛大学的教授们或许会传染 20 世纪 30 年代潘诺夫斯基带过来的德国美术史的研究方法。因为这种研究方法，主要注重图像学研究和象征主义，与贝伦森本人所倡导的美学鉴定理论相对立，他希望在伊塔蒂这座典雅的意大利别墅里建立起来的研究机构能够延续自己的研究方法和美学追求。

这里成为哈佛大学意大利文艺复兴研究中心（The Harvard University Center for Italian Renaissance Studies），成为哈佛大学美术史博士后流动站，惠泽了一批又一批的青年学者。每年都会有来自世界各地的大约 16 名博士后到这里来学习，参与研究。此外，还有一大批访问学者以及意大利当地学术机构的研究人员前来一起分享贝伦森留下的这一笔非常珍贵的文化和艺术财富。

贝伦森通过捐赠伊塔蒂别墅向世人证明了自己，虽然他最大的成就在于意大利文艺复兴绘画鉴定方面，但“伊塔蒂别墅”作为对应于“芬威庭院”的人文主义建筑物，同样也是一个承载和传达贝伦森个人理想和人生追求的所在之地。

伊塔蒂别墅历经两次世界大战的磨难，却神奇般完好无损地保存下来。在 1966 年危及托斯卡纳的大洪水中，伊塔蒂得到世界各国学者不遗余力的支持与救援，再一次奇迹般成功地保全了贝伦森留在意大利佛罗伦萨的这一项无与伦比的艺术遗产，这也让托斯卡纳当地人改变了对贝伦森和伊塔蒂别墅原有的偏见。

如今，来自各个国家和地区，拥有不同学术背景的学者们会聚于 Villa I Tatti，他们不仅可以在这风光旖旎的环境中呼吸着人文主义气息浓厚的学术空气，还可以在贝伦森曾经留下过不倦身影的幽静雅致的砾石小径上缓缓踱步，并且能够在他曾经招待过各国专家学者的地方围坐在一起探讨学术问题，缅怀贝伦森这位伟大的鉴定大师。每一年，伊塔蒂别墅还会邀请世界各地最著名的学者来做讲座。1996年6月，贡布里希爵士（Sir. Ernst H. Gombrich）应邀前来进行一场重要的讲座——“重访萨塞蒂小堂：圣特里尼塔（圣三一教堂）和洛伦佐·德·美第奇”（The Sassetti Chapel Revisited: Santa Trinita and Lorenzo De’ Medici）。[48] 而且，哈佛大学每年都会在这里召开跨学科的国际学术研讨会。尽管这些学者操持着各国不同的语言，有英语、德语、法语、意大利语……然而他们讲着的其实都是同一种语言，那就是“关于意大利文艺复兴艺术世界的语言”。

贝伦森的梦想终于成真。

注释

1. Ernest Samuels, *Bernard Berenson: The Making of a Connoisseur*, Boston, 1981, p.16.

2. Bernard Berenson, *Sketch for a Self-Portrait*, New York: Pantheon, 1949, p. 60.

3. 乔治·桑塔耶纳（George Santayana，著名的哲学家、诗人）、洛根·皮尔索尔·史密斯（Logan Pearsall Smith，作家）等人当时也都是威廉·詹姆斯的学生。

4. Ernest Samuels, *Bernard Berenson: The Making of a Connoisseur*, Boston, 1981, p.37.

5. Ibid., p.202.

6. 陈平：《西方美术史学史》，杭州：中国美术学院出版社，2008年，第113页。

7. Bernard Berenson, *One Year's Reading for Fun: 1942*, New York: Alfred A. Knopf, 1960, pp.105-106.

8. Bernard Berenson, *Aesthetics and History in the Visual Arts*, New York, 1948, p.16.

9. Walter Pater, *The Renaissance: Studies in Art and Poetry*, London, 1873, p.236.

10. 出处同上，参阅张岩冰翻译的《文艺复兴：艺术与诗的研究》，广西师范大学出版社，2000年，第226页。

11. Ernest Samuels, *Bernard Berenson: The Making of a Connoisseur*, Boston, 1981, p.37.

12. 可参阅第二章第四节。

13. Bernard Berenson, *Sketch for a Self-Portrait*, New York: Pantheon, 1949, pp. 59-60.

14. Sydney J. Freedberg, "Some Thoughts on Berenson, Connoisseurship, and the History of Art", *I Tatti Studies: Essays in the Renaissance*, 1989, p. 14.

15. Bernard Berenson, *The Italian Painters of the Renaissance*, London, 1952, p. 40.

16. 朱光潜：《西方美学史》，人民文学出版社，2002年，第584页。

17. 张锡坤主编：《佛教与东方艺术》，严北溟顾问，吉林教育出版社，1989年，第122页。

18. 贡布里希：《艺术与错觉》，范景中、林夕译，浙江摄影出版社，1987年，第17—18页。

19. Cf. Ernest Samuels, *Bernard Berenson: The Making of a Legend*, Boston, 1987, p.97.

20. Ernest Samuels, *Bernard Berenson: The Making of a Connoisseur*, Boston, 1981, p.209.

21. Bernard Berenson, *Aesthetics and History in the Visual Arts*, New York, 1948, pp.136-137.

22. 范景中主编：《美术史的形状Ⅱ：西方美术史的文献和书目》，中国美术学院出版社，2002年，第369页。

23. Kenneth Clark, *A Self-Portrait: Another Part of the Wood*, London: Hamish Hamilton Ltd, 1985, p.76.

24. Ibid., p.129.

25. Bernard Berenson, *Aesthetics and History in the Visual Arts*, New York, 1948, p.24.

26. Cf. Mary Ann Calo, *Bernard Berenson and the Twentieth Century*, Philadelphia, 1994, p.127.

27. Ernest Samuels, *Bernard Berenson: The Making of a Connoisseur*, Boston, 1981, p. 374.

28. Ibid., p.375.

29. Bernard Berenson, *Rudiments of Connoisseurship: Study and Criticism of Italian Art*Second Series*, New York, 1962, p. 122.

30. Bernard Berenson, *"Rudiments of Connoisseurship", The Study and Criticism of Italian Art * Second Series*, New York: Schocken Books, 1962, pp. 132-133.

31. Ibid., p.144.

32. Iris Origo, *Images and Shadows*, London, 1970, p.132.

33. Cf. Iris Origo, *Images and Shadows*, London, 1970, pp.132-133.

34. Ernest Samuels, *Bernard Berenson: The Making of a Connoisseur*, Boston, 1981, p.134.

35. Ernest Samuels, *Bernard Berenson: The Making of a Legend*, Boston, 1987, p.316.

36. Kenneth Clark, *A Self-Portrait: Another Part of the Wood*, London, 1985, p. 138.

37. Bernard Berenson, *Sketch for a Self-Portrait*, New York, 1949, p. 43.

38. 浮龙·李是英国作家维奥莱特·佩吉特（Violet Paget）的笔名，她与汤姆逊合著美学论文集《论美与丑》。

39. 雷奈·詹泊尔：《画商詹泊尔日记》，李嘉熙、文佩琳译，广西师范大学出版社，2003，第290页。

40. Cf. Kenneth Clark, *A Self-Portrait: Another Part of the Wood*, London, 1985, p. 135.

41. Ernest Samuels, *Bernard Berenson: The Making of a Connoisseur*, Boston, 1981, p.316.

42. Ibid., p.372.

43. Richard Wollheim, *Painting as an Art, London*, 1987, p.89.

44. Ernest Samuels, *Bernard Berenson: The Making of a Connoisseur*, Boston, 1981, p.431.

45. Bernard Berenson, *Sketch for a Self-Portrait*, New York: Pantheon, 1949, pp. 174-175.

46. Bernard Berenson, *Sunset and Twilight: From The Diaries of 1947-1958*, New York, 1963, pp. 182-183.

47. Ernest Samuels, *Bernard Berenson: The Making of a Legend*, Boston, 1987, p.325.

48. Walter Kaiser, ed., *I Tatti Studies: Essays in the Renaissance, Volume 7*, Italy: Florence, 1997, p.11.

第四章　伯纳德·贝伦森对东方艺术品的收藏

引　言

You will now ask me where and how did the Chinese people get this secret of national immortality——this happy union of soul with intellect, which has enabled them as a race and nation to live a life of perpetual youth? The answer, of course, is that they got it from their civilisation.

Let me first of all tell you that there is, it seems to me, one great fundamental difference between the Chinese civilisation and the civilisation of modern Europe. Here let me quote an admirable saying of a famous living art critic, Mr. Bernard Berenson. Comparing European with Oriental art, Mr. Berenson says: "Our European art has the fatal tendency to become science and we hardly possess a masterpiece which does not bear the marks of having been a battlefield for divided interests." Now what I want to say of the European civilisation is that it is, as Mr. Berenson says of European art, a battlefield for divided interests; a continuous warfare for the divided interests of science and art on the one hand, and of religion and philosophy on the other; in fact a terrible battlefield where the head and the heart, the soul and the intellect come into constant conflict. In the Chinese civilisation, at least for the last years, there is no such conflict. That, I say, is the one great fundamental difference between the Chinese civilisation and that of modern Europe.[1]

The serene and blessed mood which enables us to see into the life of things: that is imaginative reason, that is the Spirit of the Chinese People.[2]

现在诸位或许会问，中国人是从何处、又是怎样得到了这种使民族永远年轻、让心灵与理智得以和谐的秘密呢？答案当然是来自于他们的文明。

首先，我要告诉诸位的是，在我看来，中国文明与现代欧洲文明有着一个根本的不同。这里请让我引用著名艺术评论家贝伦森的一个绝妙的说法："我们欧洲的艺术有一种成为科学的致命倾向，我们很少有名作是在没有利益分割的战场留下的痕迹。"正如贝伦森先生对欧洲艺术的评价一样，我认为欧洲的文明也是为瓜分利益而斗争的战场。在这种为瓜分利益而进行的连续不断的战争中，一方面是科学与艺术为分割利益而进行的不息战争，另一方面则是宗教与哲学的长久对立。在中国文明中，至少在最近的2500年里，没有过这种冲突。我认为，这就是中国文明和现代欧洲文明的一个根本区别。[3]

宁静祥和的心态让我们看清了万物的生命：这就是充满想象力的理性，这就是中国人的精神。[4]

清末民初著名学者辜鸿铭学贯中西、特立独行，被林语堂誉为"文化怪杰"。1915年，他在自己的著作《春秋大义》(亦名《中国人的精神》《原华》)(图4.1)一书中着重引用贝伦森精辟的见解，对中国文明和现代欧洲文明进行了深刻的剖析。这至少能够说明三个问题：第一，早在100年前，辜鸿铭就对贝伦森的著作了然于胸，他在《春秋大义》中所引用的文字正是出自贝伦森在1910年出版的《一位锡耶纳画家笔下的圣方济各传说》[5](*A Sienese Painter of the Franciscan Legend*)这本书的第15页第2段。贝伦森这一篇闪烁着真知灼见的文章原本在1908年发表于《伯林顿杂志》，并于1909年12月由伦敦的

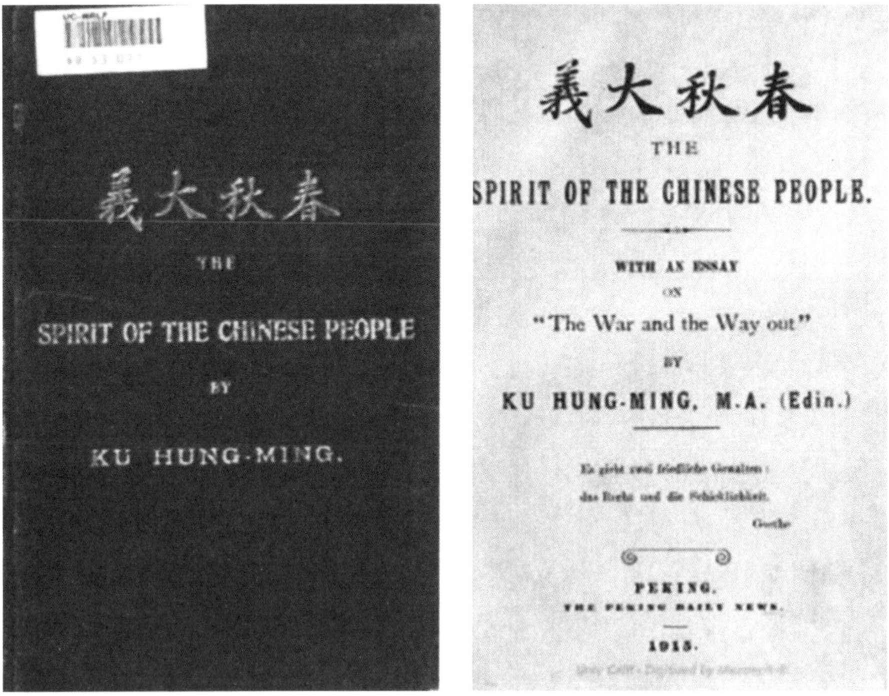

图4.1　1915年《春秋大义》英文版封面

登特父子有限公司（J. M. Dent & Sons Ltd.）首次付梓出版，隔年7月份又重新再版。而辜鸿铭的著作《春秋大义》则是在1915年出版，也就是说辜鸿铭几乎是在第一时间就注意到了贝伦森的这一本著作并加以引用。第二，贝伦森从早年起就开始关注东方文明，而且对此颇有研究，具有自己独到而深刻的见解。他凭借着自己高度的艺术敏感性，纯粹从作品本身入手，觉察到锡耶纳画派与中国绘画艺术之间似乎存在着某种联系。法国学者艾田蒲（René Étiemble，1909—2002）在他的著作《欧洲之中国》（*L'Europe chinoise*，*1988*）一书中就提到："博学家们一致承认是贝伦森第一个提出中国艺术是否对锡耶纳画派的形成有过影响：萨塞塔似乎就受到远东的影响。"[6] 第三，我们从这段文字中也可以看出贝伦森贬低了科学在西方社会近现代艺术发展过程中作为创造性的力量所发挥出来的作用，他认为欧洲的艺术有一种成为科学的致命倾向。这或许可以说明贝伦森在这里更看重的是从艺术作品中折射出来的创作者的精神世界而不是那种理性化的科学性。当然，这主要与他这本著作中写到的这位画家萨塞塔（Sassetta，1392—1450或1451）在贝伦森眼里是西方艺术家当中表现人物内心世界和精神世界的杰出代表有关。凝神屏息，驻足观看以下这件《圣方济各的荣耀》（*Saint Francis in Glory*，图4.2），即便只是片刻时间，贝伦森关于它与中国艺术之间可能存在着某种联系的洞见与揣想的合理性在顷刻之间似乎就变得一目了然、不言自明了。我们甚至可以推断出当贝伦森看着这组祭坛画的时候，特别是凝望着圣方济各的沉思，他的脑海里一定会闪现出周季常和林庭珪所绘制的《五百罗汉图》。《圣方济各的荣耀》这件作品也是贝伦森最重要的艺术收藏品之一。

贝伦森确实很早以前就对中西方文化和艺术的差异进行了认真而

图4.2a　圣方济各的荣耀（Saint Francis in Glory）

图4.2b　圣方济各的荣耀（局部）

图4.3a 五百罗汉图之经典奇瑞 收藏于波士顿美术馆

图4.3b 丢勒 圣格里高利的弥撒

严肃的思考，他在《一位锡耶纳画家笔下的圣方济各传说》一书从第11页开始至第16页就花了大量的笔墨详细地比较着珍藏于波士顿美术馆（Museum of Fine Arts, Boston）中国宋代的一幅《罗汉图》和德国画家丢勒的版画《圣格里高利的弥撒》这两幅作品的异同之处，然后更进一步分析其中体现出来的中西方文化与艺术的差异。这幅《经典奇瑞》（图4、3a）是早在公元12世纪中国宋代100幅绘画组成的系列作品《五百罗汉图》中的一幅，贝伦森觉得这幅作品在表现人物的精神世界方面比起西方相应的作品来更为深刻，令人叹服。

在西方画家当中，善于表现人物精神世界的一位画家是阿尔布雷希特·丢勒（Albrecht Dürer，1471—1528）。丢勒是德国文艺复兴时期伟大的艺术家，博学多才，他的作品中充满了人文主义精神，即使在宗教画中也洋溢着对生活的热爱，塑造出许多真实生动的人物形象。与上文提到的中国宋代《五百罗汉图之经典奇瑞》相对应的是丢勒的木刻版画《圣格里高利的弥撒》(*Mass of St. Gregory*，图 4.3b)。贝伦森在《一位锡耶纳画家笔下的圣方济各传说》一书中把中国绘画表现佛教绘画的精神世界与基督教绘画在表现人物精神世界方面做了很认真的比较，他认为中国的宗教绘画作品在这方面的表现能力非常高明，令人赞叹。丢勒本人是一位虔诚的教徒，他的宗教画在表现人物的精神世界方面也很高明。然而，与宋代的这幅《罗汉图》相比，“即使是丢勒作品的宗教成就也显得平淡无奇”。[7]

贝伦森在此处思索着一个问题：

为什么西方的基督教艺术与东方的佛教艺术相比，在表现宗教性和精神世界方面普遍显得相形见绌呢？他追问是不是由于西方人作为个体而言在精神生活方面相对显得比较贫瘠？是否因为我们作为一个种族，并不是非常认真地面对自己的精神世界，只是把它当作是我们对待生活问题的态度之一？是否因为我们天生就喜欢不断地尝试新的事物而不愿争取任何可能实现的圆满，可以获得的幸福？抑或是我们的想象力和艺术出现了某种偏差？

Why is Christian art so unreligious, so unspiritual, as compared with the art of Buddhism? Is it because we Europeans as individuals are much less spiritual, much less mystical, than Orientals? Is it because, as a race, we do not take spirit in very great earnest, regarding it merely as one attitude out of many that may be held towards the problems of life; because instinctively we prefer ever—continued experimentation to any realizable perfection, to any attainable beatitude? Or is something at fault with our imaginative faculty and our art? [8]

贝伦森认为即便是文艺复兴绘画大师乔托也无法在其作品中表现

出圣徒深邃而丰富的精神世界，这其实是西方艺术的典型特征。他认为在远东地区的艺术中，他们雕塑或描绘的佛教人物形象有时会呈现出“金刚怒目”，或者“菩萨低眉”，或嗔或悦，但往往能够很好地表现出人物的精神世界。贝伦森觉得西方绘画在表现精神层面上似乎没有远东艺术这般细腻。

图4.3c　贝伦森凝视着一尊唐代骑马陶俑，1909

通过贝伦森对东西方艺术的相互比较，我们可以看出他对中国艺术的关注、喜爱和推崇（图4.3c）。这一点我们从贝伦森晚年的文字中，也可以得到佐证：

非常幸运的是，我很早就感受到各种外来艺术的动人之处并且鼓励收藏家、画商以及艺术爱好者给予它们足够的关注。当所罗门·宾（Salomon Bing）等鉴赏家还固执地认为中国除了瓷器、漆器以及具有“中国风”的工艺品之外，就没有其他艺术形式的时候，我却早已被中国艺术所吸引并为之着迷。

I had the good fortune to be one of the first to feel the beauty of the various exotic arts and to encourage collectors and dealers and amateurs to give them attention. Chinese art in particular fascinated me at a time when a connoisseur like Salomon Bing refused to believe that it existed at all apart from porcelain, lacquers, and chinoiseries.[9]

然而，贝伦森在《一位锡耶纳画家笔下的圣方济各传说》中比较中国的佛教绘画艺术和丢勒的宗教版画作品《圣格里高利的弥撒》主要是为了引出锡耶纳方济各会画家萨塞塔的绘画作品在表现人物的精神世界方面比较接近东方绘画。贝伦森对艺术的感受能力确实是非常敏锐的，他从锡耶纳画家萨塞塔的作品中一眼就看出了它们与中国绘画在表现精神世界方面的相似性。

贝伦森认为西方绘画在表现人物的英雄主义以及运用人体艺术方面做得更多一些，然而在表现人的精神世界（spiritual significance）方面则显得相对缺乏。他认为中国绘画在二维空间里创造的艺术效果是以前的西方艺术家难以超越的。

1909 年至 1917 年这段时间，是贝伦森购买远东艺术品的高峰期。但是在 1918 年，也就是第一次世界大战结束之后，贝伦森基本上就不再收藏中国艺术品和波斯地区的手抄本。其中固然有战争阴影的影响，然而，更为重要的原因还在于他认为文化上的隔阂严重地阻碍了他更好地理解和欣赏东方的艺术品。

贝伦森在 1948 年出版的《视觉艺术中的美学与历史》一书中表示：

我们很难尽情地欣赏一个民族的视觉艺术，除非我们能够很清楚地了解他们的语言、文学、思想观念以及历史渊源。

We cannot admit that the visual art of a people can be fully appreciated without an intimate acquaintance with its language, literature, thought, and history.[10]

1781 年，瑞士著名画家让-艾蒂安·利奥塔尔（Jean-Etienne Liotard，1702—1789）在法国里昂出版了自己最重要的绘画理论著作《论绘画的原则和规律》（*Traité des principes et des règles de la Peinture*）。他在这本书中写道：

我们发现，中国画的妙处，在于它的统一和谐、干净利落，虽然它出自一个对艺术仅仅是一知半解的民族之手。[11]

Ce qui donne aux peintures choinoises l'agrément que nous leur trouvons,c'est d'être unies, propres, nettes, quoique faites par des peoples qui n'ont aucune teinture de l'art. [12]

这是18世纪一位颇有造诣的西方画家利奥塔尔对中国画的理解，从中我们不难看出他对中国画具有独特的理解和观察视角。但另一方面，这显然也反映了当时许多西方人对中国这个遥远东方国度的无知和偏见，除了对工艺精湛、精美绝伦的中国瓷器爱不释手之外，他们普遍对中国的文化和艺术相当陌生，对中国的绘画艺术其实并无真正了解，更谈不上理解和把握其中的精髓和神韵。相比较而言，我们前面所提到的1910年贝伦森在自己的著作《一位锡耶纳画家笔下的圣方济各传说》一书中对中国文化和艺术的分析，比起利奥塔尔的评论就要深刻得多。然而，贝伦森接触和了解中国艺术也是一个渐进的过程，其中离不开恩斯特·费诺罗萨积极的介绍和热心的推荐。可以说，费诺罗萨是贝伦森在认识中国艺术的道路上一位诚挚的“引领者”，他介绍当时在文艺复兴时期绘画研究方面已经小有名气的贝伦森以及波士顿的许多社会名流参观1894年波士顿美术馆的中国绘画展览，让他们有机会认识和领略中国绘画艺术的魅力，或许在很大程度上影响了他们的审美品味和后来的收藏取向，其中包括查尔斯·朗·弗利尔（Charles Lang Freer）、伊莎贝拉·斯图尔特·加德纳以及贝伦森等人。应该说，费诺罗萨在推动西方社会认识和了解东方艺术及文化方面，功不可没。

因此，我们很有必要在接下来的这部分内容里，着重介绍一下这位东方艺术和文化的传播者——恩斯特·费诺罗萨。

第一节 贝伦森与费诺罗萨

图4.4 恩斯特·费诺罗萨，摄于1895年左右

费诺罗萨（图 4.4）全名恩斯特·弗朗西斯科·费诺罗萨（Ernest Francisco Fenollosa，1853—1908），1853 年出生于美国马萨诸塞州。他比贝伦森年长 12 岁，他们是哈佛大学校友。1874 年，费诺罗萨从哈佛大学毕业之后，于 1878 年应邀前往东京帝国大学开设政治经济学和哲学等课程。后来，他被任命为“日本政府艺术专员”。因此，他有了极为便利的条件，可以与自己的得力助手冈仓天心（Okakura Kakuzō）一起研究日本古代的庙宇、神社以及艺术珍藏，并且日益痴迷于研究东方艺术；贝伦森 1887 年从哈佛大学毕业，同年 6 月份前往欧洲留学，后来逐渐把自己的兴趣聚焦于对意大利文艺复兴绘画艺术的研究。费诺罗萨与贝伦森都是哈佛大学著名的艺术史教授查尔斯·埃利奥特·诺顿的学生，按照中国的说法，他们算是师出同门，鉴于他们俩在这方面的渊源，费诺罗萨与贝伦森相识并熟悉，应该并不会令人感到十分意外。

1884 年，费诺罗萨在日本给远隔重洋的爱德华·莫尔斯（Edward S. Morse）写信，告诉他自己在日本进行艺术研究的成果和收获。鉴于此信内容的重要性，兹选录其信件的部分内容，他在信中写道：

我们与比奇洛医生（Bigelow）在文部省（Monbusho）一位官员的陪同下，一起到日本各地研究和寻访艺术珍品。我们带着官方的特许信函，几乎跑遍了山城（Yamashiro）和大和（Yamato）等地所有主要的寺庙，认真检查了许多存放艺术品的库房，并且在佛塔顶层从瓦砾堆中找到了一些残存的古代雕像碎片。简而言之，我们为日本中部地区寺庙里那些宝贵的艺术珍品做了第一份准确而详细的目录清单……比奇洛医生已经拍了两百多张照片，我也为那些艺术品（包括绘画和雕像）画了很多草图；此外，更加重要的是，我已经重新发现了日本从6世纪到9 世纪这段时期的艺术史，它们之前几乎已经完全湮灭了……终于完成了这项任务，其中许多样本以前都没有向其他人展示过。我在这个地方还发现了中国的许多艺术品被误认为出自日本，也有一些日本的东西被误认为是中国人创作的，还有日本的许多艺术品则被错误地当作韩国人的作品，此外还有一些现代的作品被人别有用心地称为古代的东西，甚至也有一些古代的艺术品被错误地当作现代的作品。尤其令人遗憾的是许多艺术家的名字根本就被混淆在一起，难以分清。不过，这就是长久以来日本当地的艺术鉴赏能力不足导致的结果。[13]

对照费诺罗萨信中的内容及其他历史文献，我们可以看出他对日本艺术史巨大的贡献在于他重新发现了日本 6 至 9 世纪那段被遗忘的艺术史，以及“我根据自己找到的所有样本，通过一系列类似的、严谨的推理过程，不厌其烦地进行反复的比较研究”。[14] 鉴定和重新厘清了这段时期许多艺术品的归属问题，比如甄别出珍藏在日本的艺术品正确的国别归属并且将那些被居心叵测混淆年代的作品逐一加以区分。

费诺罗萨除了极力帮助日本保护本国的艺术品之外，我们也不应低估他本人在收藏方面的热情和力度。费诺罗萨很喜欢把东西方艺术放在一起比较，他非常乐意为西方艺术家提供东方艺术品的观察视野，这一点从他收藏的艺术品的数量及其涵盖的范围可以很清楚地反映出来。1878 年至 1908 年这 30 年间，费诺罗萨收藏了上千件包括绘画和版画在内的日本艺术品。仅仅在 1880 至 1889 年这 9 年间，他就购买了 263 件日本绘画的卷轴作品，它们几乎涵盖了日本绘画的各个流派。这些艺术品中的一部分最终被查尔斯·朗·弗利尔所收藏，而另一部分则大多卖给了威廉·斯特吉斯·比奇洛（William Sturgis Bigelow）的朋友查尔斯·戈达德·韦尔德（Charles Goddard Weld），这些收藏品后来都由冈仓天心登记成册。1910 年，冈仓天心成为波士顿美术馆亚洲艺术部主任。这批艺术品也被命名为费诺罗萨—韦尔德收藏品。这些作品除了日本的版画之外，还有中国和日本大量的绘画作品。

费诺罗萨和冈仓天心为了展览古画以及评估日本早期的艺术品，在 1884 年成立“艺术家俱乐部”。不过，这个机构或许也成为费诺罗萨等人获取绘画作品，并把它们出口到西方的一种便捷途径。尽管费诺罗萨极力地鼓励日本人保护本国的艺术，他本人的确也帮助日本的博物馆和私人收藏家寻得许多珍贵的艺术品，但是我们从他为美国博物馆获得数量庞大的日本艺术品也不难看出费诺罗萨在收藏方面的观念和倾向，他曾说过：“挽救日本的艺术品意味着把它们带出日本。”这可以更好地让我们理解他大力协助美国的博物馆和私人收藏家网罗大量东方艺术品的行为。虽然费诺罗萨和贝伦森在艺术方面拥有不同的研究领域，但是他们都采取把当地的艺术品运出原先所属国家的做法，一方面他们宣称这可以更好地保护这些艺术品，另一方面他们又都从中获利不菲。尽管他们相隔万里之遥，针对的目标也各不相同——分别是以日本和中国艺术品为代表的东方艺术和以意大利文艺复兴绘画为代表的西方艺术，但是他们的做法却有着异曲同工之处。不过，从对于不同文化、艺术的传播和推广这个角度来看，毋庸置疑，他们经营得非常成功。

当时，由于日本社会对西方现代化的强烈渴望导致了他们严重忽略本民族传统的文化遗产。费诺罗萨亲眼见证这一现象，他从一个西方学者的角度出发高声疾呼日本人民应该重视本国珍贵的艺术遗产并且提醒他们保护本民族文化和艺术珍宝的必要性。他在一次公开的演讲中，慷慨激昂地谴责当地的政府官员任由本国宝贵的艺术遗产日益遭受破坏却不做任何努力来加以保护，对各地学校热衷于教美国式的素描以及学习意大利艺术家的雕塑等做法深表遗憾。听众们对费诺罗萨的这一次演讲反响很热烈，他们逐渐开始进行深刻的反思，重新认识本国的艺术精粹，为之感到骄傲并且再度产生浓厚的兴趣。1885年，笔墨纸砚等传统的艺术创作工具媒介被重新引入日本的学校。之后，费诺罗萨更是被委以重任，重新清点和登记日本的艺术珍藏。这与多年前，莫雷利被委任对散布在意大利各地的艺术遗产进行清点并整理成册具有同样的意义。费诺罗萨认识日本所有著名的鉴定家，他几乎遍访了各地所有重要的庙宇，并且他也与许多画商、收藏家以及艺术家保持着密切的联系。实际上，费诺罗萨建议政府应该对那些古老的、有价值的寺庙和神社善加保护，这在很大程度上也引导着日本人更加尊重本国古代的传统并且尽量妥善地保护它们。正如芳贺矢一（Yaichi Haga，1867—1927）教授所言："正是费诺罗萨这个美国人教会了我们的国民如何正确地欣赏本国艺术中那种独特的魅力。"[15] 1886年，费诺罗萨由于要处理一些私人事务需要暂时返回美国的时候，日本明治天皇[16]郑重地对他说："你已经教会了我们的国民更好地了解本国的艺术；当你重返故土时，也请你教会贵国的人民更多地了解日本的艺术。"[17]

正是由于费诺罗萨对与中国一衣带水的邻邦日本的文化和艺术了如指掌，因此，他也从日本文化和艺术的源头着手，对中国的文化和艺术进行深入的研究，并且成果斐然。

1890年，费诺罗萨回到波士顿美术馆东方艺术部担任部门主管，并且于1894年组织了波士顿第一个中国古代佛教绘画特展，正是在这一次活动中，费诺罗萨积极地引领伯纳德·贝伦森欣赏中国绘画艺术，为他打开了一扇瑰丽的东方艺术之门。当时贝伦森研究文艺复兴艺术已经有7个年头了，而费诺罗萨研究东方艺术更是长达20年之久。他在研究以及向西方社会介绍和推广日本和中国等东方艺术和文学方面，做出了巨大的贡献。所以说，研究贝伦森与中国艺术之间的联系，费诺罗萨是其中至关重要的人物！伯纳德·贝伦森在《一位锡耶纳画家笔下的圣方济各传说》这本书第13页的注释中就提到恩斯特·费诺罗萨介绍他认识中国的艺术品，并且感谢费诺罗萨为他提供了这样一个近距离欣赏中国艺术珍品的难得机会，字里行间透露出他对中国艺术由衷的赞叹和喜爱之情。

贝伦森在自己的其他著作中，也多次提到恩斯特·费诺罗萨，感谢他带自己参观了1894年在波士顿美术馆举办的中国古代佛教绘画特展。其中，他在自己的日记《伯纳德·贝伦森的珍藏》（*Bernard Berenson's Treasures*）一书中更是详细地描述了费诺罗萨介绍他认识和欣赏中国古代的绘画作品，以及他对这些艺术品的理解并且为之着迷。

1894年10月26日，贝伦森在给玛丽·科斯特洛的信中非常详细且生动地描述了这件事情，而我们恰好也可以从这封信中身临其境地体会到贝伦森遇见这让他为之痴迷的东方艺术时的异常兴奋之情。贝伦森欣赏中国艺术珍品时的那种如痴如醉的着迷程度，也让我们见识了他对艺术本身的高度敏锐性，或许他的这种鉴赏审美能力是与生俱来的。

费诺罗萨立即把艺术收藏品拿出来给我看。首先看到的是一幅真人大小的绘画，这幅画是公元9世纪一位日本画家的作品。接着我又欣赏了一幅圣人的画像，这幅作品除了自身散发的文学气息和艺术魅力之外，还充满了与洛伦泽蒂（Lorenzetti）的画作相似的艺术品质。随后，费诺罗萨向我展示了一系列源自中国12世纪的绘画作品，这些作品带我进入了一个全新的艺术世界。首先，这些作品的人物及群像的构图诸方面均非常简洁完美，即使与欧洲最杰出的绘画作品相比也毫不逊色。而且，这些作品甚至超越了丢勒和真蒂莱·贝利尼（Gentile Bellini）的艺术水平。此外，并不令人感到意外的是，这些作品的内容极具感染力，充溢着悲悯之爱和人性关怀，宛如《圣经·福音书》中最打动人心的篇章一样，抑或让人自然而然就联想到圣方济各的故事。至于在色彩、线条以及色调等方面，我们欧洲的艺术家根本无法与之媲美，我们刚才欣赏过的那些日本绘画也与之相去甚远。我佩服得五体投地。费诺罗萨边欣赏边颤抖着，而我则激动得几乎快要窒息，就连那个看起来像盎格鲁-撒克逊人矮胖滑稽的登曼·罗斯也兴奋地蹦了起来。我们必须得靠相互掐疼对方的脖子来抑制自己的情感，大家甚至有些哽咽。我之前从未有过这样的艺术体验。我现在终于明白为什么费诺罗萨会迷上佛教禅宗！还有什么比这种佛教绘画更具有说服力的艺术？又有何种绘画能比这些作品里面反映出来的宗教色彩更浓厚的呢？费诺罗萨的助手斯科特夫人也同我们在一起，她一脸严肃地问我是否感觉到房间里有这些作品带来的神秘气息。[18]（节选自伯纳德·贝伦森于1894年10月26日在北安普敦写给玛丽·科斯特洛的信件，曾四凯译）

正是在费诺罗萨热情的引荐下，贝伦森才有这么一次与费诺罗萨、登曼·罗斯（Denman Waldo Ross，1853—1931）一同前往波士顿美术馆参观中国古代佛教绘画的机会，并且感受到了一次极为强烈的心灵震撼和视觉冲击。他们三人都兴奋不已，贝伦森在信中说道，到了最后，如果没有用力地掐疼对方，仿佛都无法从这一次强烈的审美体验中苏醒过来。贝伦森花了不少笔墨，在自己的日记中栩栩如生地记录下这一幕令人激动的场景，书写着这次难得的中国艺术审美体验的心灵之旅，细致传神地描绘了他们欣赏中国绘画艺术时的那种奇妙体验！我相信，他们当时的反应，应该完全契合贝伦森后来提出的“提升生命价值”和“增强生命力”的审美理论。我们很少能够读到西方鉴赏家如此形象生动、充满激情地讲述自己邂逅中国艺术时的激动心情！而且贝伦森当时看到的这些艺术品比起文艺复兴时期的作品，还要早数百年之久。另外，我们也可以看到贝伦森在这次展览中注意到中国佛教禅宗绘画在表现人物精神世界方面的杰出手法，这也让他在十多年之后，在写作《一位锡耶纳画家笔下的圣方济各传说》时，考虑到锡耶纳地区的方济各画家萨塞塔与自己先前所看到的中国佛教禅宗绘画在表现宗教性和精神意义（spiritual significance）方面的某些相似之处。

贝伦森1894年在波士顿美术馆看到的这个展览正是由费诺罗萨筹划组织的来自日本京都大德寺（Daitoku-ji in Kyoto）的“罗汉图巡回

展”，他们一行人深深为之陶醉的这些绘画作品则是南宋淳熙五年至淳熙十五年间（1178—1188）由职业画师周季常、林庭珪所作，在海外现存的中国佛教绘画当中，这些罗汉图亦属上乘之作。而贝伦森在他的著作《一位锡耶纳画家笔下的圣方济各传说》中提及的这幅《五百罗汉图之经典奇瑞》亦是由周季常、林庭珪所绘制，它原是周、林两位画师绘制的百幅罗汉图之一。这些画作原本是他们应明州（现为浙江宁波）惠安院僧人义绍之约历时十年完成，其后辗转流入日本。据日本史料记载，这些画作最初由“镰仓时代”的五大名寺之一寿福寺珍藏，后相继为小田原北条氏（ごほうじょうし）、丰臣秀吉（とよとみひでよし，1537—1598）所得，最后进入京都大德寺。这 100 幅罗汉图，其中 6 幅很早就已遗失。19 世纪晚期，明治天皇努力推行全盘西化，大德寺年久失修，由于修缮款项在日本国内筹措无望，大德寺的僧人为了向费诺罗萨认识的一位收藏家借笔钱，就将寺内收藏的 12 幅罗汉图送至美国作为抵押，贝伦森一行人看到的 44 幅罗汉图就包括这其中的 10 幅罗汉图，另外两幅后来辗转由查尔斯·弗利尔购得，其余 82 幅在 1908 年被日本政府认定为国宝，至今仍珍藏于京都大德寺内。[19] 据京都大德寺方面的材料也显示：“在波士顿美术馆举办展览时，恩斯特·费诺罗萨选好的 10 幅画，登曼·罗斯花了一万美元将它们买下来，永久留在波士顿美术馆，后来查尔斯·弗利尔于 1901 年至 1910 年这 10 年间先后购得其他两幅大德寺罗汉图并且自己珍藏。”[20] 而先前散佚的 6 幅其后由日本画家“狩野德应于宽永十五年（1638 年）补作”[21] 来填补这一空缺，传入波士顿美术馆和弗利尔美术馆的 12 幅则由森本后凋（もりもと—こうちょう，1847—1905）的摹本替代，因此大德寺时至今日依然藏有 100 幅罗汉图，成为镇寺之宝。

据宋代编纂的《宝庆四明志》记载：“惠安院：县东四十里，晋天福三年建，皇朝大中祥符三年赐额常住田三百九十八亩、山一千七百亩。”[22] 遥想南宋时的惠安院，应该是一处香火鼎盛之所在。创建于后晋天福三年（938），在宋代为律宗寺院，它当时的大致位置相当于现在宁波鄞州区东钱湖的北侧，而如今其踪迹早已难以寻觅了。

另外，如果我们仔细观察波士顿美术馆珍藏的另一幅罗汉图《应身观音》(图 4.5a)，明显可以感觉到这些罗汉图的绘制者周季常、林庭珪应该就是作品画面左下角手持纸笔的这两位画家，他们作为这些作品的创作者把自己的形象也放入作品里面。[23] 并且画得别具神采，温文尔雅、眼光中泛着笑意。而站在他们身后，身形清癯、慈眉善目、双手合十的僧人显然就是惠安院的住持义绍。然而，周季常、林庭珪无论如何也预料不到的一点是，自己的作品在时隔七八百年之后，竟然在美国和日本等地引起了如此大的反响，甚至影响了西方一些重要的美术史家对中国艺术研究的兴趣。[24] 尽管周、林二人作为职业画师，在中国美术史上并没有很高的艺术地位，也没有留下太多关于他们的记载，甚至在一般的美术史著作中都遍寻不到他们的名字。我们从其

图4.5a　［南宋］周季常、林庭珪　应身观音

图4.5b　［西班牙］迭戈·委拉斯开兹　宫娥(1656)

中一些罗汉图的题跋、款识以及日本学者大村西崖的著作《中国美术史》可以了解到，周季常、林庭珪、金大受等南宋民间画师当时住在明州车桥附近。据《宝庆四明志》记载："车桥（灵桥门西，距府四里四十五步）。"[25] 如今这个地方应为宁波市海曙区车桥街；而灵桥在历尽千年风霜之后，名字依然没有改变。车桥街与灵桥恰好处于垂直位置，南宋时期画坊集中的古街如今毗邻繁华的天一商圈，我们在这里依稀可以寻访到昔日遗踪。

正如西班牙的画家委拉斯开兹（Diego Velasquez）在不朽的作品《宫娥》（*Las Meninas*，图 4.5b）中留下了自己的形象一样，米开朗琪罗在湿壁画《最后的审判》、雕塑作品《哀悼基督》（*Pietà*）、拉斐尔在《雅典学院》（*The School of Athens*）、扬·凡·艾克的《阿尔诺芬尼的婚礼》（*The Arnolfini Marriage*）以及其他许多画家同样也会把自己的形象潜藏进作品当中。南宋画家周季常、林庭珪应该也一样，把自己的形象放入画作中。因此，时至今日，尽管我们几乎已经无法找到许多与他们相关的史料，但是他们的形象已经在自己的作品中永远保存了下来。东西方的艺术表现形式在这一点上隐约透露出些许相通之处。此外，仔细端详《应身观音》和《宫娥》这两幅绘画作品，我们还可以比较出许多颇具趣味之处，譬如它们的空间构图、主次人物的布置、画家在作品中所处的位置、画中人物面向观者的感觉……

自从在波士顿美术馆看过这次东方艺术展之后，贝伦森就开始关注和收藏东方艺术品，这逐渐成为他的一大嗜好，并且于 1909 年至 1917 年达到高峰，耗费了很大的代价和心思收藏了数量相当可观的中国艺术珍品。他慧眼识珠，往往能够在这个当时还不太为人所熟知的艺术领域中一眼就辨识出非同凡响的画作，反映了他作为一名杰出鉴藏家的本色。在"一战"爆发前几年，巴黎和伦敦的艺术品市场刚出现中国古代的绘画作品，贝伦森马上从中挑选了几件，后来证明他买的这几件作品都很精彩，其中包括宋代李公麟的《山庄图》[26]，这些珍品是贝伦森在巴黎花重金购得的，这也展现了他非凡的鉴赏眼光。还有其他两件中国绘画作品我们在英国美术史家劳伦斯·宾维（Laurence Binyon，1869—1943）和日本美术史家矢代幸雄（Yukio Yashiro，1890—1975）编撰的艺术珍藏作品集里面可以见得到。

虽然贝伦森收藏了众多的中国艺术珍品，但是由于经历了两次世界大战，并且他居住的意大利可以说是处于被战争阴霾笼罩着的风口浪尖，他所有的艺术珍藏随时都有可能被炸毁或付之一炬。因此面临战争阴云密布的威胁，贝伦森时刻惦记着自己的这一批艺术藏品，如同珍视自己的生命一般，他在避难的时候，时时不忘写信询问放在伦敦的这批艺术品的命运如何，他对中国艺术喜爱的程度由此可见一斑。

1921 年，贝伦森嘱托玛丽去检查他们贮藏在伦敦保险库中的“绘画作品、中国画长卷、青铜器，等等”，以确保它们得到最妥善的保管，玛丽立即去执行了这项任务。[27]

从以上这些句子中，我们就可以看出贝伦森与中国艺术之间的关系非常密切，中国的艺术品已经成为贝伦森收藏品中非常重要的组成部分。不过，尽管贝伦森身为意大利文艺复兴时期绘画作品的鉴定专家，但是他在购买中国艺术品的过程中，还是免不了有上当受骗的时候。肯尼思·克拉克在自传《树林的另一边》中，就详细地记录了贝伦森的一次类似经历，颇为耐人寻味：

维涅（Vignier）长期以来一直是经销远东艺术品的主要古董商，他自诩是法国第一个出售中国古代绘画作品的人。尽管他的话有自我吹嘘的成分，但是他通过以下事实来证明自己所言非虚：他曾经将一帙很精美的明代绘画手卷中题有年代的款识裁掉，把中间主体部分作为唐代唯一存世的绘画珍品卖给贝伦森先生。

Vignier, who had long been the principal dealer in far eastern art and the first (he claimed) to sell Chinese painting. His boast was borne out by the fact that he chopped off the dated inscription of a beautiful Ming scroll, and sold the central portion to Mr. Berenson as the only surviving relic of T'ang painting. [28]

法国画商夏尔·维涅（Charles Vignier）卖给伯纳德·贝伦森的这件“所谓”唐代画家的作品，应该是宋代出现的仿周文矩的《宫中图》。我们从诸多的证据中，可以比较明确地断定，正是夏尔·维涅在第一次世界大战之前，也就是1914年左右，把完整的《宫中图》卷裁成四段，分别以不同的价格把它们卖给四个不同的机构或收藏家，而贝伦森买的正是其中的一段《唐宫春晓图》（图4.6）。

以上事件也昭示着，中国古代绘画作品的甄别绝非易事，竟然连赫赫有名的鉴定名家贝伦森也难以幸免。中国古代绘画的作伪包括改款、挖款、洗款、裁款等手段早已存在。况且对于一个远在大洋彼岸的国外鉴定家，要辨认出唐代或明代等诸多区别，则不仅需要对中国绘画中非常独特的笔墨功夫、历朝历代绘画风格的准确把握，而且还涉及中国博大精深、源远流长的历史、文化和哲学内涵等诸多因素，这更是增添了很大难度。但我们从这个事件中至少可以更为肯定的是：文艺复兴绘画的鉴定系统与中国传统绘画的鉴定系统分属截然不同的两个鉴定体系。

贝伦森后来逐渐感觉中国画与自己所主张的美学原则不相符合，缺少他认定的所有伟大艺术品所应具备的“触觉值”，看起来有些乏味，此外他觉得中国的绘画作品与西方绘画存在着文化上巨大的隔阂[29]，以及他在巴黎古董商维涅那里有过上当受骗的经历，因而，在“一战”之后，他基本上就不再增加新的中国艺术藏品了，所以在他的艺术收藏品里面中国古代的绘画作品基本上都是他在1918年之前收藏的。

1908年，恩斯特·费诺罗萨在英国伦敦去世。他的遗孀——玛丽·麦克尼尔·费诺罗萨（Mary McNeill Fenollosa，她本人是《痴想的画家》（*The Dragon Painter*）一书的作者，著名的女作家）于1913年10月在伦敦把他的遗稿托付给埃兹拉·庞德（Ezra Pound），庞德对

图4.6a　［宋］佚名　仿周文矩宫中图　绢本设色　哈佛大学意大利文艺复兴研究中心

图4.6b　唐宫春晓图（局部）

这件事情很感兴趣并且也非常投入，后来在英国著名汉学家亚瑟·韦利（Arthur Waley，1889—1966）的协助下，完成了费诺罗萨未竟的事业，他把这些遗稿整理出来，取名《作为诗歌媒介的中国文字》（*The Chinese Written Character as a Medium for Poetry*）于1918年发表。他们也想通过这部著作来进一步巩固西方现代作家对远东文学日益浓厚的兴趣。

埃兹拉·庞德于1915年出版了自己翻译的唐诗《华夏集》或译为《神州集》（*Cathay*，图4.7）（在中国台湾地区则把这部书译为《国泰集》，取国泰民安之意）。这是根据费诺罗萨原先的笔记和注解以及日本专家森（Mori）和有贺（Ariga）两位教授的阐释进行创造性翻译。庞德在书中精选了李白的许多诗歌作品翻译成英文，向西方世界推介。虽然他翻译的唐诗与汉语原文本来的意思和韵味有所出入，但是他的文字优美，具有独特的个人风格。这部诗集也是庞德最具影响力的一部诗歌译稿，深深地影响了意象派诗歌和东方诗学的发展道路。

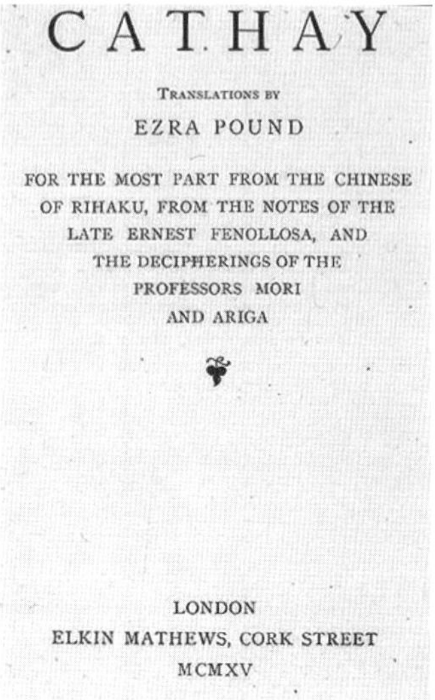
CATHAY

TRANSLATIONS BY
EZRA POUND

FOR THE MOST PART FROM THE CHINESE
OF RIHAKU, FROM THE NOTES OF THE
LATE ERNEST FENOLLOSA, AND
THE DECIPHERINGS OF THE
PROFESSORS MORI
AND ARIGA

LONDON
ELKIN MATHEWS, CORK STREET
MCMXV

1915年《神州集》封面（图4.7）

1920 年 7 月，贝伦森在法国巴黎与埃兹拉·庞德结识，他们建立起相当融洽的朋友关系，并且保持密切的书信往来长达数年之久。[30]

此外，贝伦森和他的太太玛丽都对东方文学作品感兴趣，特别是英译的中国文学作品，其中亚瑟·韦利翻译的中国诗歌更是深受他们的喜爱。[31]克拉克在自传中也提到自己很喜欢英译的中国唐诗，尤其是亚瑟·韦利所翻译的《中国古诗 170 首》（*170 Chinese Poems*）这本书里的作品，克拉克认为它们读起来格外的真实自然。克拉克曾经说过："在我年轻时读过的作家当中，亚瑟·韦利是颇有价值的一位。他很好地结合了学者真挚、细腻的情感以及诗人对语言敏锐的触觉。"肯尼思·克拉克在文中还提到自己特别钟爱白居易的诗作《咏慵》（*The Lazy Man's Song*）其中的两行诗句：

I have got wine, but I am too lazy to drink it, so it's just the same as if my cup were empty;

I have got a lute, but I am too lazy to play it, so it's just as if it have no strings.

From Po Chui's poem The Lazy Man's Song [32]

这是白居易《咏慵》中的诗句：

有酒慵不酌，无异樽常空。有琴慵不弹，亦与无弦同。

亚瑟·韦利运用朴实平易的语言，基本准确地表达了《咏慵》相关诗句的原意，表现了诗人慵懒闲适的生活态度，同时也展现了译者个人的语言特色，这与白居易诗作的措词风格正好相吻合，同时也很好地再现了原诗蕴涵的些许哲学意味。虽然我们用汉语吟诵这首诗明显可以感觉到白居易的语言更具古雅诗意与韵律之美。然而，亚瑟·韦利能够做到较好地向英语国家的读者传达出唐诗特有的韵味，也已实属不易。我们从贝伦森和克拉克等人对韦利翻译的唐诗特别喜爱这一共同点上，应该也可以感觉到韦利翻译的中国古诗确实是比较成功的。另外，贝伦森、肯尼思·克拉克、罗杰·弗莱以及恩斯特·贡布里希（Ernst H. Gombrich）等西方美术史家通过埃兹拉·庞德和亚瑟·韦利等汉学家翻译的中国诗歌，也找到了一条领会和体悟中国文化的便捷途径，他们因此可以更好地理解中华文化和艺术，更能够读懂中国古代文人和艺术家的情感和精神世界。关于这一点，我们也可以得到佐证：肯尼思·克拉克在他晚年的传记《自画像：另一半》中认为亚瑟·韦利翻译的中国诗歌显然是忠实于原文的，因此，这也为他在写作关于中国艺术的文章时提供了相关的文化语境。[33]

第二节　加德纳夫人与中国艺术收藏

贝伦森的赞助人伊莎贝拉·斯图尔特·加德纳曾经于 1883—1884 年，与丈夫杰克·加德纳（Jack Gardner）一起不远万里，前往亚洲远东地区旅游，到过日本、中国、柬埔寨、爪哇以及印度等地，留下了许多珍贵的照片资料（图 4.8）。加德纳夫妇二人花了两个多月的时间，遍访了上海、北京、中国香港、澳门地区等地，对 19 世纪末的中国留下了深刻的印象。

后来，加德纳夫人结识了费诺罗萨和冈仓天心，并与他们保持着非常密切的朋友关系（图 4.9a）。在他们的影响下，开始热衷于东方艺术品的收藏。当然，她的艺术收藏还是以欧洲的艺术品为主，不过她依然拥有为数不少的东方艺术珍品。可以说，加德纳夫人收藏的东方艺术品尽管数量并不是特别多，但是她的收藏品艺术质量却属上乘。

1914 年，加德纳夫人在自己的私人博物馆中特地开辟出一个独立的空间，取名为“中国室”（The Chinese Room），作为她的休憩之处。里面专门摆放着她所收藏的中国艺术品，在这个房间的显要位置，供奉着她于 1902 年前后从中国购买的数尊大型青铜佛像，此处并不向社会公众开放，显得格外的神秘和庄严。加德纳夫人偶尔会在晚上带着自己的一些好友到这里参观，她对远东地区的精神世界和灵性思想之类的事物尤其感兴趣。所以“中国室”外面的后花园被称为“僧人花园”，冥想、禅修等功能为一体。在这一点上，她显然深受费诺罗萨和贝伦森等人的影响，与他们一脉相承。

贝伦森也经常向加德纳夫人推荐中国的艺术品，当贝伦森于 1914 年 11 月 14 日应邀前往加德纳夫人的博物馆“芬威庭院”参观时，加德纳夫人赠予贝伦森夫人玛丽一个非常雅致的中国雕竹纹金手镯，感谢贝伦森夫妇为她购买了这么多珍贵的艺术精品，帮助她成功地创建了“芬威庭院”，同时也为了纪念他们首次前来参观“芬威庭院”。[34] 这说明加德纳夫人很喜欢中国的艺术品，并把自己珍爱之物慷慨地送给贝伦森太太作为留念。在贝伦森太太玛丽的日记第 58—61 页中，也曾生动地记录了这件事情。

加德纳夫人曾在贝伦森的引荐下，数次从巴黎的古董商那里购买中国古代的艺术品。法国画商詹佩尔（René Gimpel）就描述了自己亲眼所见：有一次贝伦森向加德纳夫人推荐中国的艺术品，并且亲自带她前往巴黎的古董商那里参观和挑选中国的古董和艺术品。其中有多件作品至今仍然陈列于“芬威庭院”显著的位置，我们不妨一起来欣赏加德纳夫人收藏的这几件中国艺术品。

1. 伊莎贝拉·斯图尔特·加德纳的博物馆“芬威庭院”至今依然

珍藏着中国汉代一对非常质朴可爱的小熊，这是西汉的鎏金铜器，我们通过资料可以清楚地了解到这是加德纳夫人于1914年经贝伦森介绍向法国巴黎的古董商马塞尔·宾（Marcel Bing）购买的。我们从1914年2月7日玛丽·贝伦森写给加德纳夫人的信件中可以读到：

贝伦森说这对小熊艺术质量实属“上乘”。你会发现它们将带给你无穷的乐趣，它们栩栩如生，不仅如此……它们也是贝伦森本人收藏过程中梦寐以求的艺术品……

B. B. says the Bears are really "top notch." You will find them endlessly delightful, as nice as real ones, only more so...They are things he would love to have in his own collection... [35]

伊莎贝拉·加德纳听从了贝伦森的建议，花费30000美元买下了这件艺术品，这个价格在当时对于中国文物而言，是一个非

图4.8　加德纳夫妇，1883年9月21日摄于北京

图4.9a　前排左一：冈仓天心；后排左二：加德纳夫人

图4.9b　加德纳夫人的“中国艺术收藏室”（The Chinese Room）

常不错的价位。这对汉代小熊（图 4.10）造型朴实自然、线条粗犷有力，据说出土于陕西省西安近郊。

事实上，加德纳夫人起初并不明白这件艺术品在中国古代究竟作何用途，甚至也不知道应该把它们摆在什么地方比较合适。不过，这对汉代鎏金小熊从一开始就颇受博物馆参观者的喜爱，雅俗同赏。这也是加德纳夫人后来继续收藏中国艺术品的动力来源。

2. 这一尊东魏时期的佛像碑石像（图 4.11a），也是 1914 年加德纳夫人通过贝伦森在法国巴黎以 11000 美元的价格从俄罗斯著名的历史学家维克多·格罗布（Victor Goloubew，1878—1945）处购得。确切地说，这是一尊东魏武定元年（543）塑造的释迦牟尼五尊立像，具有极高的考古价值。

由于众多财力雄厚的美国富豪加入艺术品收藏的行列，文艺复兴艺术大师的绘画作品在 20 世纪初价格开始直线上涨，这也迫使加德纳夫人开始把自己的收藏方向转向新的艺术领域。当时她结识了波士顿美术馆亚洲艺术部主任冈仓天心，在贝伦森和冈仓天心的引导下，她更加懂得如何欣赏亚洲的文化和艺术。而且，在当时的历史条件下，

图4.10　熊　鎏金铜器　汉代　中国　图片引用自：《加德纳博物馆导览手册》[36]，第54页

图4.11a　这是一个中国式的走廊，位于左前方的是东魏时期的佛像碑石

图4.11b　东魏的释迦摩尼造像碑

大量精美绝伦的亚洲文物涌进欧洲市场，巴黎更是成为这些艺术品汇聚的中心。因此，贝伦森和加德纳夫人收藏的许多东方艺术珍品往往购自法国巴黎。

3. 这尊木刻观音像（图 4.12）是宋朝 11 世纪至 12 世纪作品，观音像的表层残留着镶金与着色的痕迹，这件作品是加德纳夫人于 1919 年从纽约古董商帕里什–沃特森（Parish-Watson）处购得。

正是由于与费诺罗萨、冈仓天心、贝伦森等人的密切往来，倚重他们独具慧眼的判断，听从他们的收藏建议，这在很大程度上主导了加德纳夫人对中国艺术品的购买和收藏，甚至包括对中国一些非常珍贵的艺术品的具体甄选。贝伦森在给加德纳夫人的信中，甚至表示自己愿意帮她建立起一系列非同凡响的中国艺术品收藏，如同之前自己帮她建立了第一流的文艺复兴艺术珍藏一样。然而，由于加德纳夫人此时财力已经非常有限，可以说是有心无力，无法再建立起一个需要耗资巨大的东方艺术收藏了。其实这在一定程度上也导致了贝伦森本人没有在 1918 年之后再对中国艺术品进行持续的收藏和投资。

第三节 弗利尔与中国艺术收藏

图4.12 观音 11世纪或12世纪早期 中国

费诺罗萨不仅影响了波士顿地区的远东艺术收藏，并且也推动了美国其他地区对于远东艺术的收藏，例如，底特律知名的收藏家弗利尔（Charles Lang Freer，1854—1919）便是在惠斯勒（James Whistler）和费诺罗萨的直接影响下大量收藏东方艺术品。加德纳夫人所收藏的东方艺术品的数量与他相比，几乎可以说是微不足道，查尔斯·朗·弗利尔才是美国最重要的中国艺术收藏家。费诺罗萨正是弗利尔在东方艺术收藏方面的一个重要顾问，弗利尔在费诺罗萨的协助下完成了对许多珍贵的东方艺术品的收购。

提及弗利尔的收藏经历，还是颇具戏剧性的。在 19 世纪后期，弗利尔由于被诊断患有神经衰弱，主治医师要求他减少精神高度紧张的商业活动，于是弗利尔开始选择艺术收藏作为缓解和治疗自己病症的一种非常有效的方式。后来，弗利尔在艺术家惠斯勒的建议下，他开始把自己艺术收藏的重心放在对亚洲艺术品的收藏上。

到了 1899 年，弗利尔更是抛售了自己手中持有的大量股票，把几乎所有的财富和余生二十年的光阴都奉献给了东方艺术收藏。

弗利尔毕生收藏的艺术品多达 25000 多件，中国的艺术品在其中占据了很重的分量，有 3400 多件。后来，弗利尔把自己的艺术收藏悉数捐赠出来，在华盛顿特区成立了著名的弗利尔美术馆（Freer Gallery of Art），其影响相当深远。

恩斯特·萨缪尔斯在《伯纳德·贝伦森：铸就传奇》(*Bernard Berenson: The Making of a Legend*)一书中，记录了鉴定家贝伦森与收藏家弗利尔之间围绕着中国艺术品发生的一些联系。1914 年初，贝伦森应邀前往底特律研究弗利尔的艺术收藏品，弗利尔拥有大量的中国艺术收藏品，贝伦森在那里受到主人弗利尔热情的款待，这也让他深切地感受到自己在美国收藏家心目中的分量，而玛丽则欣喜地见到了贝伦森再次露出久违的笑容。弗利尔拿出自己珍藏的许多中国画，贝伦森不断有更多的惊喜发现。弗利尔甚至提议他们于 1915 年一同前往中国进行实地考察。[37]

后来，当贝伦森和他的太太玛丽处于第一次世界大战阴霾之中的时候，各种触目惊心的事情接连不断地发生，玛丽难免会想到死亡的厄运随时都有可能降临到他们头上，因此，她在给自己的女儿蕾(Ray)写信时叮嘱道："如果我们死了，伊塔蒂别墅中收藏的艺术照片和珍贵图书也许可以一并出售，约瑟夫·杜维恩将会购买我们所收藏的绘画作品或者其中一些作品；底特律的收藏家查尔斯·朗·弗利尔应该会乐于购买我们收藏的部分中国艺术品……然而我还是不希望我们在这个时候死去，因为现在的艺术品市场非常不景气……"[38]

此外，美国还有许多著名的中国艺术收藏家，例如美国石油大亨洛克菲勒(John D. Rockefeller)便是其中一位，他对中国的陶瓷艺术品特别喜爱，尤其对古代的青花瓷情有独钟，对于贝伦森等人推荐给他的意大利文艺复兴前期的绘画作品却兴致索然。[39]

第四节　贝伦森藏品的启示——东西方艺术的融合

1914 年初，贝伦森到弗利尔位于底特律的家中见到了大量的中国绘画作品和青铜器，深深为之着迷。1915 年 1 月 1 日，他在给加德纳夫人的信中写道："如果重新开始自己的鉴定生涯，我将致力于中国艺术的研究。"[40]

一、贝伦森的远东艺术收藏

在贝伦森的艺术收藏品当中，除了意大利文艺复兴时期的绘画作品之外，数量最多的就是来自中国的艺术珍品。第二次世界大战行将结束之时，贝伦森劫后余生，终于回到了自己离别一年多的居所，他急切地上楼，走进自己的书房、卧室一一查看。在二楼走廊上，见到了许多久违的艺术品，尤其是中国艺术品，他感觉格外地亲切。[41] 贝伦森在 1944 年 9 月 24 日的日记中非常详细地描述了这件事情，从中我们读到了他对中国艺术的情有独钟。

克拉克在传记《自画像：树林的另一边》中提到："有好几年，作为对烦心事务的一种逃避，贝伦森会潜心研究自己喜爱的中国艺术，他甚至打算住到远东地区的中国或日本。"[42]

在伊塔蒂别墅贝伦森的客厅里，正中间摆放着文艺复兴时期绘画大师萨塞塔三幅相连的一组祭坛画，它前面的案头上左右两边都摆放着古代东方的雕塑艺术品，左边是一个来自泰国的佛陀青铜头像，右边则是来自中国的菩萨头部石雕。（图 4.13）贝伦森在伊塔蒂别墅中对自己收藏的文艺复兴绘画作品和东方艺术珍品摆放的位置都作了精心的安排，使它们仿佛能够穿越时间和空间的阻隔，形成一定的并置和呼应关系，这在很大程度上可以丰富观者的精神体验。从贝伦森对家里艺术品的摆设中，我们也可以清晰地感受到东西方艺术在他的观念里已经得到了完美的融合。

贝伦森在《一位锡耶纳画家笔下的圣方济各传说》（1909）、《意大利艺术的研究和批评》（*The Study and Criticism of Italian Art, Third Series*，*1916*）、《锡耶纳绘画研究文集》（*Essays in the Study of the Sienese Painting*，*1918*）等著作中表达了锡耶纳画家萨塞塔可能受到远东艺术的影响这一观点，他甚至认为锡耶纳画派的形成或许受到过中国艺术的影响。在西方的美术史家中，贝伦森是第一个提出这个大胆猜测的人。我们相信，他提出这样的观点完全凭借着的是自己对艺术的高度敏感性，正如同他进行鉴定的时候，主要是出于自己对作品本身的研究。

图4.13　伊塔蒂别墅客厅的艺术摆设[43]
英国摄影家塞西尔·比顿（Cecil Beaton）1954年拍摄

普济纳曾经在《中国、意大利和文艺复兴的起源》一书中写道："唯有中国艺术才可以被视为14世纪最新艺术表现形式的主要源泉。"[44]他还认为锡耶纳人系统地采纳了中国人那带轮廓线条的绘画技术，所以他得出结论认为中国画完全如同大家所认为的那样渗透了佛教影响，适宜于那些满脑子都充满方济各会思想的人。[45]这说明佛教精神和方济各会精神确实存在着相似性和异曲同工之妙，并且这在很大程度上也证实了贝伦森推测锡耶纳画家萨塞塔可能受到过远东艺术影响的合理性。另一位重要的美术史家奥斯瓦尔德·喜龙仁（Osvald Sirén，1879—1966）于多年之后在自己的著作中也表达了类似的观点，不过，可以认为这可能受到伯纳德·贝伦森这一观念的影响，或者他们至少就此问题进行过交流。

二、贝伦森对喜龙仁在东亚艺术研究方面的影响

奥斯瓦尔德·喜龙仁，曾在芬兰的首位美术史教授、专门研究乔托的知名学者约翰·雅各布·蒂卡宁（Johan Jakob Tikkanen，1857—1930）的指导下，在赫尔辛基大学进行博士阶段的研究工作，于1900年获得博士学位。由于喜龙仁对意大利文艺复兴早期艺术很有兴趣，这让他于1901年在瑞典首都斯德哥尔摩的国家博物馆获得一份不错的工作，并于同年结识了著名鉴定家伯纳德·贝伦森。第二年，他就前

往意大利，到伊塔蒂别墅拜访贝伦森。

喜龙仁于20世纪初，在其研究生涯早期，已经在欧洲艺术研究方面取得了不错的成就，出版了关于乔托·迪·邦多纳（Giotto di Bondone）、皮耶罗·波拉尤奥洛（Piero Pollaiuolo）和莱奥纳尔多·达·芬奇的许多论著。但是，不久之后，他突然将自己关注的重点转向东亚美术史的研究，这也许出乎许多人的意料，却又一直无法知晓其中的缘由。

1917年，奥斯瓦尔德·喜龙仁出版了两卷本的学术著作《乔托及其追随者》（*Giotto and Some of his Followers*）。不久之后，贝伦森发表文章批驳喜龙仁的观点，他非常犀利且中肯地指出了喜龙仁这部书中诸多不足之处，他认为除了能够识别贝纳尔多·达蒂（Bernardo Daddi）和塔迪欧·加迪（Taddeo Gaddi）的作品之外，想要准确地鉴别"乔托式"的其他作品几乎是不可能的。贝伦森直言不讳地表示乔托许多画作的鉴定根本还没有最终定论；乔托是个谜，而喜龙仁则洋洋洒洒地写了数十万字，出版上下两卷与他相关的著作。[46] 显然，贝伦森对喜龙仁的研究方法并不认可。

此外，伯纳德·贝伦森在艺术刊物《迷宫》（*Dedalo*）发表文章指出奥斯瓦尔德·喜龙仁于1918年2月份在《伯林顿杂志》上发表的文章《皮耶罗·卡瓦利尼的一幅画》（*A Picture By Piero Cavallini*）中，把一幅卡恩的画作归入皮耶罗·卡瓦利尼（Piero Cavallini）的名下，"这不仅是错误的，而且起到完全误导的作用……从而扼杀了别人的研究兴趣"。[47] 贝伦森在自己当时并不是非常熟悉的中世纪绘画研究领域里再次指出了喜龙仁可能存在的谬误之处，他认为这幅画作应该是威尼斯人于1204年从君士坦丁堡劫掠回来的战利品。

尽管贝伦森多次在学术刊物上发表文章，批驳喜龙仁的错误观点，然而，他们之间的关系并没有因此进入敌对状态，反而促使他们此后常有书信往来，交流彼此的见解。不过，总的说来，贝伦森与喜龙仁之间的关系还是比较错综复杂。

芬兰赫尔辛基大学的美术史副教授米娜·托玛（Minna Törmä）在她的研究报告《在波士顿为罗汉着迷——奥斯瓦尔德·喜龙仁中国艺术记事》（*Enchanted by Lohans in Boston: Tales of Osvald Sirén's Encounter with Chinese Art*）中指出：一位与喜龙仁非常亲近的朋友艾瑞克·伦德伯格（Erik Lundberg）透露，喜龙仁是在意大利开始对中国艺术产生兴趣的。她继续写道：

喜龙仁曾经提到，当时他在意大利研究文艺复兴时期的意大利绘画，一所博物馆（名字和地点没有具体说明）保存有一些中国艺术品。博物馆工作人员注意到了喜龙仁对绘画的锐利眼光，便请他对这些画作出评价。这种说法乍听起来是相当令人费解，人们脑海里会立刻浮现这样的问题：当时，也就是在20世纪最初10年，在意大利的收藏品中就有中国艺术品了吗？更确切一点说，应该在意大利同时珍藏着文艺复兴前期的绘画和中国绘画。如果有的话，那么会存放在哪里呢？我只调查到了一个应该被考虑在内的艺术收藏。这是来自都灵的律师里卡多·瓜利诺（Ricardo Gualino）(1879—1964)的私人收藏。……喜龙仁知道这个私人收藏已经是20世纪20年代的事情了，与伦德伯格描述的时间相比差了很长一段时间。[48]

其实，托玛教授在这里存在着一个百思不得其解之处：1910 年左右，在意大利什么地方同时珍藏着文艺复兴前期的绘画和中国古代的艺术品？她考虑到也许是里卡多·瓜利诺的私人藏品。但是，她自己后来又排除了这种可能性。其实，她思考的方向应该是有点偏差的。伦德伯格描述的喜龙仁在意大利看到的收藏品，很有可能就是他在伊塔蒂别墅中见到了贝伦森本人的收藏品。

贝伦森是意大利文艺复兴研究的专家，他收藏有 125 幅左右文艺复兴时期的绘画作品。1900 年底，贝伦森和玛丽碰巧于佛罗伦萨一条不知名的小巷之内，在一家毫不起眼的小店里发现了一组三幅相联的绘画，贝伦森一眼就看出这是文艺复兴早期的锡耶纳绘画大师萨塞塔（1392—1450或1451）为圣墓镇（Borgo San Sepolcro）的圣弗朗西斯科大教堂创作的一组祭坛画。然而由于年代久远，这位伟大的锡耶纳画家萨塞塔几乎已经湮没于历史的风烟之中，逐渐为世人所淡忘。因此，贝伦森当时只花了400美元就买到了这组可以算是无价之宝的祭坛画。后来，贝伦森把它们摆放在伊塔蒂别墅中最显著的位置。[49] 此外，贝伦森于1894年在波士顿美术馆参观了“中国古代佛教绘画特展”之后，就开始对中国艺术品感兴趣，到了1909至1917年，对中国艺术品的收藏更是达到了高峰。而且，喜龙仁早在1902年，就到伊塔蒂别墅拜访过贝伦森。此后，他在伊塔蒂见到贝伦森收藏的意大利文艺复兴和中国的许多艺术品也属情理之中。更为重要的是，后来，年逾九旬的伯纳德老人曾在自己的日记《日落与黄昏》中写道：

> 我可以颇为得意地炫耀，如果不是我帮他们确定研究方向，他们也许无法取得后来的成就。这不仅仅在我自己的研究领域之内，甚至也在其他领域。举个例子，正是我敦促喜龙仁开始中国艺术的研究。……[50]

另外，贝伦森在晚年的另一部著作《视觉艺术中的美学与历史》中也表示自己曾经积极地鼓励收藏家、画商以及艺术爱好者对中国艺术给予更多的关注。因此，大量的证据表明，喜龙仁在20世纪初见到的同时拥有许多意大利文艺复兴绘画和中国艺术品的收藏家应该就是贝伦森。而且，我们可以看到贝伦森对于喜龙仁转向东亚艺术的研究，确实发挥了相当大的影响力。喜龙仁的好友伦德伯格表示喜龙仁是在意大利开始对中国艺术产生兴趣，这应该也与贝伦森息息相关，并且这一点在后面也可以得到印证。贝伦森通过指导喜龙仁研究中国艺术，为他指明方向，与他交流自己在这方面的许多想法，在一定程度上实现了自己在与加德纳夫人写信时表达的那个人生愿望。因为在1915年，贝伦森已经到了中国先哲孔子所说的“知天命”之年了，时间和精力都很有限。而喜龙仁整整比他小了 14 岁，当时正值身强力壮、精力旺盛的大好年华。此外，还由于那个时候，美国等诸多国家，已经进入了东亚艺术收藏的黄金时代（1893—1919）。喜龙仁自己肯定也明白在这个领域进行深入研究具有非常重要的意义。

沃伦·科恩（Warren Cohen）在《东亚艺术与美国文化》一书中也描写到：

1915年之后，由于弗利尔收藏了大量的中国艺术品，热爱远东艺术收藏的登曼·罗斯在弗利尔府上见到大量珍品欣喜不已，欧洲崭露头角的两位东亚艺术权威劳伦斯·宾雍和奥斯瓦尔德·喜龙仁也加入到了那些前往底特律“朝圣”的人流之中。[51]

喜龙仁在第一次世界大战期间，首次访问中国，并且对中国的美术和建筑进行研究。20世纪20年代和20世纪30年代，他在中国广泛旅行，拍摄了大量的古物和重要作品的照片，并开始收藏中国绘画、雕塑、青铜器、玉器和其他考古文物。1930年，他在斯德哥尔摩国家博物馆组织了第一次重要的中国绘画和雕塑展览。[52]

喜龙仁一生著述丰富。他的论著《美术纲要》（*Essentials in Art*）一书于 1920 年在伦敦和纽约两地同时出版，这部著作收录了喜龙仁在艺术研究领域五篇重要的文章，其中在“韵律与形式”（Rhythm and Form）一文中，他更是尝试着解读谢赫“六法”以及向西方读者介绍中国的这些美学原则和哲学观念。他于 1924 年在巴黎出版了《北京的城墙和城门》（*The Walls and Gates of Peking*），这本书被国内的学者认为是这一领域内最翔实可靠的文献材料之一。喜龙仁四卷本的著作《5—14 世纪的中国雕塑》（*Chinese Sculpture from the Fifth to the Fourteenth Century*，*1925*）奠定了西方学者在这一研究领域的基础。梁思成在写作《中国雕塑史》时，更是多处引用喜龙仁的这部著述。喜龙仁最重要的著作是《中国绘画：大师与原理》(*Chinese Painting: Leading Masters and Principles*，*1956—1958*)。《中国古代美术史》(*A History of Early Chinese Art*，*1929*)，《中国绘画史》(*Histoire de la peinture choinoise*，*1935*) 和《中国园林》(*Gardens of China*，*1949*) 等著作都是他在中国艺术领域的研究成果。

1956 年 2 月 25 日，喜龙仁成为首位荣获查尔斯·朗·弗利尔奖章的学者，这充分肯定了他在东方艺术研究方面做出的卓越贡献。

三、学术传承

贝伦森在自己晚年的著作《日落与黄昏》一书中，除了回忆自己对喜龙仁将研究重点转向中国艺术过程中发挥的影响力之外，还提及：

> 在更为广泛的艺术领域，尤其是在意大利艺术研究领域，我对哈罗德·埃杰尔（Harold Edgell）、肯尼思·克拉克、约翰·沃克（John Walker）产生了一定的影响，这几位年轻人后来都成为美术馆馆长。我帮助德国学者恩斯特·屈内尔（Ernst Kühnel）成为伊斯兰教艺术研究方面的专家，指导不远万里前来伊塔蒂的日本年轻学者矢代幸雄（Yukio Yashiro）研究波蒂切利，甚至还指导俄罗斯艺术史家维克多·拉扎雷夫（Victor Lazareff）研究拜占庭与西方艺术之间的关系。如果有足够的耐心，我还可以列举出许多其他的例子。[53]

由于贝伦森也是当时最具国际声誉的艺术批评家，他确实对诸多青年学者产生了很大的影响，尽管他自己提到了几个例子，但是这绝非全部。约翰·波普-亨尼西（John Pope-Hennessy，1913—1994）、查理德·奥夫纳（Richard Offner）(1889—1965) 等著名学者也都曾经得益于贝伦森的悉心指导。克拉克在自己的传记《自画像：树林的另一边》中回顾了贝伦森对他的期许。因为贝伦森在当时很敏锐地觉察到自己所处的年代对 17 世纪的艺术持有普遍的漠视是一件多么荒谬可笑的事。他就曾语重心长地对克拉克说道：“我相信在你有生之年应该有机会看到17世纪的艺术重塑辉煌，并且我衷心地希望你能够像我让人们重新认识到15世纪艺术的重要性一样，你或许在这方面也可以做出一些贡献，让人们重视17世纪的艺术。”[54]克拉克在自己1956年首次出版的著作《裸体艺术：理想形式的研究》（*The Nude: A Study of Ideal Form*）一书的扉页上恭恭敬敬地写着：“谨以此书献给伯纳德·贝伦森。”

许多看似毫不相关的学者，他们之间还是可以通过某种途径联系在一起。例如，中国绘画史研究领域的另一位著名学者高居翰（James Cahill）[55]，就曾是喜龙仁在斯德哥尔摩国立博物馆绘画部的助手和学生，他协助喜龙仁完成了七卷本《中国绘画》的编撰工作。

1958年，当著名美术书籍出版家，瑞士人史基拉（Albert Skira）决定印制一套亚洲艺术丛书，以编入他当时已获盛名的欧洲艺术丛书时，他找到了瑞典学者喜龙仁来写中国部分。那时喜龙仁才出版了《中国绘画》简论的第七册（1956—1958年完成），他与出版商签订的合同使他不能再写另一本类似的书。我曾经做过喜龙仁的研究助手，和他工作过短短一段时间，他就把我推荐给史基拉。于是一个籍籍无名的研究生（那时我正在攻读博士学位），突然之间，竟被授予了这样一个机会和挑战，要完成一本精简、创新，却又可读的著作，同时又有权选择100张精彩的图片。[56]

就如同克拉克年轻时是贝伦森的助手一样[57]，高居翰也借由这个难得的机会，在中国绘画史研究领域崭露头角。此后，克拉克和高居翰[58]也都各自成为重要的美术史家。

当我们回顾莫雷利、贝伦森、喜龙仁、高居翰等人的学术生涯，就会发现：一代又一代的美术史家，正是通过这样的方式薪火相传，完成自己的学术传承。而当我们细细体会也可以发现，费诺罗萨、弗利尔、贝伦森、罗斯（Denman W. Ross）等具有世界眼光的有识之士在进行艺术收藏的时候，都会有一种使世界上不同文明的艺术彼此借鉴、相互融合的倾向。东西方艺术，正是在他们共同的不懈努力之下，日益浑然天成地融合在一起。[59] 在艺术的星空下，他们一个个闪亮的名字，犹如那璀璨的群星，没有疆界，完美而和谐地连接在一起，熠熠生辉！

注释

1. Ku Hung-Ming, *The Spirit of the Chinese People*, Peking: The Peking Daily News, 1915, pp.13-14.
2. Ibid., p.73.
3. 辜鸿铭：《中国人的精神》，陕西师范大学出版社，2007年, 第29页。
4. 出处同上, 第63页。
5. Bernard Berenson, *A Sienese Painter of the Franciscan Legend*, London, 1910, p.15.
6. 艾田蒲：《中国之欧洲（上卷）》，许钧、钱林森译，广西师范大学出版社，2008年，第89页。
7. Bernard Berenson, *A Sienese Painter of the Franciscan Legend*, London, 1910, p. 14.
8. Bernard Berenson, *A Sienese Painter of the Franciscan Legend*, London, 1910, pp. 14-15.
9. Bernard Berenson, *Aesthetics and History in the Visual Arts*, New York, 1948, pp.239-240.
10. Bernard Berenson, *Aesthetics and History in the Visual Arts*, New York, 1948, p.240.
11. Cf. Frank Vigneron （韦一空） 著：《之间：中西艺术赏析比较》（In Between: A Comparative Approach to the Arts of China and the West）， 王人德译， Hong Kong, 2007, pp.16-17.
12. Jean-Etienne Liotard, *Traité des Principes et des Règles de la Peinture*, Genève, 1945, pp.112-113.
13. 原文："……"，参阅： Van Wyck Brooks, *Fenollosa and His Circle with Other Essays in Biography*, New York, 1962, p.29.
14. 出处同上。
15. Van Wyck Brooks, *Fenollosa and His Circle with Other Essays in Biography*, New York, 1962, pp. 25-26.
16. 明治天皇（めいじてんのう，1852—1912），日本第122代天皇，1867—1912年在位。
17. Van Wyck Brooks, *Fenollosa and His Circle with Other Essays in Biography*, New York, 1962, p.26.
18. Hanna Kiel, ed., *The Bernard Berenson Treasury, 1887—1958*. New York, 1962, pp.73-74.
19. Cf. Warren I. Cohen, *East Asian Art and American Culture: A Study in International Relations*, New York, 1992, pp. 39-45.

20. 宋代中国仏教美術の傑作と褒めちぎられた10幅は、展覧会を企画したアーネスト・フェノロサによって選別され、美術館の支援者であったデンマン.W.ロスによって一万ドルの金額で購入されることになり、彼らは、ボストン美術館を永久に住処とし。

21. 参阅台湾文化大学艺术研究所教授陈清香《五百罗汉图像研究》一文。

22. 方万里、罗浚纂:《宝庆四明志》,胡矩修,中华书局,1990年6月第一版,第138页。

23. 在林树中主编的这一套《海外藏中国历代名画》第三卷中,亦持有相同的观点。《海外藏中国历代名画》第三卷,湖南美术出版社,1998年,第235页。赵启斌在《日美所藏〈五百罗汉图〉赏析》一文中也表达了同样的看法。

24. 如我们前面提到了贝伦森在多部著作中谈到了自己对这些罗汉图很着迷;费诺罗萨、登曼·罗斯对它们非常喜爱,并将其引入美国;喜龙仁在接受弗利尔奖章时也谈及自己几十年前在波士顿美术馆遭遇这些罗汉图时的难忘经历,并开始了自己对罗汉图的收藏和研究;普林斯顿大学知名学者方闻教授1956年的博士论文"*Five Hundred Lohans at the Daitokuji*"就是研究京都大德寺的《五百罗汉图》。

25. 方万里、罗浚纂:《宝庆四明志》,胡矩修,中华书局,1990年6月第1版,第40页。

26. 应为后人临仿李公麟《山庄图》之作。

27. Cf. Ernest Samuels, *Bernard Berenson: The Making of a Legend*, Boston, 1987, p.290.

28. Kenneth Clark, *A Self-Portrait: Another Part of the Wood*, London, 1985, p. 116.

29. Bernard Berenson, *Aesthetics and History in the Visual Arts*, New York, 1948, pp.239-240.

30. Cf. Ernest Samuels, *Bernard Berenson: The Making of a Legend*, Boston, 1987, p.276.

31. Cf. Nicky Mariano, *Forty Years with Berenson*, London, 1966, p.95.

32. Cf. Kenneth Clark, *A Self-Portrait: Another Part of the Wood*, London, 1985, p.81.

33. Kenneth Clark, *A Self-Portrait: The Other Half*, London, 1977, p.84.

34. Ernest Samuels, *Bernard Berenson: The Making of a Legend*, Boston, 1987, p.415.

35. 这是玛丽·贝伦森1914年2月7日写给伊莎贝拉·加德纳的信中描述的内容。

36. Hilliard T. Goldfarb, *The Isabella Stewart Gardner Museum: A Companion Guide and History*, Boston, 1995, p.54.

37. Cf. Ernest Samuels, *Bernard Berenson: The Making of a Legend*, Boston, 1987, p.173.

38. Ernest Samuels, *Bernard Berenson: The Making of a Legend*, Boston, 1987, p.190.

39. Ibid., p.284.

40. Rollin Van N. Hadley, ed., *The Letters of Bernard Berenson and Isabella Stewart Gardner, 1887-1924*, with correspondence by Mary Berenson, Boston, 1987, p.531.

41. Bernard Berenson, *Rumor and Reflection*, New York, 1952, p.433.

42. Kenneth Clark, *A Self Portrait: Another Part of the Wood*, London, 1985, P142.

43. Hanna Kiel, ed., *The Bernard Berenson Treasury, 1887-1958*, New York, 1962, p.14.

44. 安田朴：《中国文化西传欧洲史》，耿昇译，北京，2000年，第157页。

45. 出处同上，第162页。

46. Ernest Samuels, *Bernard Berenson: The Making of a Legend, Boston*, 1987, p.289.

47. Ibid., p.293.

48. 参阅米娜·托玛著，任远哲译，《在波士顿为罗汉着迷奥斯瓦尔德·喜龙仁中国艺术记事》一文。

49. Ernest Samuels, *Bernard Berenson: The Making of a Connoisseur*, Boston, 1981, p.348.

50. Bernard Berenson, *Sunset and Twilight: From The Diaries of 1947-1958*, New York, 1963, pp. 489-490.

51. 沃伦·科恩：《东亚艺术与美国文化》，段勇译注，科学出版社，2007年，第37页。

52. 范景中主编：《美术史的形状Ⅱ：西方美术史的文献和书目》，中国美术学院出版社，2002年，第493页。

53. Bernard Berenson, *Sunset and Twilight: From The Diaries of 1947-1958*, New York, 1963, p. 490.

54. Kenneth Clark, *A Self-Portrait: Another Part of the Wood*, London: Hamish Hamilton Ltd., 1985, p.162.

55. 高居翰1926年出生于美国加州，曾长期担任加州大学伯克利分校艺术史和研究生院的教授，以及华盛顿弗利尔美术馆中国书画部顾问，他的著作大多偏向通过风格分析研究中国绘画史的经典书籍，享有世界声誉。

56. 高居翰：《中国绘画史》，李渝译，台北：雄狮美术印行，1989年，第7—8页。

57. 克拉克曾经协助贝伦森重新编订其最重要的著作之一《佛罗伦萨画家素描集》。

58. 2010年，美国弗利尔美术馆和赛克勒博物馆（The Freer Gallery of Art and the Arthur M. Sackler Gallery）宣布高居翰获得查尔斯·朗·弗利尔奖，表彰他长期以来在中国艺术史研究领域做出的杰出贡献。

59. 伯纳德·贝伦森、登曼·罗斯等人的艺术收藏品都体现出东西方艺术融合的特点。

结 语

纵观西方鉴定学的发展历程，我们可以发现它有着逐渐朝向科学化发展的趋势。尽管从一开始，艺术鉴定只是由少数学识渊博的专家们把持着的具有高度专业化的技能，基本上依靠这些专家们主观的直觉判断，令人感觉扑朔迷离、真假难辨；而后来理查森和莫雷利等人则尝试着把它发展成一门具有科学而客观的判断标准的学科，并且应用了生物比较学、比较解剖学和心理学等现代的科学知识；随着摄影术的逐步应用和推广，到如今越来越多地运用多种形式的红外线和紫外线透视、分析作画所用的颜料和清漆、应用树木年代学以及热致发光等高科技辅助设备和前沿技术，使得鉴定学越来越接近于一门科学，毋庸置疑，这是历史发展的一种进步和必然。

同时，我们也回顾了 19 世纪末、20 世纪初最具影响力的鉴定大师贝伦森充满传奇色彩的一生。从他的生平、学术成就以及鉴定成就等诸多方面来看，应该说贝伦森是一位颇具争议性的人物。他对意大利文艺复兴时期的绘画作品进行了深入的研究和鉴定整理工作，做出了巨大的贡献。然而，与此同时也有不少学者认为他让鉴定学蒙羞，所以备受质疑。因为艺术鉴定被贝伦森用来作为与画商进行利益交换的一种工具，这使得人们对他鉴定过的许多画作的真正归属平添了一些疑问。尽管贝伦森遭受的批评几乎和他得到的赞扬一样多，然而，他在总体上还是一位颇具良知，至少是谨守道德底线的鉴定家。他创造性地提出了许多独特的美学观念，例如“触觉值”“观念化感觉”“空间构图”等，这些有助于提升人们的艺术品味和审美眼光。他热衷于对青年学者进行指导和栽培，对东方文化的关注以及远东艺术的收藏保护等方面都做出了很大的贡献，表明他是一位非常具有世界眼光的学者。尽管在贝伦森早年（33 岁时）被朋友带去看罗丹雕塑作品《巴尔扎克》(*Balzac*）的小样稿，他非常厌烦地转身就走，不愿再多看一眼，他无法接受这样的作品。在他晚年的时候，对 20 世纪的抽象艺术等诸多艺术形式，也不太能够接受，因为这与他倾毕生精力研究的意大利文艺复兴时期的艺术形式及其审美标准相去甚远。

图1 塞蒂尼亚诺镌刻着贝伦森名字的名人墙

然而，回望贝伦森的一生，我们依然可以说他是一位在艺术中进行自我修养、追求自我完善的学者。正如在他生活了将近六十载悠悠岁月的意大利佛罗伦萨，人们在塞蒂尼亚诺的一面名人墙上，在意大利诗人乔瓦尼·薄伽丘（Giovanni Boccaccio，1313—1375) 等在此间生活过的伟人人物之后，镌刻上伯纳德·贝伦森的名字，作为对他的感怀与追思（图 4.14）。尽管时光飞逝、流年似水，但是贝伦森已经和意大利文艺复兴时期的绘画鉴定紧密地联系在一起，让后世的艺术研究者能够以此为基础，在这一重要领域展开研究工作，而贝伦森留下的学术著作和鉴定成就、他共同创建的加德纳博物馆以及哈佛大学意大利文艺复兴研究中心都足以让我们领略到他非同凡响的艺术鉴赏力。

在后人的心目中，“塞蒂尼亚诺的智者”——伯纳德·贝伦森永远生活于意大利佛罗伦萨的伊塔蒂别墅，依然守护着自己留下的这么多非常珍贵的艺术作品和图书收藏，守护着这一片他无比热爱的青山绿水与人文家园……

参考文献

一、中文参考书目

1. 艾田蒲．中国之欧洲：上下两卷［M］．许钧，钱林森译．桂林：广西师范大学出版社，2008.
2. 安田朴．中国文化西传欧洲史［M］．耿昇译．北京：商务印书馆，2000.
3. 巴克森德尔．意图的模式［M］．曹意强，严军，严善錞译．杭州：中国美术学院出版社，1997.
4. 曹意强．艺术与历史［M］．杭州：中国美术学院出版社，2001.
5. 陈平．西方美术史学史［M］．杭州：中国美术学院出版社，2008.
6. 大村西崖．中国美术史［M］．陈彬和译．北京：商务印书馆，1926.
7. 范景中．美术史的形状Ⅰ：从瓦萨里到 20 世纪 20 年代［M］．傅新生，李本正译．杭州：中国美术学院出版社，2002.
8. 范景中．美术史的形状Ⅱ：西方美术史的文献和书目［M］．王彤编著．杭州：中国美术学院出版社，2002.
9. 范景中．附庸风雅和艺术欣赏——纪念贡布里希诞辰一百周年［M］．杭州：中国美术学院出版社，2009.
10. 方万里、罗浚．宝庆四明志．北京：中华书局，1990.
11. 斐利兰德．艺术与鉴赏［M］．梁春生译．台北：远流出版社，1989.

12. 高居翰 . 中国绘画史［M］. 李渝译 . 台北：雄狮美术印行，1989.
13. 贡布里希 . 艺术发展史——“艺术的故事”［M］. 范景中译 . 林夕校 . 天津：天津人民出版社，1991.
14. 贡布里希 . 艺术与错觉［M］. 范景中，林夕译，杭州：浙江摄影出版社，1987.
15. 贡布里希 . 艺术与科学——贡布里希谈话录和回忆录［M］. 杨思梁，范景中，严善淳译 . 杭州：浙江摄影出版社，1998.
16. 贡布里希 . 秩序感——装饰艺术的心理学研究［M］. 杨思梁，徐一维译 . 杭州：浙江摄影出版社，1987.
17. 辜鸿铭 . 中国人的精神［M］. 黄兴涛；宋小庆译 . 海口：海南出版社 , 2007.
18. 辜鸿铭 . 中国人的精神［M］. 陈高华，杜川，刘刚译 . 西安：陕西师范大学出版社，2007.
19. 林树中 . 海外藏中国历代名画［M］. 长沙：湖南美术出版社，1998.
20. 洪再辛 . 海外中国画研究文选（1950—1987）［M］. 上海：上海人民美术出版社，1992.
21. 詹姆斯・埃尔金斯 . 西方美术史学中的中国山水画［M］. 潘耀昌，顾泠译 . 杭州：中国美术学院出版社，1999.
22. 雷德侯 . 万物：中国艺术中的模件化和规模化生产［M］. 张总，等，译 . 党晟校，北京：生活・读书・新知 三联书店，2005.
23. 雷奈・詹泊尔 . 画商詹泊尔日记［M］. 李嘉熙，文佩琳 . 桂林：广西师范大学出版社，2003.
24. 利玛窦・金尼阁 . 利玛窦中国札记［M］. 何高济，王遵仲，李申译 . 北京：中华书局，1983.
25. 卢辅圣 . 中国书画全书：第一册［M］. 上海：上海书画出版社，2000.
26. 迈克尔・苏立文 . 东西方美术的交流［M］. 陈瑞林译 . 南京：江苏美术出版社，1998.

27. 迈克尔·苏立文．山川悠远——中国山水画艺术［M］．洪再新译．广州：岭南美术出版社，1989.
28. 韦一空．之间：中西艺术赏析比较［M］．王人德译．香港：中文大学出版社，2007.
29. 沃尔特·佩特．文艺复兴：艺术与诗的研究［M］．张岩冰译，桂林：广西师范大学出版社，2000.
30. 吴其尧．庞德与中国文化——兼论外国文学在中国文化现代化中的作用［M］．上海：上海外语教育出版社，2006.
31. 吴泽义．威尼斯画派［M］．北京：人民美术出版社，1990.
32. 张锡坤．佛教与东方艺术［M］．严北溟顾问．长春：吉林教育出版社，1989.
33. 严建强．十八世纪中国文化在西欧的传播及其反应［M］．杭州：中国美术学院出版社，2002.
34. 颜娟英．美术与考古：上册［M］．北京：中国大百科全书出版社，2005：第299页．
35. 杨仁恺．国宝沉浮录［M］．上海：上海人民美术出版社，2008.
36. 杨仁恺．中国书画鉴定学稿［M］．沈阳：辽海出版社，2000.
37. 约翰·赫伊津哈．中世纪的衰落［M］．刘军，等，译．杭州：中国美术学院出版社，1997.
38. 沃伦·科恩．东亚艺术与美术文化——从国际关系视角研究［M］．段勇译注．北京：科学出版社，2007.
39. 张坚．视觉形式的生命［M］．杭州：中国美术学院出版社，2004.
40. 宗白华．艺境［M］．合肥：安徽教育出版社，2000.
41. 朱光潜．西方美学史［M］．北京：人民文学出版社，2002.

二、英文参考书目

1. Benson, *A.C. English Men of Letters: Walter Pater*. London: Macmillan & Co., Limited, 1906.
2. Berenson, Bernard. *Aesthetics and History in the Visual Arts*. New York:
3. Pantheon Books Inc., 1948.
4. Berenson, Bernard. *A Sienese Painter of the Franciscan Legend*. London: J.M. Dent and Sons, Ltd., 1910.
5. Berenson, Bernard. *Caravaggio, His Incongruity and His Fame*. London: Chapman & Hall, 1953.
6. Berenson, Bernard. *Italian Pictures of the Renaissance*. Oxford: Clarendon Press, 1932.
7. Berenson, Bernard. *Lorenzo Lotto: An Essay in Constructive Art Criticism*. New York: G. P. Putnam' s Sons, 1895; rev.ed., London: George Bell and Sons, 1901.
8. Berenson, *Bernard. One Year's Reading for Fun: 1942*. New York: Alfred A. Knopf, 1960.
9. Berenson, Bernard. *Rudiments of Connoisseurship: Study and Criticism of Italian Art*. Schocken Books, 1962.
10. Berenson, Bernard. *Rumor and Reflection*. New York: Simon and Schuster, 1952.
11. Berenson, Bernard. *Seeing and Knowing*. London: Chapman and Hall, 1953.
12. Berenson, Bernard. *Sketch for a Self-Portrait*. London: Constable; New York: Pantheon, 1949.
13. Berenson, Bernard. *Sunset and Twilight: From The Diaries of 1947—1958*. New York: Harcourt, Brace and World, 1963.
14. Berenson, Bernard. *The Passionate Sightseer*. New York: Simon and

Schuster, 1960.

15. Berenson, Bernard. *The Study and Criticism of Italian Art, 3rd ser.* London: George Bell and Sons, 1916.
16. Berenson, Bernard. *The Italian Painters of the Renaissance*. London: The Phaidon Press, 1952.
17. Berenson, Bernard. *The Italian Painters of the Renaissance*. London: The Phaidon Press, 1980.
18. Berenson, Bernard. *Three Essays in Method*. Oxford: Clarendon Press, 1926.
19. Berenson, Bernard. *Venetian Painting in America: The Fifteenth Century*. New York: Frederick Sherman, 1916.
20. Berlyne, *D.E. Aesthetics and Psychobiology*. New York: Meredith Corporation, 1971.
21. Binyon, Laurence. *The Flight of the Dragon*. London: John Murray, 1911.
22. Brooks, Van Wyck. *Fenollosa and His Circle with Other Essays in Biography*. New York: E.P. Dutton & Co., Inc., 1962.
23. Brown, David Alan. *Berenson and the Connoisseurship of Italian Painting: A Handbook to the Exhibition*. Washington: National Gallery of Art, 1979.
24. Calo, Mary Ann. *Bernard Berenson and the Twentieth Century*. Philadelphia: Temple University Press, 1994.
25. Carrier, David. *Artwriting*. Amherst: The Univeisity of Massachusetts Press, 1987.
26. Clark, Kenneth. *A Self-portrait: Another Part of the Wood*. London: Hamish Hamilton Ltd., 1985.
27. Clark, Kenneth. *A Self-portrait: The Other Half*. London: John Murray Ltd., 1977.

28. Clark, Kenneth. *The Nude: A Study in Ideal Form*. London: John Murray Ltd., 1956.

29. Cohen, Warren I. *East Asian Art and American Culture: A Study in International Relations*. New York: Columbia University Press, 1992.

30. Friedländer, Max J. *On Art and Connoisseurship*. Boston: Beacon Press, 1942.

31. Gibson-Wood, Carol. *Jonathan Richardson: Art Theorist of the English Enlightenment*. New Haven: Yale University Press, 2000.

32. Gibson-Wood, Carol. *Studies in the Theory of Connoisseurship from Vasari to Morelli*. New York: Garland, 1988.

33. Ginsburg, Carlo. *Myths, Emblems, Clues*. London: Hutchinson Radius, 1990.

34. Gombrich, E.H. *Art and Illusion: A Study in the Psychology of Pictorial Representation*. London: The Folio Society, 2000.

35. Gombrich, E.H. *The Story of Art*. London: Phaidon Press Limited, 1995.

36. Goldfarb, Hilliard T. *The Isabella Stewart Gardner Museum: A Companion Guide and History*. Boston: Yale University Press, 1995.

37. Gu Hongming. *The Spirit of the Chinese People*. Beijing: Foreign Language Teaching and Research Press, 1999.

38. Hadley, Rollin V.N., ed. *The Letters of Bernard Berenson and Isabella Stewart Gardner, 1887—1924*. Boston: Northeastern University Press, 1987.

39. Holly, Michael Ann. *Panofsky and the Foundations of Art History*. New York: Cornell University Press, 1984.

40. Kaiser, Walter, ed. *I Tatti Studies: Essays in the Renaissance, Volume 7*. Italy: Florence, 1997.

41. Kiel, Hanna, ed. *The Bernard Berenson Treasury, 1887—1958*. New York: Simon and Schuster, 1962.

42. Ku Hung-Ming. *The Spirit of the Chinese People.* Peking: The Peking Daily News, 1915.
43. Liotard, Jean-Etienne. *Traité des Principes et des Règles de la Peinture*, Geneve: Pierre Cailler Editeur, 1945.
44. Lipps, T. *Psychologische Studien*. Heidelberg: Weiss, 1885.
45. Mariano, Nicky. *Forty Years with Berenson*. London: Hamish Hamilton Ltd., 1966.
46. McComb, A.K.,ed. *The Selected Letters of Bernard Berenson*. Boston: Houghton Mifflin, 1963.
47. Menzies, Gavin. *The Year a Magnificent Chinese Fleet Sailed to Italy and Ignited the Renaissance*. New York: Harper Collins Publishers, 2008.
48. Morelli, Giovanni. *Kunstkritische Studien über Italienische Malerei; Die Galerien Borghese Und Doria Panfili in Rom*. Leipzig: Brockhaus, 1890.
49. Morelli, Giovanni. *De La Peinture Italienne: Les Fondements De La Théorie De L'attribution En Peinture, À Propos De La Collection Des Galeries Borghèse Et Doria-Pamphili*. Paris: Lagune, 1994.
50. Morelli, Giovanni. *Della Pittura Italiana: Studii Storico Critici, Di Giovanni Morelli (Ivan Lermolieff)*.Milano: Fratelli Treves, 1897.
51. Origo, Iris. *Images and Shadows*. London: John Murray Ltd., 1970.
52. Pater, Walter. *The Renaissance: Studies in Art and Poetry*. London: Macmillan And Co., Limited, 1873.
53. Petrucci, Raphael. *Chinese Painters: A Critical Study*. New York: Brentano's Publishers, 1920.
54. Pound, Ezra. *Ernest Fenollosa: The Chinese Written Character as a Medium for Poetry*. San Francisco: City Lights, 1969.
55. Richardson, Jonathan. *Two Discourses: Essay on the Whole Art of*

Criticism as it Relates to Painting and an Argument in Behalf of the Science of the Connoisseur. London: Black-Swan, 1719.

56. Rosenberg, Jakob. *On Quality in Art: Criteria of Excellence, Past and Present*. New Jersey: Princeton University Press, 1967.
57. Saltzman, Cynthia. *Old Masters, New World: America's Raid on Europe's Great Pictures*. New York: Penguin Books Ltd., 2008.
58. Samuels, Ernest. *Bernard Berenson: The Making of a Connoisseur*. Boston: The Belknap Press of Harvard University Press, Fourth Printing, 1981.
59. Samuels, Ernest. *Bernard Berenson: The Making of a Legend*. Boston: The Belknap Press of Harvard University Press, Fourth Printing, 1987.
60. Secrest, Meryle. *Being Bernard Berenson：A Biography*. New York: Holt, Rinehart and Winston, First Edition, 1979.
61. Simpson, Collin. *Artful Partners: Bernard Berenson and Joseph Duveen*. New York: Macmillan, 1987. Published in England as The Partnership: The Secret Association of Bernard Berenson and Joseph Duveen. London: Bodley Head, 1987.
62. Sirén, Osvald. *Essentials in Art*. New York: John Lane Company, 1920.
63. Sirén, Osvald. *The Chinese on the Art of Painting*. New York: Schocken Books, Inc., 1963.
64. Sullivan，Michael. *Symbols of Eternity: The Art of Landscape Painting in China*. Oxford: Clarendon Press, 1979.
65. Sullivan，Michael. *The Meeting of Eastern and Western Art: From the Sixteenth Century to the Present Day*. London：Thames and Hudson Ltd. ,1973.
66. Sprigge, Sylvia Saunders. *Berenson: A Biography*. London: Allen & Unwin, 1960.
67. Traherne, Thomas. *Centuries of Meditations*. New York: Cosimo, Inc.,

2007.

68. Trevor-Roper, Hugh. *Letters from Oxford: Hugh Trevor-Roper to Bernard Berenson*. London: Weidenfeld & Nicolson, 2006.
69. Turner, Jane, ed. *The Dictionary of Art*. London: Macmillan Publishers Limited, 1996.
70. Turner, Richard. *Inventing Leonardo*. New York: Alfred A. Knopf, Inc., 1993.
71. Wind, Edgar. *Art and Anarchy, 3rd ed*. Evanston: Northwestern University Press, 1985.
72. Wollheim, Richard. *On Art and the Mind: Essays and Lectures*, London: Allen Lane, 1973.
73. Wollheim, Richard. *Painting as an Art*. London: Thames and Hudson Ltd., 1987.

三、参阅的中文学术期刊

1. 曹意强 . 欧美艺术史学史与方法论［J］. 新美术，2001（1）：27—37.
2. 方闻 . 西方的中国画研究 . 朵云第（52 集），中国画研究方法论 .
3. 贡布里希 . 欧洲接受远东艺术小史［J］. 艺术史研究（第一辑），1999：13—37.
4. 孔令伟 . 夷画・儒画——17、18 世纪海西法在不同人群中的反应［J］. 新美术，2002（4）：58—65.
5. 邵宏 . 中国画学域外传播考略［J］. 新美术，2009（1）：52—64.
6. 逸弓 . 欧洲对远东艺术的欣赏：一个历史纲要［J］. 新美术，1997（3）：33—43.

四、 参阅的英文学术期刊

1. Calo, Mary Ann. “The ‘Protean Acrobat of Painters’ and the ‘Ostentation of the Obvious’ : Bernard Berenson on Modern Art” , *Archives of American Art Journal*, Vol. 34, No. 2(1994), pp. 2—10.
2. Carrier, David. “In Praise of Connoisseurship” , *The Journal of Aesthetics and Art Criticism 61, No. 2*, 2003, pp.159—169.
3. Carrier, David. “Walter Pater' s ‘Winckelmann’ ” , *Journal of Aesthetic Education*, Vol.35, No. 1 (Spring, 2001), pp.99—109.
4. Clark, Kenneth. “Bernard Berenson” , *The Burlington Magazine 102*, No. 690(September 1960): pp. 381—386.
5. Clark, Kenneth. “Thoughts of a Great Humanist” , The Burlington Magazine, Vol. 91, No. 554 (May, 1949), pp.144—145.
6. Cole, Herbert M. “A Crisis in Connoisseurship” , African Arts: Vol. 36, No. 1, 2003, pp. 1—8.
7. Court, Franklin E. “The Matter of Pater’ s ‘Influence’ on Bernard Berenson: Setting the Record Straight” , *English Literature in Transition, 1983, Vol. 26, Issue 1*, pp. 16—22.
8. Ebitz, David. “Connoisseurship as Practice” , Artibus et Historiae 9, No. 18 (1988): pp. 207—212.
9. Finsten, Jill. “A Self-portrait by Jonathan Richardson” , *The J. Paul Getty Museum Journal*, Vol.21 (1993), pp. 43—54.
10. Freedberg, David. “Why Connoisseurship Matters” , *Munuscula Discipulorum: Essays in Honour of Hans Vlieghe*, Turnhout: Brepols, 2006, pp. 29—43.
11. Freedberg, Sydney J. “Berenson, Connoisseurship and the History of Art” , *New Criterion 17*, February 1989, pp.7—16.
12. Freedberg, Sydney J. “Some Thoughts on Berenson, Connoisseurship,

and the History of Art” , *I Tatti Studies: Essays in the Renaissance*, 1989, pp. 11—26.

13. Freitag, Wolfgang M. “Early Uses of Photography in the History of Art” , Art Journal 39, No. 2 (Winter, 1979—1980): pp.117—123.
14. Gibson-Wood, Carol. “Jonathan Richardson and the Rationalization of Connoisseurship” , *Art History VII* , 1984, pp.38—56.
15. Gilmore, Myron P. “The Berensons and Villa I Tatti” *Proceedings of the American Philosophical Society 120*, No. 1 (February 5, 1976): pp. 7—12.
16. Ginzburg, Carlo, “Clues: Roots of a Scientific Paradigm Theory and Society” , Vol. 7, No. 3, 1979, pp. 273—288.
17. Ginzburg, Carlo. “Morelli, Freud and Sherlock Holmes: Clues and Scientific Method” , *History Workshop*, No. 9 (Spring, 1980), pp. 5—36.
18. Maginnis, Hayden B. J. “The Role of Perceptual Learning in Connoisseurship: Morelli, Berenson, and Beyond” , *Art History 13* (March 1990): pp. 104—117.
19. Neer, Richard. “Connoisseurship and the Stakes of Style.” *Critical Inquiry 32*, No. 1 (Autumn 2005): pp. 1—26.
20. Pyne, Kathleen. “Portrait of a Collector as an Agnostic: Charles Lang Freer and Connoisseurship” , *The Art Bulletin*, Vol. 78, No. 1(Mar., 1996), pp. 75—97.
21. Ralli, Augustus. “Pater the Humanist” , *The North American Review*, Vol. 201, No. 711 (Feb., 1915), pp. 217—222.
22. Soucek, Priscilla P. “Walter Pater, Bernard Berenson, and the Reception of Persian Manuscript Illustration” , *Anthropology and Aesthetics*, No. 40 (Autumn, 2001), pp. 112—128.
23. Steefel, Lawrence D. “Review of ‘Rumor and Reflection’ by Bernard

Berenson" , *The American Historical Review*, Vol. 58, No. 4(Jul., 1953), pp.871—872.

24. Törmä, Minna, "Enchanted by Lohans in Boston: Tales of Osvald Sirén's Encounter with Chinese Art" , M. K. 2009, pp.55—67.

25. Wollheim, Richard. "Giovanni Morelli and the Origins of Scientific Connoisseurship" , *in On Art and the Mind: Essays and Lectures*, London: Allen Lane, 1973, pp. 176—201.

附录一　伯纳德·贝伦森简略年谱

[A Brief Chronology of Berenson's Life]

1865 年　伯恩哈德出生（Bernhard Valvrojenski，也就是后来的贝伦森）。

1874 年　伊凡·莱莫利耶夫（Ivan Lermolieff，即莫雷利）的文章出版。

1875 年　贝伦森 10 岁，随家人移民美国波士顿。

1884 年　贝伦森进入哈佛大学就读。

1887 年　贝伦森从哈佛大学毕业，在朋友的资助下，于同年 6 月启程前往欧洲留学。

1888 年　贝伦森第一次到意大利，在意大利多个城市游历，欣赏艺术，并喜欢上这里。

1890 年　贝伦森在伦敦求学。

1891 年　玛丽·科斯特洛（Mary Costelloe）与贝伦森一起住在佛罗伦萨。

1894 年《文艺复兴的威尼斯画家》一书出版；亨利·杜维恩和贝伦森在纽约首度会面。

1895 年　伦敦的新画廊举办了由约瑟夫·杜维恩组织的威尼斯画派展览，贝伦森自己给出了与展览方提供的目录几乎完全不同的鉴定结果，贝伦森从此名声大噪；伊莎贝拉·斯图尔特·加德纳（Isabella Stewart Gardner）和贝伦森达成正式的协议，他负责帮加德纳夫人在欧洲买画。

1900 年 玛丽·皮尔索尔·史密斯与贝伦森结婚。

1905 年 埃诺尔的收藏品（Hainauer Collection）全部被杜维恩收购。

1907 年 贝伦森成功购买了伊塔蒂别墅；约瑟夫·杜维恩的父亲乔尔·杜维恩把透纳厅（Turner Hall）捐赠给泰特美术馆。

1912 年 签订了贝伦森—杜维恩之间的合同关系。

1917 年 贝伦森与约瑟夫·杜维恩在巴黎会面，检查和研究锡克勒的收藏品。

1919 年 亨利·杜维恩去世；约瑟夫·杜维恩成为杜维恩爵士。

1922 年 爱德华·福勒斯（Edward Fowles）与贝伦林在柏林碰面，为订立新合同展开新一轮谈判；约瑟夫·杜维恩要求对德累彻的收藏品（Dreicer Collection）进行估价。

1923 年 杜维恩和哈恩夫人之间的官司举行听证会，贝伦森应杜维恩之邀作为第一证人出庭作证，从而人们才渐渐知道贝伦森与杜维恩之间的秘密合作关系。

1924 年 伊莎贝拉·斯图尔特·加德纳去世。

1925 年 肯尼思·克拉克（Kenneth Clark）前往伊塔蒂别墅拜访贝伦森。

1926 年 杜维恩爵士对泰特美术馆进行扩建；玛丽前往伦敦去讨要杜维恩所欠的款项；对贝伦森与杜维恩之间的秘密账本进行了更新。

1927 年 尤利斯·巴赫（Jules Bache）在伊塔蒂别墅做客；杜维恩爵士被授封准男爵。

1928 年 安德鲁·梅隆（Andrew Mellon）和杜维恩爵士一起参观伦敦国家美术馆；贝伦森与杜维恩之间签订了新的协议。

1929 年 杜维恩爵士加入伦敦国家美术馆董事会；杜维恩和哈恩

夫人一案最终庭外和解。

1930 年 肯尼思·克拉克在伯林顿宫（Burlington House）举办“意大利绘画展”。

1932 年 多丽斯（Doris）协议得到更新；贝伦森、妮基·玛丽安诺（Nicky Mariano）和杜维恩爵士在维也纳会面。

1934 年 肯尼思·克拉克成为伦敦国家美术馆馆长；安德鲁·梅隆（Andrew Mellon）辞世。

1938 年 贝伦森与杜维恩合作关系终结。

1940 年 杜维恩爵士去世。

1945 年 贝伦森的夫人玛丽去世。

1959 年 贝伦森辞世。

附录二　Books by Bernard Berenson

1. Venetian Painters of the Renaissance (1894)
2. Lorenzo Lotto, An Essay in Constructive Art Criticism (1895)
3. Florentine Painters of the Renaissance (1896)
4. Central Italian Painters of the Renaissance (1897)
5. The Study and Criticism of Italian Art (3 volumes: 1901; 1902; 1916)
6. The Drawings of the Florentine Painters (1903)
7. North Italian Painters of the Renaissance (1907)
8. Sassetta, Sienese Painter of the Franciscan Legend (1909)
9. Catalogue of the Italian Masters in the J.G. Johnson Collection (1913)
10. Venetian Painting in America: The Fifteenth Century (1916) (Italian edition, 1919)
11. Catalogue of Italian Masters of the Widener Collection (1916)
12. Essays in the Study of Sienese Painting (1918)
13. Three Essays in Method (1926)
14. Studies of Medieval Painting (1930)
15. Introductory Essay to the Speculum Humanae Salvationis of
16. the Riches Collection (1927)
17. The Italian Painters of the Renaissance (1932)
18. The Italian Pictures of the Renaissance (1932)

19. Metodo e Attribuzioni (1947)
20. Aesthetics and History in the Visual Arts (1948)
21. Sketch for a Self-Portrait (1949)
22. Echi e Riflessioni (1950)
23. Piero della Francesca o Dell' arte non Eloquente (1950)
24. Del Caravaggio, delle sue Incongruenze e della Sua Fama (1951)
25. Alberto Sani, An Artist Out of His Time (1951)
26. Vedere e Sapere (1951)
27. Rumor and Reflection (1952)
28. L' arco di Costantino e la Decadenza della Forma (1952)

伯纳德·贝伦森的著作

1. 《文艺复兴时期的威尼斯画家》(1894)
2. 《洛伦佐·洛托：论构建艺术批评》(1895)
3. 《文艺复兴时期的佛罗伦萨画家》(1896)
4. 《文艺复兴时期的意大利中部画家》(1897)
5. 《意大利艺术的研究与批评》(三卷本，1901、1902、1916 出版)
6. 《佛罗伦萨画家素描集》(1903)
7. 《文艺复兴时期的意大利北部画家》(1907)
8. 《方济各会传说中的一位锡耶纳画家》(1909)
9. 《J. G. 约翰森收藏品中意大利大师作品目录》(1913)
10. 《美国收藏的威尼斯绘画》(英文版，1916) (意大利文版，1919)
11. 《锡耶纳绘画研究文集》(1918)
12. 《怀德纳收藏品中意大利大师作品目录》(1916)
13. 《方法三论》(1926)
14. 《瑞奇斯收藏品中人间救济之镜的介绍文章》(1927)
15. 《中世纪绘画研究》(1930)

16.《文艺复兴时期的意大利画家》(1932)
17.《文艺复兴时期的意大利绘画》(1932)
18.《方法与归属》(意大利文版，1947)
19.《视觉艺术中的美学与历史》(1948)
20.《自画像速写》(1949)
21.《谣言与反思》(意大利文版，1950)
22.《皮耶罗·德拉·弗朗切斯卡》(1950)
23.《卡拉瓦乔：格格不入与声名显赫》(意大利文版，1951)
24.《杰出的艺术家：阿尔贝托·萨尼》(1951)
25.《所见与所知》(意大利文版，1951)
26.《谣言与反思》(1952)
27.《君士坦丁凯旋门和形式的衰落》(意大利文版，1952)
28.《卡拉瓦乔：格格不入与声名显赫》(英文版，1953)

伯纳德·贝伦森逝世之后出版的遗著

1. 《悦读的一年：1942》(1960)
2. 《兴致盎然的游历者：选自 1947—1956 年的日记》(1960)
3. 《日落与黄昏：选自 1947—1958 年的日记》(1963)
4. 《与贝伦森对话》(1965)(由翁贝托·莫拉记录而成)
5. 《无家可归的文艺复兴绘画作品》(1969)(由汉纳·基尔编辑而成)
6. 《与伯纳德·贝伦森一起赏画》(1974)(根据 J. 卡特·布朗个人回忆写成)

附录三　暮年时的贝伦森

附录四　鉴定家的眼睛
——从贝伦森的日记中走进风景

1963 年 2 月，伯纳德·贝伦森的管家妮基·玛丽安诺（Nicky Mariano）在《日落与黄昏》（*Sunset and Twilight*）这本书的结语处写道："时至今日，我依然记得这样一件特别愉快的事情，有一天傍晚哈罗德·阿克顿（Harold Acton）带着他的朋友中国学者陈世骧（Chen Shi-hsing，1912—1971）[1] 和他年轻貌美的妻子前来伊塔蒂庄园拜访贝伦森，当时陈太太身穿中国旗袍，非常优雅、赏心悦目。贝伦森与陈世骧畅谈中国文学，并且饶有兴致地聆听他吟唱中国的小曲。"[2] 可见他们当时交流的气氛有多么融洽。尽管妮基在原文中描述陈太太穿着"以中国现代手法裁剪的白色刺绣缎面礼服"，但考虑到中西文化方面的差异，我们还是有理由推测她穿着的大概是"旗袍"。而且如果查阅《夏志清夏济安往事杂忆》一文，就能够读到"陈太太身材窈窕，穿着华丽的旗袍，非常耀眼"等相关的描述，因此可以从中得到印证；至于陈世骧在与贝伦森畅谈中国文学的过程中为什么会突然唱起中国的小曲，起初我以为陈世骧为贝伦森吟唱起唐诗宋词或者古典戏曲中的选段，但是后来经过仔细的推敲，发现事实可能并非如此。当时实际的情况应该是因为 1943 年陈世骧与当时的妻子——著名钢琴家姚锦新合作编译的《花鼓及其他中国歌曲》（*The Flower Drum and Other Chinese Songs*）由纽约的约翰·戴公司（John Day Company）出版（图 5.1a），美国传奇女作家赛珍珠（Pearl S. Buck）还特地为本书撰写了序言，20 世纪四五十年

图5.1a 《花鼓及其他中国歌曲》书影

图5.1b 陈世骧与贝伦森在伊塔蒂庄园的合影

图5.1c 哈罗德·阿克顿

图5.1d 英文版《桃花扇》书影

代这本歌谣集在美国还是有一定的影响力，所以陈世骧给贝伦森哼唱的曲子或许就是出自这本歌谣集。不过如果在谈论中国文学的过程中吟唱唐诗宋词或戏剧选段也是比较合理的。通过这些细节我们可以还原他们当年交谈时大致的情景，这是我所了解的最早到伊塔蒂庄园与贝伦森进行面对面交流的中国学者。对于贝伦森的管家妮基而言，把旗袍这个可以作为优雅的东方之美的象征符号称为“礼服”以及把作为中国文化的象征的唐诗宋词或元曲称为吟唱“小曲”，则代表着普通的西方观众对中国文化艺术及其内涵在当时的认识和了解尚且不够，接受和吸收也需要一个过程。贝伦森很享受欣赏东方艺术的过程，作为鉴定家他的审美眼光是敏锐的，并且通过英国汉学家亚瑟·韦利（Arthur Waley）等人的文学翻译，他对中国文化也有一定的了解，所以与中国学者陈世骧的沟通交流比较顺畅。

哈罗德·阿克顿在“二战”之后移居意大利，一直是贝伦森交游圈中一位关系密切的朋友，他在佛罗伦萨近郊拥有古老而豪华的彼得拉庄园（Villa La Pietra），与贝伦森的伊塔蒂庄园毗邻而居。1950 年底，正是通过自己的老师哈罗德·阿克顿的引荐，陈世骧结识了贝伦森，并且在 1951 年 2 月至 1958 年 4 月这段时间，陈世骧与贝伦森之间经常有书信方面的往来。在陈世骧写给贝伦森的一封信中，谈及自己对贝伦森珍藏的李公麟《山庄图》摹本的看法。直至今日，这些信函依然完好无损地保存于伊塔蒂图书馆的档案室内。哈罗德·阿克顿在回忆录《唯美者之忆》（*Memoirs of an Aesthete*）中曾经表示自己的前世就是一个中国人。阿克顿希望自己能够在中国找到精神家园，他对中国的古典文化和传统艺术有着一种发自内心的痴迷，并且信奉中国的宗教。康有为的女儿康同璧曾为阿克顿创作了一幅《罗汉打坐图》（图 5.2）。阿克顿也曾提及自己觉得贝伦森的气质“特别接近于中国清朝时期的老式文人”，由此不难理解当阿克顿首次带着陈世骧前往伊塔蒂庄园拜访贝伦森时，他们就一见如故，惺惺相惜，并且在 1951 年元旦前后，陈世骧应贝伦森之邀在伊塔蒂庄园小住数日。（5.1b）

1976年，当时担任美国加州大学伯克利分校教授的陈世骧和英裔意大利作家阿克顿合作翻译了清初戏曲家孔尚任的代表作《桃花扇》，经由著名汉学家白之（Cyril Birch）补充整理之后由位于伯克利的加州大学出版社正式出版发行。毋庸置疑，陈世骧、阿克顿、白之这三位学者合作翻译完成的《桃花扇》（*Peach Blossom Fan*）英文译本（图5.1d），还是很忠实于原著的。因为在此之前英美读者能够接触到的英译中国古典戏剧寥寥无几，并且翻译乏善可陈，可读性差，而《桃花扇》的这个英译本颇具开拓性，是在美国出版的明清时期同类戏剧作品中第一个完整的译本，尤其难能可贵的一点是真正地做到了雅俗共赏。他们卓有成效地将《桃花扇》中诸多文化元素传递给英文读者，帮助他们加深对这部古典戏剧中所包含的中国传统文化内涵的认知，并将中国传统的戏剧艺术较为形象生动地呈现给西方读者。

图5.2　康同璧为阿克顿绘制的《罗汉打坐图》

其实，贝伦森对中国的文化和艺术一直保持着浓厚的兴趣，我们从他在1958年3月11日——当时已是93岁高龄——仍然在思考的问题就能够一目了然，这件事情也详细地记录在他的日记《日落与黄昏》当中：“下了一整夜的皑皑白雪，把意大利的风景转化为中国式的景致。倘若没有随处可见的赤褐色斑点，必定只有柏树的苍翠才能抵御天地间的那片苍茫。为什么中国人特别热衷于表现那样一种风景？难道从技法角度而言，就无法做得更好？抑或他们宁愿选择某种事物来反映自身的那种单调、乏味的生活？如果不是这样，那又是为何？或者它是为了表现无限与永恒，表现川流不息奔向无边无垠、烟波浩渺的沧海，正如他们绝大多数单一色调的水墨所表现出来的那样？中国的山水画似乎是本土发展起来的，换言之，我无法辨认出它究竟受到何种外来因素的影响。反正肯定不会像其人物画一样，早先受到希腊艺术的影响，据我所知，希腊艺术直至拜占庭艺术，从未演变成严格意义上的山水画，甚至在背景中也没有表现出中国式的苍茫与无垠，表现中国式的旷野、岩石、溪流、山岳、草地、河流！这在艺术史上，似乎是一个不解之谜，然而它却令我非常好奇。尽情地欣赏，而不是殚精竭虑地思考究竟是'如何'还是'为何'之类的问题，对我而言或许是更好的选择。倘若我能够控制住自己想去了解以及去感受的渴望，而是通过自身的感受去细细体悟即可。"[3] 从贝伦森对中国画深入的思索以及不断的设问当中，我们可以读到他心中的困惑与不解，看出他陷入一种哲学式的沉思当中。又如贝伦森在《日落与黄昏》这本书1950年1月8日的日记中还描写道："一场白色的浓雾笼罩着整个阿尔诺河谷，使之更像预先设定好的风景而非庞贝式的景观，也不似中国式的景物而是更具隐约朦胧之感。这一切看起来像是一幅更加浓墨重彩的修拉画作。我抬眼望出窗外，目之所及往往即是一幅画作，而这次则是一幅素描。近处的树木在乳白色雾气的映衬下露出鲜明而精致的轮廓。从浓郁的雾色中，远处的柏树隐约地呈现出立体而非总体的样貌，却比平时更显庄严肃穆。雾霭与飘雪使景致变得更加气象万千、富于意境。"[4] 从这些文字中，我们也可以感受到贝伦森作为一个卓越的艺术鉴赏家与生俱来的那种敏锐的艺术洞察力。透过他的眼睛看到的自然和风景往往与普通人大相径庭，他眼中的世界，都是风景皆成画作，时常渗透着他对艺术的思索。然而，从他这些日记的字里行间，可以看出他其实并没有从真正意义上走入中国山水画，并没有真正理解中国传统的哲学思想，只能从自己以往欣赏西方绘画的角度和经验来尽量加以体悟，因而就无法真正理解和领会中国山水画的韵味和意境。

曾经在北京生活过7年，更了解中国文化和艺术的阿克顿对中国画的理解也许会更加深刻，他在回忆录《唯美者之忆》中提出了自己的观点，他认为中国画完美地体现了人品与画品的合一；中国画看重的不是外在的技巧和形式，而是内在的精神，因此中国画并非某种技巧的展示，而是“人的整个精神的结晶”，“在欧洲只有在近代人们才开始意识到对于自然的精确模仿并非绘画的第一要旨，而只要我们看一看宋代的山水画，我们就会发现欧洲人还在摸索的那些问题在中国其实早已有了答案”。[5]

可能像潘天寿或施晓湘等先生他们从自身对中国画的创作实践与认知体悟中出发，可以更好地回答贝伦森关于中国山水画的表现方式与色彩等方面的困惑与思考。国画家施晓湘先生于1941年在《新青年》6卷3期8页发表了《潘天寿论画》一文：“作画宜求古雅，全用墨色，不假脂粉，可臻古雅。墨以朱配或配以青赭，亦无伤古雅。画之古雅，不特能陶冶世人品格，且能传之永久，陶冶后世人之品格，名曰寿世之画。若夫吐红抹绿，调金弄粉，华则华矣，丽则丽矣，徒然炫人心目，启人入奢，纵设色精工，姿同蒲柳，不堪持久。在当世尚且难望存真，遑论传后。名曰寿人之画，吾则愿从事于寿世之作。”施晓湘在这篇文章中评论道：“此论精澈入微，剔出国画精髓，可以传之不朽。”其中施先生引用潘老的这一句“作画宜求古雅，全用墨色，不假脂粉，可臻古雅”应该可以很好地回答贝伦森的那个问题：为什么中国的艺术家经常使用单一色彩的水墨来表现中国的山水与景物？中国画往往选择朴素的墨色作为艺术表现的手段，知白守黑、抱朴守拙、虚实相生。尽管贝伦森遍观文艺复兴艺术大师的绘画杰作，但是对于中国人追求的“古雅之作”与“寿世之作”却未必能够完全理解，因为这样的概念之前并不存在于贝伦森的艺术鉴赏和审美词汇当中。譬如中国山水画中“荒寒”“畅神”这样的概念，应该也是贝伦森不一定能够理解的美学概念。中国山水画背后的哲学基础和美学思想，才是造就中国山水画独特面貌的主要因素。与之形成对照的是，1896 年，贝伦森在自己的著作《文艺复兴时期的佛罗伦萨画家》（*Florentine Painters of the Renaissance*）中引进了“触觉值”（Tactile values）的概念以及艺术“提升生命价值”（增强生命力）的功能，这个美学理论在此书介绍乔托和马萨乔（Massaccio）的内容中出现，之后马上成为一个时代的流行语。贝伦森受威廉・詹姆斯的《心理学原理》一书的启发，从心理学而非哲学层面来解释我们对艺术之美的快乐体验。真正懂艺术的人在艺术面前往往会感受到强烈的情感，这种感觉是如此强烈以至于他们不仅在身体方面，同时也会在心理与情感方面受到震撼。这就是贝伦森为什么会提出“触觉值”和“提升生命价值”等观念的原因。

与中国传统绘画艺术不同的是意大利文艺复兴时期的绘画作品一直都是以人作为绘画题材的核心，风景通常只是作为人物的背景或陪衬呈现，占主要角色的还是人物本身。然而，即便对许多作品背景中描绘的远山或晴空只是不经意的惊鸿一瞥，也会觉得意趣盎然。比如提香的画作《酒神巴库斯与阿里阿德涅》（*Bacchus and Ariadne*，图 5.3a），人物背后的树木、前景中的花草以及位于画面左下角那一团揉得发皱的布料中间的铜瓶，都是经过精心的构思，背景中的远山、大海以及蓝天也让人颇有赏心悦目之感。再如贝伦森在点评文艺复兴时期的画家乔尔乔内笔下颇具诗意且神秘的风景时，他写道：“乔尔乔内的画作是盛期文艺复兴的完美反映”，他的作品最大的特征是“优美的风景……光和色彩的效果，以及人与人之间关系的和谐”。[6] 阿尔布雷希特・丢勒（Albrecht Dürer）的好友约阿希姆・帕蒂尼尔（Joachim Patinir，1480—1524）则是第一位把风景作为画面的主要元素进行描绘的佛兰德斯画家，就连丢勒也对帕蒂尼尔在风景画方面的成就加以推崇，把他称为“优秀的风景画家”。例如《圣哲罗姆与风景》（*Landscape with St.Jerome*，图 5.3b）就是这样一幅作品。无论帕蒂尼尔作品中的风

图5.3a 巴库斯与阿里阿德涅

图5.3b 圣哲罗姆与风景

景是他想象和虚构出来的，还是画家再现了迪南（Dinant）地区相似的景致，似乎都可以找到合理的解释方式。对于前一种情况，伯纳德·贝伦森在自己的著作《视觉艺术中的美学与历史》一书对于风景这一小节的结语处，写道："风景如同音乐一样可以释放情感与梦想而不是刺激观察，对于塞尚及其 19 世纪的法国前辈而言正是如此，对于 17 世纪的荷兰画家以及宋代的中国画家而言，这同样适用。"[7] 而乔舒亚·雷诺兹则在《讲演录》第十一讲中写道："风景画家并不是为艺术鉴赏家或者自然主义者活着，而是为了生命和自然的观察者而存在的。"雷诺兹的这个观点也得到了拉斯金的赞同。

迈珂·苏立文（Michael Sullivan）在《山川悠远：中国山水画艺术》（*Symbols of Eternity: The Art of Landscape Painting in China*）的导论中提到："由于许多学者，尤其是中国、日本以及美国等地学者们的努力，如今我们已经不会像宾雍和费诺罗萨那样，把中国画当作莫名其妙的诗兴发作；也不会像伯纳德·贝伦森那样，因为中国画缺少他所强调的艺术精华——'触觉值'，就对中国画失去兴趣。"此处贝伦森的本意应该并非对中国画不感兴趣，我们从他在生命行将走到尽头仍然对中国艺术的相关问题进行深入的思索就能够清楚地看出这一点。而且贝伦森在 1935 年 7 月 27 日写给克拉克的信中，还积极地与他商量前往伦敦的伯灵顿堂观赏1935年11月至1936年3月在此举办的中国艺术国际博览会。[8]然而由于中西文化上的隔阂，可能使得他对中国画的欣赏和理解相对比较费劲，从而感到有些审美疲倦（wearisome）。从苏立文关于贝伦森对中国画观感的简短文字当中，我们就可以判断出苏立文当时应该是阅读到贝伦森在1948年出版的著作《视觉艺术中的美学与历史》第240页中的相关描述。其实，贝伦森自己在这本著作的同一段文字中，还非常诚恳地进行自我剖析："我们很难尽情地欣赏一个民族的视觉艺术，除非我们能够很清楚地了解他们的语言、文学、思想观念以及历史渊源。"[9]因此，实际上真正制约贝伦森尽情欣赏中国绘画的一个根本原因，还是在于历史和文化等方面的差异与隔阂。他在文中还提及西方的文献学家意识到自己并没有能力将中国绘画作为艺术进行欣赏，因而只能把它当作图像学的题材进行研究。然而，在贝伦森的心里还是认为在所有的艺术当中，中国古代的山水画能够对其风景进行最有价值的视觉表现，这一成就是以前的西方画家难以企及与超越的。[10]

法国学者艾田蒲（René Étiemble，1909—2002）在他的著作《欧洲之中国》（*L'Europe chinoise，1988*）一书中就提到："博学家们一致承认是贝伦森第一个提出中国艺术是否对锡耶纳画派的形成有过影响：萨塞塔似乎就受到远东的影响。"[11]锡耶纳艺术与远东艺术之间的联系，一直是贝伦森颇感兴趣的问题。早年，贝伦森凭借着敏锐的艺术嗅觉，就觉察出锡耶纳画派的作品中隐约地体现了东方趣味，他从锡耶纳画家萨塞塔的作品中看出它们与中国绘画在表现精神性方面的相似之处。其实他早在1903年就在《伯灵顿杂志》上发表的文章并且在1909年12月出版的专著《一位锡耶纳画家笔下的圣方济各传说》（*A Sienese Painter of the Franciscan Legend*）就提出了14世纪和15世纪初期的锡耶纳画派比欧洲任何一个画派在构图上更加接近于远东的绘画风格。[12]贝伦森对锡耶纳绘画进行了深入的研究，并且在1918年出版了《锡耶纳绘画研究文集》（*Essays in the study of Sienese painting*）。贝伦森把自

图5.4a 伊塔蒂庄园客厅的艺术摆设 英国摄影家塞西尔·比顿（Cecil Beaton）1954年拍摄

图5.4b 《圣方洛各的荣耀》的边框图案（局部）

己对萨塞塔的绘画艺术与远东艺术之间关系的思考和理解通过视觉并置的方式直观地呈现出来。在伊塔蒂庄园贝伦森的客厅里，正中间摆放着文艺复兴时期绘画大师萨塞塔三幅相联的一组祭坛画，它前面的案头上左右两边都摆放着古代东方的雕塑艺术品，左边是一个来自泰国的佛陀青铜头像，右边则是来自中国的菩萨头部石雕。（图 5.4a）贝伦森在伊塔蒂庄园中对自己收藏的文艺复兴绘画作品和东方艺术珍品摆放的位置都做了精心的安排，使它们仿佛能够穿越时间和空间的阻隔，形成一定的并置和呼应关系，这在很大程度上可以丰富观者的视觉想象和精神体验。从贝伦森对家里艺术品的摆设中，我们也可以清晰地感受到东西方艺术在他的观念里已经得到了完美的融合。

事实上，意大利在中世纪一直是地中海地区的贸易枢纽，而且东北部的威尼斯以及托斯卡纳地区的锡耶纳、佛罗伦萨等城市经济尤其发达，位于东西方文化交汇融合之地，与外界往来交流密切。根据美国学者李雪曼和何惠鉴编著的《蒙古人统治下的元代中国艺术［1279—1368），*Chinese Art under the Mongols: The Yuan Dynasty*（1279—

1368）]，如今珍藏于意大利中部翁布里亚地区佩鲁贾圣多梅尼科教堂圣器收藏室的一段丝织品，正是出自教皇本笃十一世（Pope Benedict XI，1240—1304）的宽袖法衣。这段丝织品原产于中国，时间早于1304年，也有可能是在南宋末年。可见当时中国与意大利之间的贸易往来并不罕见。另外，萨塞塔在圣塞波尔克罗（San Sepolcro，圣墓镇）创作的祭坛画边框上的石膏图案，正是仿照元代中国青花瓷的经典图案。（图5.4b）如果将锡耶纳艺术是否受到过远东艺术影响看作是一宗有待破解的案件的话，那么这个细节应该是侦破这个案件谜团的关键。显然，在元代，意大利已经可以看到中国的陶瓷和丝织品及相关的图案。1925年，日本学者矢代幸雄（Yukio Yashiro，1890—1975）在贝伦森的指导下，出版了厚厚的三卷本的《波蒂切利》研究专著。1954年12月3日，贝伦森在写给矢代幸雄的信中，提及波蒂切利快速的、火焰般的塑形线条（modelling line）在欧洲的艺术中几乎是独一无二的，然而自己在日本的绘画中却时常可以看到。尽管贝伦森本人并没有像加德纳夫人那样，亲身前往中国和日本，但他对遥远东方古代的文化艺术的向往之情却是不言而喻的。

英国著名的美术史学者克拉克年轻时（1927—1929）曾是贝伦森的助手，协助他一起重新编订《佛罗伦萨画家素描集》。克拉克后来写了《裸体艺术：理想形式的研究》《风景进入艺术》等著作。在克拉克之前，日本年轻的学者矢代幸雄也曾经是贝伦森的助手。1921年3月，矢代幸雄来到伦敦学习欧洲艺术史，并且在这里结识了劳伦斯·宾雍和亚瑟·韦利，不久之后在宾雍的介绍下认识了贝伦森。1921年秋，他就搬到佛罗伦萨，在贝伦森的指导下对文艺复兴时期的意大利画家波蒂切利进行深入的研究。日本作家川端康成在1968年获得诺贝尔文学奖，他在获奖演说“日本的美与我”中就提到：“矢代幸雄博士以研究波蒂切利闻名于世，精通古今东西方美术，学识尤为渊博。他把‘日本美术的特质’之一，概括为‘雪月花时最怀友’的诗句简洁地表达出来。当自己看到雪之洁，月之明，也就是四季时节的美而触景生情，有所感悟时，或因审美会意而欣然自得时，便会思友怀人，愿与友朋分享此种乐趣。也就是说，由于美的感动，强烈地诱发出对人的怀念之情。”尽管这个“友”字，可以把它看作泛指的“人”。然而，如果具体到某个人，伯纳德·贝伦森无疑是矢代幸雄最为尊敬的师友，我们可以追溯这种思想的轨迹，正如矢代幸雄在1933年9月6日写给贝伦森的信件中就很自然而清晰地流露出这种质朴而真挚的情感：“收到您的来信非常欣喜，因为多年前在伊塔蒂庄园的快乐时光一下子就重现眼前，栩栩如生。我以往伏案勤读的宽敞明亮的图书馆、阳光灿烂的餐厅，过去您让我有机会在那里跟来自天南海北的幽默风趣的各路宾朋交流沟通。在伊塔蒂庄园我把自己努力的方向集中到两个最为重要的问题：如何开心地享受这里的美食以及学会用自己蹩脚的英文与朋友交流。以往的每一个春季，水仙花都会在此处的花园中悄然绽放出金黄色的花蕊，而塞蒂尼亚诺的山坡上则覆盖着郁郁葱葱的橄榄树，站在此地可以一览无余地望见佛罗伦萨的远景……而我对你们以及伊塔蒂庄园的怀想与思念也与日俱增。”

结　语

本文主要是透过贝伦森这位文艺复兴绘画的鉴定大师的眼睛来看风景。印度诗人泰戈尔在《流萤集》中写道：“天空中没有翅膀的痕迹，但我已飞过。”很幸运的是，贝伦森通过自己的日记、书信录和著作留下了自己思想的轨迹。尽管他在日记中并非以常见的、地道的英语表达方式娓娓道来，而是带着强烈的个人印记，天马行空式的行文风格，但这并不妨碍他表达自己敏锐的艺术洞察力，他的所思所想以及对大自然和生命的热爱。

注释

1. 根据书中的拼音Chen Shi-hsing对应的中文应为“陈世兴”，其实陈世骧正确的威托玛式拼音法应该是：Chen Shih-Hsiang。

2. Bernard Berenson, *Sunset and Twilight: From the Diaries of 1947-1958*, New York, 1963, pp.531-2.

3. Bernard Berenson, *Sunset and Twilight: From The Diaries of 1947-1958*.New York, 1963, pp.520-1.

4. Ibid., p.158.

5. Harold Acton, *Memoirs of an Aesthete*. London: Hamish Hamilton Ltd, 1984, p.374.

6. Bernard Berenson, *Italian Painters of the Renaissance*, Oxford, 1952, p.16.

7. Bernard Berenson, *Aesthetics and History in the Visual Arts*, New York, 1948, p.91.

8. Kenneth Clark, *My Dear BB: The Letters of Bernard Berenson and Kenneth Clark 1925-1959*, New Haven and London, 2015, p.170.

9. Bernard Berenson, *Aesthetics and History in the Visual Arts*, New York, 1948, p.240.

10. Ibid., p. 240.

11. 艾田蒲：《中国之欧洲（上卷）》，许钧、钱林森译，广西师范大学出版社，2008年，第89页。

12. Bernard Berenson, *A Sienese Painter of the Franciscan Legend*, London, 1910, p.17.

附录五 挥毫藻思催
——青浦曹氏与宋摹周文矩《宫中图》卷

一

肯尼思·克拉克在自传《自画像：树林的另一边》中记载了这样一件事：

> 夏尔·维涅（Charles Vignier）长期以来一直是经销远东艺术品的主要古董商，他自诩为法国第一个出售中国古代绘画作品的人。尽管他的话颇有自我炫耀的成分，但是他通过以下事实来证明自己所言非虚：他曾经将一个相当精美的明代绘画手卷中题有年代的款识裁掉，把中间部分作为唐代唯一存世的绘画珍品卖给贝伦森先生。[1]

从克拉克记录的这段文字中，我们可以初步了解到正是维涅把这件所谓的“唐代画家”的绘画作品卖给伯纳德·贝伦森。倘若克拉克这段话中提到的绘画手卷真的是《宫中图》，那么维涅所说的精美的“明代绘画手卷”应该表述为“宋代绘画手卷”才对，因为这个手卷的第二部分收藏于克利夫兰艺术博物馆，上面有澹喦居士张澂于南宋绍兴十年（1140）的跋尾，而张澂这则题跋的真实性是毋庸置疑的。从张澂的题跋可以看出，他的书法学苏东坡的痕迹明显，此外，由于他是李公麟的外甥，可能还受到过李公麟书法的影响。张澂的这段题跋

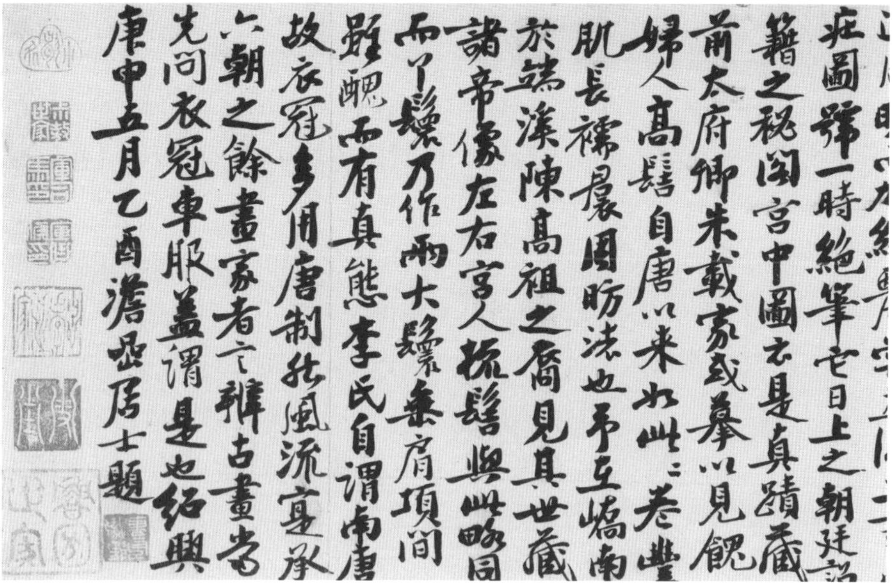

图6.1 《宫中图》张澂题跋

后面则是一枚倒置的白文方印“张澂印章”。因此，这件《宫中图》的临摹必定是早在1140年之前就由宋代画家完成，这一点是确定无疑的。并且，作为《宫中图》卷的第一部分《唐宫春晓图》，从作品本身而言，确实相对比较完整，上面又有董其昌的鉴定，难怪维涅可以把它作为一件唐代的作品卖给文艺复兴绘画的鉴定专家贝伦森。此外，我们能够从哈佛大学意大利文艺复兴研究中心编撰的《伯纳德·贝伦森收藏于伊塔蒂别墅的东方艺术珍品》(*The Bernard Berenson Collection of Oriental Art at Villa I Tatti*)[2] 这本书提及的相关内容得到佐证：贝伦森先生珍藏的那一部分《宫中图》可能是从巴黎的古董商维涅手中购得，因为在伊塔蒂档案室里可以查到1917年1月20日的一张票据中提及“一件唐代的卷轴画”。正是这张票据，加上克利夫兰艺术博物馆珍藏的《宫中图》卷第二部分于1917年首次在大学博物馆展出（可以参照《八代遗珍》第16条注释[3]），这意味着它大致也是在同一个时间段从维涅手中购得，这让人有理由相信这个手卷应该是在20世纪初就被裁成数段的。

1925年5月4日至31日，维涅在法国巴黎举办“东方艺术博览会”时，特地从贝伦森那里复制了这件作品，在展览的图录上，维涅还是把这件作品的年代标注为唐代。1933年8月4日，贝伦森写给矢代幸雄（Yukio Yashiro，1890—1975）的信件里，也提及几年前维涅在巴黎举办中国艺术展时，曾经把他珍藏的《唐宫春晓图》的局部，印在展览的图录中。另外，珍藏于纽约大都会艺术博物馆的这部分《宫中图》，签条上题写的则是《唐杨昇春闺士女图》，此卷原本属于英国伦敦珀西瓦尔·戴维爵士（Sir Percival David）收藏，于1978年4月入藏大都会艺术博物馆，签条上注明的英文名同样还是 *In the Palace*，凡此种种，可以推断出克拉克在其自传中提及的维涅卖给鉴定家贝伦森的所谓“唐画”指的必定是这一卷仿周文矩的《唐宫春晓图》宋摹本无疑。不过，这卷《唐宫春晓图》在1952年1月6日由贝伦森的学生矢代幸雄带回日本请专家进行精心修复和重新装裱，直到1953年4月10日才回到佛罗伦萨的伊塔蒂别墅贝伦森手中。

因此，从以上的文字材料基本可以确定的是维涅把完整的《宫中图》卷裁成数段，其中卖给贝伦森的这一段《唐宫春晓图》和藏于克利夫兰艺术博物馆的卷后附有张澂跋文和印章的第二段《宫中图》卷应该是维涅裁切并售出的，这主要涉及到作为古董商的维涅为了在艺术品交易中实现经济利益最大化而将一幅完整的绘画图卷切割成数段分别出售。藏于哈佛艺术博物馆的第三段和大都会艺术博物馆的第四段是否由维涅裁切售出暂时还不得而知，因为目前并没有确凿的证据证明这一点。在艺术品交易中，其实并不缺乏这样的先例，譬如元初画家李衎（1245—1320）传世作品《墨竹图》卷和《竹梧兰石四清图卷》据传是在他65岁的时候采用纸本墨笔绘制而成。这两段画作原本同属一卷，可能早在明代中期就被人切割为两卷，后来《墨竹图》卷历经波折辗转被美国堪萨斯城的纳尔逊美术馆收藏，而《竹梧兰石四清图卷》则最终珍藏于北京故宫博物院。瑞典学者喜龙仁（Osvald Sirén，1879—1966）早在20世纪50年代就在他编撰的七卷本通论著作《中国绘画：大师与原理》（*Chinese Painting: Leading Masters and Principles*）的第四卷[4]中提及此事。

尽管维涅在《宫中图》卷这桩扑朔迷离的艺术品悬案中扮演着不光彩的角色，但他本人似乎对此并未讳莫如深，因为我们能够从他自己主动向克拉克绘声绘色地讲述这件事情瞧出一些端倪，我们甚至可以猜想到他当时脸上应该带有洋洋自得的神色。至于他这样做的目的，或许是为了彰显自己作为在欧洲经销东方艺术方面的著名古董商的地位，经手过许多重要艺术品的交易；另一方面也许是为了向克拉克推销自己手中的东方艺术藏品，毕竟克拉克对东方艺术也是情有独钟，并且年仅 30 岁就已担任英国国立美术馆馆长。

维涅（Charles Antoine Vignier）1863 年 5 月 8 日出生于瑞士的日内瓦。他是欧洲著名的收藏家、古董商及象征主义诗人，之后逐渐成为远东艺术的专家，并且于 19 世纪末在这一领域里成为同一辈学者中的佼佼者。1914 年 7 月，维涅与罗杰 · 弗莱合作，在《伯林顿杂志》上发表了关于当时波斯地区早期陶器方面考古最新发现的文章《拉格斯的新发掘》（*The New Excavations at Rhages*）[5]。他是最早将中国古代艺术以及非洲艺术介绍给欧洲前卫收藏家的关键性人物，供职于巴黎当时主要的拍卖行——德鲁奥拍卖行（Hôtel Drouot）。该拍卖行成立于 1852 年，是世界上最古老的艺术品拍卖行，也被称为永不枯竭的艺术蓄水池，直至今日仍是巴黎最大的拍卖行之一。19 世纪末 20 世纪初，恰逢中国巨变，古董市场充满了机会，维涅、保罗 · 马隆（Paul Mallon）、卢芹斋等人都以经营中国艺术品为主，也显示出 19 世纪后期的中国艺术市场发展之承前启后的地位。1934 年 2 月 5 日，夏尔·维涅在法国巴黎去世。

尽管，贝伦森与以下即将提到的青浦曹氏在时间和空间上相隔遥远，但是他们之间却存在着一个共同之处，那就是他们都把这件宋摹本《宫中图》卷当作唐代或南唐的真迹从画商那里重金购得，如获至宝！

二

据晚明重要的书画鉴藏家张丑在《真迹日录》卷一（清文渊阁《四库全书》本）记载："青浦曹氏收周文矩《唐宫春晓图》（图6.2），绢本，着色，全师周景元。凡为人大小八十有一，器具无算，似稿本，后有张澹岳澂跋尾，乃绍兴庚申岁笔也，跋首墨字改为唐字。"[6]同样，清代的孙凤鸣编修，王昶纂写的《乾隆青浦县志》卷四十中也有相似的记载。可见宋摹本周文矩《唐宫春晓图》曾是青浦曹氏最重要的艺术珍藏之一。

在《真迹日录》中，张丑曾先后提及"青浦曹氏"和"曹重甫家"。第一次提到的就是上面这一段文字："青浦曹氏收周文矩《唐宫春晓图》……"；第二次提到的内容是"曹重甫家宋板《李太白集》一部，是元丰三年刻，用绍兴间门状纸背印。每本有云林倪氏家藏图书，

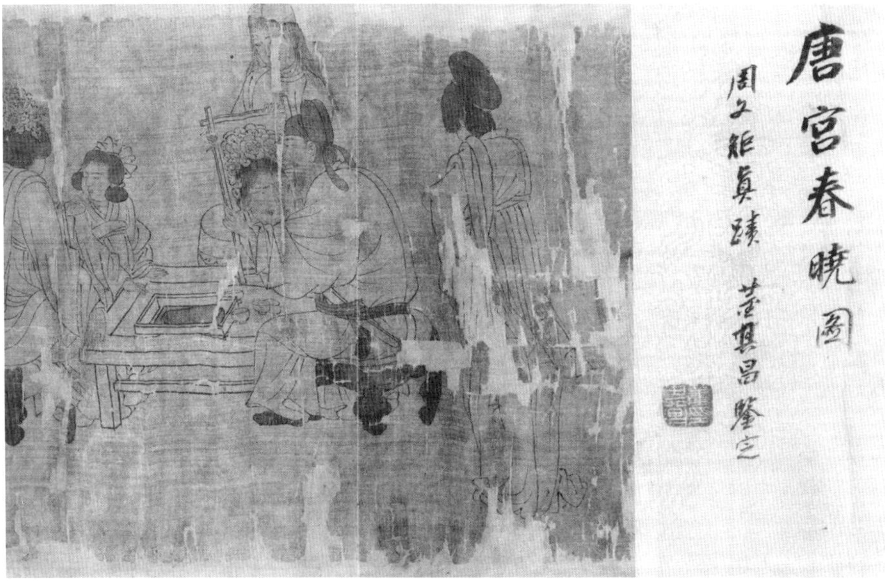

图6.2 宋 佚名 仿周文矩宫中图 绢本设色 哈佛大学意大利文艺复兴研究中心 第六卷第二册

末具赵雍题名二行，乃昆山六观堂藏本，沈辩之故物也，虽经点污，亦自可喜。”[7] 青浦曹氏曾经拥有相当令人艳羡的珍贵书画藏品，譬如，《清河书画舫》卷七记载：“吴镇仲圭书法巩光，画师董巨，而尤工篇咏，故所制笔墨淋漓，风流尔雅。青浦曹氏藏其《唐人渔父词图》一卷……作于至正壬辰冬。凡为渔舟十有五，而其题词通十，有六一词。渔舟以隔山不画尤高，布景极异，笔势纵横，乃是广荆浩遗法而成。前后题识娓娓，旧为姚公绶所藏。有张宁、卞荣、周鼎、董其昌跋。今在青浦曹重甫家，真奇品也。”[8] 同样，在这段篇幅不长的文字中，张丑分别提到了“青浦曹氏”和“青浦曹重甫家”。卞永誉的《式古堂书画汇考》中也有相同的记载，不过，他在这里显然是引用了《清河书画舫》的文字。此外，卞永誉更是在《式古堂书画汇考》中详细记录了吴仲圭的五首题画诗，其中第三首尤为生动地表现了渔父非常豁达的胸襟，甚至可以折射出似乎比庄周在《庄子·外物》篇中所描述的“得鱼而忘筌”更为闲适洒脱的人生境界与意趣：

白头垂钓碧江深，忆得前身是姓任。
随去住，任浮沉，鱼少鱼多不用心。[9]

据清代陈撰纂录的《书画涉笔》所载：“曹重甫家见赵松雪《竹》、云林山水小幅、黄子久《学北苑夏山图》(已失去半幅)、文衡山青绿山水(早年之作)、衡山所藏不全《黄庭》《麻姑坛帖》、梅道人枯木。”此外，曹重甫家藏的部分书画珍品还包括：倪云林《芥舟轩图》(《优钵昙花图》)、项圣谟《天香书屋图》、徐幼文所画十二景，等等。贝伦森珍藏的曾是青浦曹氏的藏品宋摹本周文矩《宫中图》卷首隔水处题有“《唐宫春晓图》周文矩真迹，董其昌鉴定”并钤有“董其昌印”白文方印，而且我们从曹重甫所藏的吴镇仿荆浩之作《唐人渔父词图》中也可以看到董其昌的题跋，青浦曹氏收藏的其他书画作品上往往也有董其昌的题跋和印鉴，从这些细节处不难看出曹重甫与董其昌之间

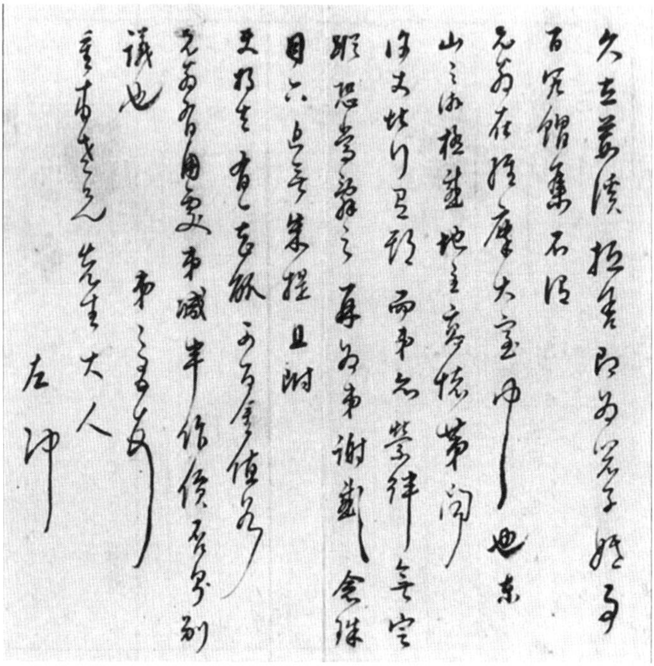

图6.3 明 董其昌 致曹重甫的信札 《明人信札册》 水墨纸本

在艺术品鉴藏上的往来和交集，甚至是他们之间的情谊。

以上是董其昌致曹重甫的一封信札（图6.3）：

久在荆溪，抵舍即为儿子婚事，百冗蝟（猬）集，不谓兄翁在维摩大室中也。东山之游，极感地主高怀。弟闻许丈北行有期，而弟亦萦绊无定踪，恐当辞之，再为弟谢，感感。念珠目下迫无朱提，且附使将去，有一花觚可百金值，若兄翁有用处，弟减半作价，否则别议也。弟其昌顿首。重甫老兄先生大人。左冲 （尺寸：纵25.5厘米，横25厘米）

从这一封信札中，可以看出董其昌与曹重甫之间过从甚密，往往有书画及其他艺术品的赏鉴、酬酢乃至交易，董其昌曾经多次将自己的藏品售予曹重甫，而且也经常为青浦曹氏的艺术珍藏进行鉴定和题跋。董其昌在宋摹本周文矩《宫中图》卷首隔水处题有“《唐宫春晓图》

周文矩真迹，董其昌鉴定”并钤有自己的印鉴，而澹畐居士张瀓在后面的跋尾起首的第一个字已经清清楚楚地写上“墨周文矩宫中图……”，因为之前已经提过，根据明代末期张丑的《真迹日录》记载：“青浦曹氏收周文矩《唐宫春晓图》，绢本，着色，全师周景元……后有张澹畐瀓跋尾，乃绍兴庚申岁笔也，跋首墨字改为唐字。”[10] 其中起首的第一个字“墨”已经被人挖掉了。这个“墨”字表明这件《宫中图》卷当时应该是一件背临的作品。所以，基本可以确定的是张瀓这段题跋中的第一个字最初是“墨”字，后来改为“唐”字，最后干脆把这个“唐”字也直接挖掉（图 6.4）。由于“墨”字改为“唐”字改动的痕迹太过明显，而且不利于把这个长卷当作南唐周文矩的真迹出手，所以最终才会把这个“唐”字直接挖掉。董其昌把这卷《唐宫春晓图》鉴定为周文矩的真迹，其实并不能说明董其昌的鉴定眼光有问题，而是说明这背后有相当复杂的社会因素在发挥着作用。此外，参照之前已经提及的元初画家李衎传世作品早在明代中期就被人切割为《墨竹图》和《竹梧兰石四清图》两卷。毋庸讳言，将这个字挖掉很有可能也是出自明季文人之手，或许这与明代日益活跃的商品经济和艺术品交易息息相关吧。

另外，“《唐宫春晓图》周文矩真迹，董其昌鉴定”（图 6.5）这几个字显然不是董其昌水准最高的书法，我曾经与鲁大东博士讨论过这则题跋的真伪问题，最后得出的结论是这则题跋上的款书基本切合董其昌当时的书写风格。不过，大东也戏言董其昌时常会写出这种在自己平均水平以下的字。即便如此，这则题跋应该还是出自董其昌之手，这也得到上海博物馆书画部魏崴研究员的确认。而且，以董其昌与曹重甫之间的交情和熟悉程度而言，他在青浦曹氏的艺术藏品上进行鉴定和题跋也完全合乎情理。

由此可见，曹重甫显然是《真迹日录》《清河书画舫》《式古堂书画汇考》《壬寅销夏录》中经常提及的明代青浦曹氏的重要成员。当然，青浦曹氏绝不仅仅指曹重甫一个人。不过，国内外的学者对曹重甫及

图6.4 张澂题跋

图6.5 唐宫春晓图

青浦曹氏的研究却是相对较少。我们可以来看看曹重甫祖辈的情况：青浦琴村的曹鼎家族可谓是书香门第。曹鼎，授指挥使。曹鼎幼子曹世龙，字子见。从清代赵宏恩《（乾隆）江南通志》卷一百二十八《选举志》（清文渊阁《四库全书》本）可以了解到，曹世龙是嘉靖二十八年（1549年）己酉科的举人。世龙家在淀山湖旁有肥田沃土，故为县中富户，待他中举后更是大振家业。世龙的儿子曹志尹，字重甫，太学生，多与四方贤豪长者游；另据《嘉庆松江府志》卷五十三《古今人传》："曹志尹，字重甫，青浦人。好金石、鼎彝、图书，邑中推博雅家第一。"曹重甫有三个儿子：曹大临，字泰叔；曹大雅，字云门；曹大羽，字骧仲。兄弟三人都有高才，世称"清谿三曹"。[11] 据我所知，迄今为止从美术史的角度对青浦曹氏和曹重甫进行的专题研究几乎没有，但是实际上，曹重甫还是比较重要的收藏家，他与董其昌、屠隆、王世贞、程季白、车大任等当时的社会名流、文人墨客交往密切，相互之间多有诗文酬答。如车大任曾经给曹重甫寄赠一首题为《送曹重甫还云间》的诗作：

子建建安才，挥毫藻思催。怀人桃叶渡，吊古雨花台。
停调还分韵，离筵数举杯。好音君惠奇，天外雁鸿来。[12]

另外，曹重甫乐于扶危济困，不时为失意落魄的寒士雪中送炭，遥寄新衣。例如：清代胡文学编纂的地方诗总集《甬上耆旧诗》卷二十三（文渊阁《四库全书》本）收录了一首题为《谢曹重甫惠布》的诗作，从中得以一窥曹重甫清正高洁的品行：

多君将白素，远寄小柴扉。出自吴姬手，裁为野客衣。
穿云难辨色，杂鸟不惊飞。尝怪桐江叟，羊裘入禁闱。

嘉靖四十三年十一月（1564），曹重甫的父亲曹子见辞世的时候，王百谷为其立传，曹重甫还嘱托当时的青浦知县屠长卿（屠隆）为他的父亲写了一篇情文并茂的诔辞《曹孝廉世龙诔》[13]，归有光则为世龙写了《曹子见墓志铭》[14]，收录于《震川集》。曹子见和曹重甫的品格涵养是一脉相承的，我们从杨巍在《存家诗稿》中收录的《病中曹子见过》这首诗中就可以看出这一点：

长日闭门卧，衰年懒读书。贫惟安所遇，道欲识其初。
鹤迹山房满，松声药院疏。不因君问病，谁肯过吾庐。[15]

倘若引用屠长卿在《曹孝廉世龙诔》中对曹子见的评价应该是比较贴切的："先尊公孝廉君负奇才，尤笃行义，君子也。"所以，青浦曹氏在当地颇具名望。张丑的《真迹日录》上记载："青浦曹氏收周文矩《唐宫春晓图》……"，那么，如今这个《宫中图》卷上是否钤有青浦曹氏的收藏印鉴？在《宫中图》卷的第四段，也就是纽约大都会艺术博物馆卷上有两枚鉴藏印钤值得关注，这两枚印钤都是白文长圆印，尽管上面的内容漫漶难辨，但是细察之下，上面的文字可能是“世昌”二字。其中第二枚印鉴仅存右半部分，但内容也应为“世昌”。从屠隆的《曹孝廉世龙诔》这篇诔辞中可以读到以下文字：“……南溪公饶于眥，有长者行。生三子，长世禄，次世昌，季即孝廉……”[16]所以，如果上面提到的这两枚鉴藏印钤内容果真是“世昌”二字，那么说明《宫中图》卷上钤有的青浦曹氏的印鉴有可能是曹重甫的二伯父，也就是曹世昌的收藏印。

然而，被王世贞列为“明末五子”之一的诗人、戏曲家屠隆还写过《留别曹重甫二首》赠予故人：

共怜吾邑有曹丘，岁晏其如走马游。
江上无人管离别，女郎闲唱百花洲。

万人相送水西湾，独尔临河更出关。
不用长途悲雨雪，栽花好待使君还。[17]

即使单从这两首诗的字里行间，也可以看出在屠隆担任青浦知县的这段时间，曹重甫曾经经历了某些变故，故而面临着流放外地的坎坷。另外，由于这些变故，让我们似乎感受到这些书画珍品再度辗转流传到下一任收藏家的外在驱动力。

或许由于南唐故国的位置毗邻松江一带，因而青浦、云间地区的文人墨客似乎对南唐李后主的翰林待诏周文矩情有独钟，并且由于地理位置上的优势，收藏也相对比较便利一些，因此云间和青浦地区对周文矩的鉴藏较为丰富，周文矩或摹周文矩的作品上常有云间文人的题跋。譬如：“重屏会棋图卷：昔人评画谓人物近不及古，周文矩深得景元遗法。此图尤属高古神妙，岂后人所能梦见乎。宣和秘府鉴藏，精确得其标题。更足为重拱璧，勿与易也。颐庵其宝之，宣德辛亥冬

季（1431）云间沈度书。”[18]（图6.6）

伯纳德·贝伦森的学生日本学者矢代幸雄早在1934年、1936年以及1952年，就曾先后在日本的《美术研究》（*Bijutsu Kenkyu*）学术期刊上，发表了他对《宫中图》各卷的寻访和研究情况，其中《宋摹周文矩宫中图》《宋摹周文矩宫中图之新断片》这两篇还收录于他编著的《东洋美术论考》[19]一书中；何惠鉴先生于1987年在《上海博物馆集刊》第四期发表了他撰写的《澹喦居士张澂考略并论〈摹周文矩宫中图卷〉跋后之“军司马印”及其他伪印》一文对图卷的印鉴进行深入的考证。而今，时间又过去三十多年了，分别珍藏于海外四家不同收藏机构的《摹周文矩宫中图卷》依然有许多扑朔迷离的问题值得我们继续深入探讨；另一方面，我通过收集《真迹日录》《清河书画舫》《式古堂书画汇考》等书上面的相关记载，与青浦曹氏交往甚密的友朋之间相互酬答的诗文以及不同年代、不同版本的《青浦县志》，把它们作为比较可靠的资料，尝试着再现在历史的长河中已被人们逐渐淡忘的明代中后期的青浦曹氏及其曾经拥有的珍贵书画收藏。

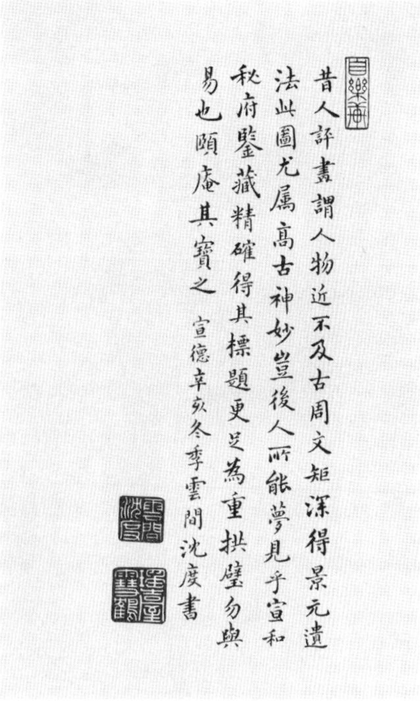

图6.6　《重屏会棋图卷》沈度题跋

注释

1. Kenneth Clark, *A Self-Portrait: Another Part of the Wood*, London, 1985, p. 116.

2. Laurance Roberts, *The Bernard Berenson Collection of Oriental Art at Villa I Tatti*, New York 1991, p. 29.

3. The Cleveland Museum of Art, *Eight Dynasties of Chinese Painting: The Collections of the Nelson Gallery-Atkins Museum, Kansas City and The Cleveland Museum of Art*, Cleveland, 1980, pp. 27-29.

4. Osvald Sirén, *Chinese Painting: Leading Masters and Principles, Volume IV, Lidingö,* Sweden, 1958, p. 44.

5. Roger Fry and Charles Vignier, "The New Excavations at Rhages", *The Burlington Magazine for Connoisseurs*, Vol. 25, No. 136 (Jul., 1914), pp. 211-218.

6. 张丑：《真迹日录》，卢辅圣主编：《中国书画全书》第四册，上海书画出版社，1992年，第385页。

7. 同上，第398页。

8. 同上，第270—271页。

9. 卞永誉：《式古堂书画汇考》，卢辅圣主编：《中国书画全书》第七册，上海书画出版社，1994年，第36页。

10. 张丑：《真迹日录》，卢辅圣主编：《中国书画全书》第四册，上海书画出版社，1992年，第385页。

11. 张劲松编著《曹姓史话》，江西人民出版社，2001年，第90页。

12. 车大任等：《邵阳车氏一家集 1》，岳麓书社，2008年，第82页。

13. 王圻：《（万历）青浦县志》卷八，明万历刊本，叶五十二正。

14. 归有光：《震川先生集》，卷十九，中央书店，1936年，第二十七页。

15. 杨巍：《存家诗稿》，卷三，五言律，清文渊阁《四库全书》本，叶九背、叶十正。

16. 同注13。

17. 屠隆：《白榆集》，卷八，明万历龚尧惠刻本，叶十七正。

18. 胡敬：《胡氏书画考三种·西清札记》，卷四，清嘉庆刻本，叶二十九背。

19. 矢代幸雄：《东洋美术论考》，日本座右宝刊行会，1942年，第85—103页。

附录六　伯纳德·贝伦森与伊塔蒂庄园的贝伦森图书馆

伯纳德·贝伦森是一位非常具有传奇色彩的鉴定家（图 7.1）。1865 年 6 月 26 日，贝伦森出生于立陶宛，他在十岁左右，就跟随家人背井离乡，远渡重洋，辗转来到美国波士顿，并且在 1884 年，进入哈佛大学攻读，他在那里度过了繁忙而充实的大学时代，并且学习了希腊语、拉丁语、梵语、希伯来语、德语等多种语言。从哈佛大学毕业后不久，他便启程前往欧洲，在法国、英国、德国、意大利等国游学，积累了相当渊博的学识，并且受到大量艺术珍品的熏陶，为他之后在意大利艺术的研究，尤其是在文艺复兴艺术的研究方面，打下了坚实的基础。他以意大利外科医生乔凡尼·莫雷利（Giovanni Morelli, 1816—1891）科学的鉴定方法为基础，鉴别了一大批文艺复兴时期的绘画作品，出版了相关的著作、鉴定目录和图录。可以说，他在文艺复兴艺术的研究方面，为人们正确理解和研究意大利艺术方面做出了极大的贡献。他出版了许多相当重要的著述，例如《文艺复兴时期的佛罗伦萨画家》、《意大利艺术的研究与批评》（三卷本）、《佛罗伦萨画家素描集》以及《视觉艺术中的美学与历史》等著作。肯尼思·克拉克把《佛罗伦萨画家素描集》称为一部“伟大的著作”。他说：“在此之前，从来没有对大师的素描进行如此系统且宏大的研究，没有人想过把它们作为‘托斯卡纳艺术史和欣赏的素材’进行批判和研究。”[1]

在恩斯特·贡布里希的私人藏书中，可以找到贝伦森的著作《文

图7.1 鉴定家伯纳德·贝伦森

艺复兴时期的意大利画家》《意大利文艺复兴绘画：威尼斯画派》《意大利文艺复兴绘画：佛罗伦萨画派》《所见与所知》《卡拉瓦乔：格格不入与声名显赫》，等等。因为贡布里希在自己的著作中，曾多次引入贝伦森的一些重要的美学概念。例如，他在《艺术与错觉》一书中，就引用了贝伦森提出的“观念化感觉”（ideated sensation）这一概念来说明艺术的错觉。[2] 并且在同一部著作中，贡布里希还提到了贝伦森最精彩的论文集中有一篇重述了自己一直在努力修正的“所见与所知”的理论。[3] 在《艺术与错觉》中，贡布里希给予贝伦森的《文艺复兴时期的佛罗伦萨画家》这本书很高的评价，他写道：“伯纳德·贝伦森在 1896 年出版的论述佛罗伦萨画家的才华横溢的著作中，按照希尔德布兰德的分析方式系统地阐述了他的美学信条。他以自己长于含蓄措辞的天赋，几乎把那位雕刻家的略显浮华的一整本书总结为这么一句话：‘画家只有给视网膜留下有触觉价值的印象才能完成任务’。”[4] 我们可以由此推断出这些书籍应该也是贡布里希教授书架中常用的书目，对于他在文艺复兴艺术的研究方面具有很重要的参考价值。

不过，贝伦森最重要的成就还是在鉴定领域，他在这一方面硕果累累，取得了卓越的成就，出版了许多权威的鉴定图录，对其后很多学者产生了很大的影响，为他们研究意大利文艺复兴时期的绘画作品提供了举足轻重的工具书。另一方面，19 世纪末 20 世纪初，随着美国经济的突飞猛进，在这个新兴的国家里崛起了一大批财团，他们拥有雄厚的经济实力，足以支撑他们征购属于自己的丰富私人收藏品，贝伦森在这些富豪选购艺术品时，为他们提供了当时首屈一指的权威的专业意见，奠定了美国文艺复兴艺术品收藏的基础，贝伦森由此也获得了相当可观的经济收益，这也使得他拥有足够的财力和物力购买他位于意大利佛罗伦萨近郊的伊塔蒂庄园（Villa I Tatti）[5]、大量珍贵的书籍以及价值不菲的艺术品。

贝伦森自幼便喜欢阅读，成年后更是嗜书如命。建立一个非同凡响的图书馆（图 7.2），一直以来都是他梦寐以求的心愿。成为意大利文艺复兴艺术研究的权威专家之后，贝伦森经常在百忙之中还抽出时间，仔细查阅世界各地新出版的书目。他对不同领域知识的渴求总是永无止境，因此他订购的书籍和学术刊物一直源源不断地从欧洲各地及美国汇至伊塔蒂庄园。贝伦森的太太玛丽（Mary Pearsall Smith）经常向自己的家人抱怨他在图书馆方面耗资巨大，甚至在伊塔蒂庄园里几乎都无法腾出足够的空间来容纳贝伦森四处购得的大量书籍。贝伦森在晚年的自传中，如此写道：

> 我的图书馆可以说包罗万象……50多年来，一有闲暇时光，我就喜欢收集各类书籍。我从来不会因为一部书在藏书家眼里异常珍贵就勉力求之。我的朋友恩斯特·施泰曼因（Ernst Steinmann）偶然在我的书架上发现一册非常罕见的早在16世纪就发行的关于米开朗琪罗的书籍，而我之前却浑然不觉。我的藏书都是买来使用的工具，我并没有把它们当作艺术品……倘若死后精神可以永存的话，我希望自己的灵魂能够寓居于伊塔蒂以及这里的图书馆之内，萦绕在周围，像往常一样阅读和写作……[6]

贝伦森往往喜欢把自己的居所伊塔蒂庄园描述为被生活区环绕的一座图书馆，也就是说他认为自己这座房子的主要功能是图书馆。1939 年，随着第二次世界大战的全面爆发，战争的阴霾始终笼罩着意大利。但对于贝伦森而言，他最大的安慰和乐趣就是躲进自己的图书馆，和太太玛丽以及管家妮基一起如饥似渴地阅读着。他们三个人都熟练地掌握着多门语言，能够在这一片天地里如鱼得水、自由自在地遨游。我们可以在贝伦森撰写的《悦读的一年：1942》（*One Year Reading for Fun:1942*）一书中读到许多精彩的片段。在那一年里，贝伦森省却了平时与画商打交道耗费的大量时间、精力以及招惹的烦心事，可以心境平和地做学问，他自己深感收获甚多。1955 年，在贝伦森年届 90 高龄之时，他在自己 4 月 26 日的日记中写道："伯纳德·贝伦森的传记将来或许会以各种各样的方式写成。然而，最理想，同时也是最具启发意义的则是关于他的图书馆，例如他的每一本藏书是何时购得的，他浏览或细读过的书页中留下了什么痕迹；其后，才是他的每一件艺术品是在何时收藏的。"[7] 1957 年 6 月 27 日，贝伦森在自己的日记《日落与黄昏》（译为《落日余晖》应该也是合适的）中写道："尽管现在已经 93 岁了，但我对死亡并不感到恐惧，我唯一害怕的是自己的视力和听力会变得越来越模糊，与外界会变得越来越隔绝，再也无法用自己的双眼来阅读——这是我过去最欢愉的时光，而如今只能从记忆的深处里追寻。"[8] 1959 年，贝伦森与世长辞之时，他珍贵的藏书就已经超过 40000 册，这些都是过去几十年里经他亲手精挑细选过的书籍，是世界上最好的私人藏书之一。当然，贝伦森丰富的藏书是与他在艺术方面的研究兴趣息息相关的。譬如关于地中海地区的文明，包括艺术和考古学等诸多领域的内容，甚至还有关于中国、印度以及远东地区文化和艺术的书籍。法国学者艾田蒲（René Étiemble，1909—2002）在他的著作《欧洲之中国》（*L'Europe chinoise*，*1988*）一书中就提到："博学家们一致承认是贝伦森第一个提出中国艺术是否对锡耶纳画派的形成有过影响：萨塞塔似乎就受到远东的影响。"[9] 贝伦森其实早在他于 1909 年 12 月出版的著作《一位锡耶纳画家笔下的圣方济各传说》（*A Sienese Painter of the Franciscan Legend*）第 17—18 页提出了这个观点，他指出 14 世纪和 15 世纪初期的锡耶纳画派比欧洲任何一个画派在构图上更接近于远东的绘画风格。贝伦森对远东艺术，尤其是中国艺术非常着迷。1915 年 1 月 1 日，他在给加德纳夫人的信中写道："假如可以重新开始自己的鉴定生涯，我将致力于中国艺术的研究。”[10]尽管当时贝伦森已经年届半百，没有足够的时间和精力另外开辟一个全新的研究领域。他自己也承认，“倘若不是相当了解一个民族的语言、文学、思想和历史，那么他就无法充分欣赏这个民族的视觉艺术”。[11]然而贝伦森还是积极地引导和鼓励年轻的学者转向这方面的研究，正如他晚年在自己的日记《日落与黄昏》所描述的那样：

我可以颇为得意地炫耀，倘若不是我帮他们确定研究方向，他们也许无法取得后来的成就。这不仅仅在我自己的研究领域之内，甚至也在其他领域。举个例子，正是我敦促喜龙仁（Osvald Sirén）开始中国艺术的研究。尤其是在意大利艺术领域，我对哈罗德·埃杰尔（Harold Edgell）、肯尼思·克拉克、约翰·沃克（John Walker）等人产生了一定的影响，这几位年青人后来都成为美术馆馆长。我促使德国学者恩斯特·屈内尔（Ernst Kühnel）成为伊斯兰教艺术领域的专家，指导不远万里前来的日本年轻学者矢代幸雄（Yukio Yashiro）研究波蒂切利，甚至还指导俄罗斯艺术史家维克多·拉扎雷夫（Victor Lazareff）研究拜占庭与西方艺术之间的关系。如果有足够的耐心，我还可以列举出许多其他的例子。[12]

贝伦森在提携后学方面取得了非常显著的成果，喜龙仁、屈内尔、矢代幸雄分别于1956年、1960年、1965年获得弗利尔奖章，成为得到这项殊荣的前三位学者，表彰他们在艺术史方面做出的杰出贡献。

在生命最后的三十年，贝伦森越来越关注视觉艺术的衰落这一问题。贝伦森对于现代绘画，尤其是抽象绘画的看法导致他认定这些艺术形式是文化衰落的征候，这也促使他对现代艺术走上衰退之路这一主题深感兴趣，他对这个问题的关注持续了长达半个世纪之久。此外，他更加关注的是古典艺术的衰落和中世纪艺术的兴起这一主题。这些关注的焦点在很大程度上塑造了他私人图书馆收藏的书籍及资料的内

图7.2a 贝伦森位于伊塔蒂中的图书馆

图7.2b 贝伦森图书馆的图书卡

容。贝伦森于1952年以意大利语出版了《君士坦丁凯旋门和形式的衰落》(*L'Arco di Costantino e la Decadenza della Forma*)对相关问题进行阐释。

不过，贝伦森到了晚年，有时候面对着到处堆积如山的书籍连他自己也感到有些担忧，他开始和玛丽商量修改自己早已立好的遗嘱，还向在摩根图书馆工作的专家贝拉·格林妮(Belle Greene)寻求一些行之有效的建议。格林妮提醒他，要么把伊塔蒂庄园里的图书馆与更大的研究机构合并起来，要么取得充裕的捐赠基金，成立一个运作良好的托管理事会，否则这里最终将会“沦为那些四处游荡的学者路旁借宿的旅馆”。[13] 并且建议他与一直和他保持着密切书信往来的哈佛教授保罗·萨克斯(Paul Sachs)联系，进一步协商此事。贝拉·格林妮的建议更加坚定了伯纳德·贝伦森把伊塔蒂庄园捐赠给哈佛大学的决心。贝伦森的堂弟劳伦斯·贝伦森作为他在美国的代理律师，一直都非常热心地替他联络校方，始终尽心尽力、无偿地帮他操办这件事情。

哈佛大学校方起初并不太愿意接受这项捐赠，他们要求贝伦森进行的是一项完全的捐赠，最好连同他名下的其他遗产也包括进来，以便校方可以维持伊塔蒂的正常运转以及为学生提供奖学金，因为这需要一笔非常庞大的资金。

贝伦森从40岁左右便开始憧憬着伊塔蒂庄园有朝一日能够成为“隐逸文化的一处世俗隐修院”(lay monastery of leisurely culture)，但玛丽则完全无法认同他的这个想法，她一心希望贝伦森把伊塔蒂庄园及其他遗产都留给自己的两个女儿，她时常在贝伦森耳边冷嘲热讽，不愿意他把伊塔蒂庄园用来“收容一大群来自哈佛的美国闲散人士”，而她自己的子孙从中获得的利益却少之又少。贝伦森最终顶住了来自家人的巨大压力，决定把伊塔蒂庄园连同他的大部分遗产都捐给自己热爱的母校哈佛大学。1956年8月18日，贝伦森在“论伊塔蒂之未来”一文中清晰而明确地描绘了自己对伊塔蒂庄园未来的构想和憧憬：

离世之前，我要写下对伊塔蒂庄园以及我所有财产之未来的一些设想。当今西方世界，喧嚣熙攘，骚乱迷狂，我辈不胜其扰。闲暇与恬静既无处可寻，思想何以酝酿成熟，淡泊之追求，从容之思索、独立之风尚，皆不为世所容。因此，我的首要意愿即是创立研究基金，每年为十六或更多青年才俊提供闲暇与安宁。就某种意义而言，我斗胆承认，我是想让伊塔蒂的学者继续我毕生为之奋斗却收获甚微的事业。简言之，我希望研究院倡导美学与人文追求，而非文献学与古物研究。倘若可能，伊塔蒂将成为智者雅集之所，他们将栖居在庄园属地或佛罗伦萨城中。他们天资聪颖，思想日益成熟，识见各有千秋，携自身民族传统齐聚一堂，畅所欲言，还有什么比这更能开启心智的呢？我所立之图书馆几能涵纳文艺诸领域，亦有历史文献及批评阐晰艺理，激扬思辨。好学之士若有备而来，涵泳其中，必能晓悟艺术之本真及其何以成就人道。书山有路，伊塔蒂图书馆当不论国籍，惠益天下学人。[14]

早在1915年，贝伦森就曾公开表示过打算将自己的房产和图书馆赠予哈佛。此后，在1937年，也就是他从哈佛大学毕业50周年之际，他再次表达了自己的这个强烈愿望。[15]然而，由于第二次世界大战以及战后需要处理的一大堆事务曾经令哈佛一度相当为难。直到1959年，也就是贝伦森去世的那一年，他的这项遗赠才最终被校方正式接受。

图7.3　哈佛大学意大利文艺复兴研究中心

在成为哈佛大学意大利文艺复兴研究中心（图 7.3）之后，这里的藏书量又翻了数番，目前已经达到 175000 册。此外，还有超过 600 种学术期刊，以及关于意大利文艺复兴各个方面、全方位的在线资源可供查阅。贝伦森捐赠的图书馆、120 多件非常珍贵的艺术收藏品以及超过 30 万张相当难得的高质量的艺术作品摄影照片和其他视觉材料的档案库，都成为哈佛大学意大利文艺复兴研究中心重要的组成部分，对美术史研究具有相当重要的促进作用。

贝伦森希望自己的故居能够成为人文艺术研究机构的中心。然而，到了 1932 年，以贝伦森为代表的鉴定学的重要地位和学术威望开始动摇，图像学研究的趋势逐渐形成。他当时担心哈佛大学的教授们可能会采用 20 世纪 30 年代潘诺夫斯基带过来的德国美术史的研究方法。因为这种研究方法，主要是重视图像学研究和象征主义，是与贝伦森本人所倡导的美学鉴定理论相对立的，他希望在伊塔蒂这座典雅的意大利庄园里建立起来的研究机构能够延续自己的研究方法和美学追求。

这里成为哈佛大学意大利文艺复兴研究中心（The Harvard University Center for Italian Renaissance Studies），成为哈佛大学美术史博士后流动站，惠泽了一批又一批的青年学者。每年都会有来自世界各地的大约 16 名博士后到这里学习，参与研究。此外，还有一大批访问学者以及意大利当地学术机构的研究员参与进来，一同前来分享贝伦森留下的这一笔非常宝贵的文化和艺术财富。

贝伦森通过捐赠伊塔蒂庄园向世人表明了自己的心迹，虽然他最大的成就在于意大利文艺复兴绘画鉴定方面，但“伊塔蒂庄园”作为对应于美国波士顿的“芬威庭院”（Fenway Court）的人文主义建筑物，同样也是一个承载和传达贝伦森的个人理想和人生追求之所在。

尽管伊塔蒂庄园先后历经了两次世界大战的劫难，却奇迹般完好无损地保存下来。在1966年那一场危及托斯卡纳的大洪水中，伊塔蒂庄园得到世界各国学者不遗余力的支持与救援，再一次神奇而成功地保全了贝伦森留在意大利佛罗伦萨的这一项无与伦比的艺术遗产，这也让托斯卡纳当地人改变了对贝伦森和伊塔蒂庄园原有的偏见。

如今，来自各个国家和地区，拥有不同学术背景的学者在伊塔蒂庄园中齐聚一堂，他们不仅可以在托斯卡纳地区佛罗伦萨近郊风光旖旎的环境中呼吸着人文主义气息浓厚的学术空气，可以在贝伦森曾经留下过不倦身影的幽静雅致的砾石小径上缓缓踱步，并且还能够在他曾经招待过各国专家学者的地方围坐在一起探讨学术问题，缅怀着贝伦森这位伟大的鉴定大师。每一年，伊塔蒂庄园还会邀请世界各地最著名的学者到此地做讲座，并且在这里召开跨学科多领域的国际学术研讨会。尽管这些学者操持着各国不同的语言，有英语、德语、法语、汉语、意大利语……然而他们讲着的其实都是同一种语言，那就是“关于意大利文艺复兴艺术世界的语言”。

贝伦森的管家妮基·玛丽安诺（Nicky Mariano）在《日落与黄昏》这本书的结语处写道：“我依然记得这么一件特别愉快的事情，有一次哈罗德·阿克顿（Harold Acton）带着他的朋友中国学者陈世骧（Chen Shi-hsing）和他新婚的妻子前来伊塔蒂庄园造访伯纳德·贝伦森，当时陈太太身着中国旗袍，非常优雅、赏心悦目。贝伦森与陈世骧畅谈中国文学，并且饶有兴致地聆听他吟唱中国的小曲。”[16] 尽管妮基把陈太太的衣服描述为“用中国现代手法裁剪的白色刺绣缎面礼服”，但是考虑到文化方面的差异，我们还是有理由推测她可能穿着的是“旗袍”；至于陈世骧在与贝伦森畅谈中国文学的过程中为什么会突然唱起中国的小曲，起初我以为陈世骧为贝伦森吟唱起唐诗宋词，比如唐代诗人白居易等人的诗歌，因为贝伦森非常喜欢亚瑟·韦利（Arthur Waley）等人翻译成英文的中国古典诗词。但是后来经过仔细的推敲，发现事实可能并非如此。实际情况应该是因为1943年陈世骧与当时的妻子——著名钢琴家姚锦新合作编译的《花鼓及其他中国歌曲》（*The Flower Drum and Other Chinese Songs*）由纽约的约翰·戴公司（John Day Company）出版，美国传奇女作家赛珍珠（Pearl S. Buck）特地为本书写了序言，20世纪四五十年代这本歌谣集在美国还是比较有影响力，所以陈世骧给贝伦森哼唱的可能就是出自这本书的曲子。这是我所了解的最早到伊塔蒂庄园与贝伦森进行面对面交流的中国学者。

2013年10月24至25日，哈佛大学意大利文艺复兴研究中心首次在中国召开意大利文艺复兴研究领域的学术会议——“意大利文艺复兴在中国：学界研究新进展”。2015年10月16—17日，又在南京大学召开了题为“意大利文艺复兴与中国文化振兴”的研讨会。

如今，伯纳德·贝伦森亲手创建的图书馆以及依托着伊塔蒂庄园建立起来的哈佛大学意大利文艺复兴研究中心在推动意大利文艺复兴研究以及中西文化交流方面发挥着越来越重要的作用。

注释

1. Kenneth Clark. “Bernard Berenson”, *The Burlington Magazine 102*, No. 690(September 1960): p. 383.
2. 贡布里希:《艺术与错觉:图画再现的心理学研究》,杨成凯、李本正、范景中译,广西美术出版社,2012年,第234—235页。
3. 同上,第277页。
4. 同上,第14页。
5. 伯纳德·贝伦森位于意大利塞蒂尼亚诺的故居——“伊塔蒂庄园”(Villa I Tatti)。
6. Bernard Berenson, *Sketch for a Self-Portrait*, New York: Pantheon, 1949, pp. 174-175.
7. Bernard Berenson, *Sunset and Twilight: From The Diaries of 1947-1958*, New York, 1963, p.383.
8. Ibid., p. 488.
9. 艾田蒲:《中国之欧洲(上卷)》,许钧、钱林森译,广西师范大学出版社,2008年,第89页。
10. Rollin Van N. Hadley, ed., *The Letters of Bernard Berenson and Isabella Stewart Gardner, 1887-1924, with correspondence by Mary Berenson*, Boston, 1987, p.531.
11. Bernard Berenson, *Aesthetics and History in the Visual Arts*, New York, 1948, p.240.
12. Bernard Berenson, *Sunset and Twilight: From The Diaries of 1947-1958*, New York, 1963, pp. 489-490.
13. Ernest Samuels, *Bernard Berenson: The Making of a Legend*, Boston, 1987, p.325.
14. Http://itatti.harvard.edu/future-i-tatti. This quotation was translated into Chinese by Prof. Chen Liu from Tsinghua University.
15. Harvard College Class of 1887: Fiftieth Anniversary Report, Cambridge, 1937, p. 42.
16. Bernard Berenson, *Sunset and Twilight: From The Diaries of 1947-1958*, New York, 1963, p.532.

附录七　关于贝伦森、鉴定学以及美术史的一些想法

Sydney J. Freedberg 撰　曾四凯 译

1988 年正好是伯纳德·贝伦森首次踏上意大利这片土地的一百周年。这件事在贝伦森传记中至关重要，并且它的重要性还远远超出了其个人的意义本身：因为它标志着人们在研究和理解意大利艺术方面翻开了崭新的一页，我们甚至可以把它描述为这个世纪最具影响力的事件之一。美术史家以及广大的社会公众，或许也应该铭记这个预示着一个伟大成就即将诞生的关键时刻。当时，贝伦森只是一个年仅 23 岁初出茅庐的年轻人，文质彬彬、才华横溢，具有非凡的个人魅力。一年前他刚从哈佛大学毕业，在那座著名的高等学府里，主要致力于语言和文学方面的学习。当时他囊中羞涩、一贫如洗，只能设法从富有的朋友们那里获得一点资助（尤其是伊莎贝拉·斯图尔特·加德纳），以便其后的一年里，在欧洲度过一段难得的游学生涯。当时贝伦森主要游历了法国、英国和德国；尽管他依然注重发展自身的文学素养，但那段时光也让他对视觉艺术产生日益浓厚的兴趣。不久他抵达意大利，受到这里大量艺术珍品的熏陶，这一切对他产生的影响犹如醍醐灌顶：更加坚定了他对艺术研究的决心，尤其是对意大利文艺复兴绘画的兴趣，他打定主意，要将自己全部的精力和天赋都投入于这项研究。

我们从贝伦森与友人们在这个阶段的书信往来中不难发现他在此间所获得的灵感和欣喜，这让我们感觉到自己面对着的不仅仅是一种个人体验。贝伦森对于此前在欧洲游学岁月的方方面面感触良多，在

英国，尤其是在牛津大学，他获得了在美国并且只有在哈佛大学才能体会到的那种充实感。不管在其他任何地方都无法带给他如此兴奋的感觉，只有到了意大利才让他对周边环境的反应变得如此的强烈而鲜活——贝伦森感觉自己的身心仿佛得到解放，同时还发现自己与这里的环境在冥冥之中似乎早已注定了将会是一种和谐统一的关系。他的这种反应或许也体现出对种族和历史神秘性的共鸣。由于贝伦森当年背井离乡，所以他在自己的书信中流露出意大利这个地中海国家对于他这样一个在东欧度过童年的人所具有的特殊吸引力，并且还给了他一种温暖而辽阔的感觉，宛如重返故土。在这个多元的文化环境中，年轻的贝伦森兼具多重身份，他既是东欧人、美国人、波士顿人、哈佛人、当代的圣公会教徒，同时也无法摆脱自己与生俱来的犹太血统——毕竟身为犹太人才是他最本质的身份，是其他所有身份建构起来的基础。贝伦森是如此钟情于意大利这片土地，或许只有长期流落他乡的犹太人重返古代地中海旁的那片故土时才能体验到这种感觉。

年轻的贝伦森抵达意大利时面临的复杂文化现象本身并不独特；只是由于身处这种崇尚个性发展的文化氛围之中才赋予他产生创造性行为并充分发挥自身潜能的契机。贝伦森颇具自知之明，非常清楚自己的天赋和个性；虽然他偶尔也会做出谦逊的姿态（正如他早年写给加德纳夫人的信中所表现的那样），但这似乎并非发自肺腑。他在这样一种崇尚个性发展的文化氛围中变得日益成熟，尽管在19世纪80年代末90年代初贝伦森原先所处的社会环境中，年轻人往往很难找到发挥自身潜力的途径，或不懂得如何把握时机。然而，我们从贝伦森迅速争取到崭露头角的机会，获得自我个性的展现，就可以看到他坚韧不拔的毅力与勇气。不仅他倾毕生之力研究的对象是艺术品，贝伦森独特的个性本身也是一件艺术品，他通过与艺术品之间不断的互动，借助心灵、眼睛和手来塑造自己的个性，贝伦森在这方面的技巧与他在把握艺术品与现实之间关系的技巧一样娴熟。

伊塔蒂庄园（Villa I Tatti），是贝伦森位于意大利的家，这里不仅珍藏着他钟爱的绘画和雕塑作品，同时也为自身业已成为艺术品的贝伦森提供了栖身之所。在贝伦森事业发展初期，他就计划将来把这座别墅作为自己的纪念馆，用于纪念自己所取得的成就。而且，像大多数纪念馆一样，同时也意味着使它所纪念的事物成为永恒。当贝伦森把伊塔蒂庄园捐赠给哈佛大学的时候，他把它当作一种必要的赎罪。作为赠予大学的礼物，正如同捐给教堂的“奉献”（奉献是指捐赠给教堂的礼品）一样，不仅可以赦免捐赠者的罪过，而且还能净化这些“奉献”。这个捐赠也可能是为了弥补环境造成的某种缺憾（尽管这一点我并不肯定）——能够把贝伦森所处年代的生活环境与当时的社会氛围融合在一起——因为他自幼未曾拥有过良好的成长环境。

显然，这座典雅的别墅里收藏的艺术品皆非同凡响，都是贝伦森自我个性的体现。然而，如果我们反复强调贝伦森是如何的大公无私、如何的知行合一，这明显也与事实不符。贝伦森有时难免会在作品中彰显自己，或者偶尔也会矫揉造作与自我卖弄。尽管时常出现这些问题，但我们还是可以从他作品的字里行间，发现一份极其真诚的态度：他的言语中蕴涵着知性与道德的信念，传达出自己所体悟到的真理的份量和影响。

然而，令人遗憾的是，通过对文学风格现象的剖析，我们可以感受到这种影响在我们当代文学欣赏中已经逐渐减弱，它的道德力量亦已日渐式微。我们不应忘记贝伦森在转向视觉艺术之前，他原先的理想是成为一名作家：贝伦森并不想成为普通意义上写作新闻报道或叙事稿的记者，而是希望能够做到“文以载道”，且作品本身可以达到一定的艺术水准。这个理想，以及他认为能够实现它的途径，完全属于贝伦森那一辈人的理想——尤其是在英国。当贝伦森前几部著作出版之后，迅速风靡，一举成名，当时的读者对它们青睐有加。尽管玛丽·贝伦森在这一系列作品中到底发挥多大作用我们不得而知，然而它们却不可避免地带着那股特有的气息——虽然我们如今已经不喜欢那种感觉了——那种时而以一种居高临下的姿态来进行道德训诫，时而以生硬刻板的文体，抑或浮夸做作的佩特主义来说教。虽然我无法断定贝伦森的文学风格中带着这些打着时代烙印的特征到底应该算是优点还是缺点，然而，他却是以一种极其严肃认真的态度来对待自己作品中的绝大部分内容——尤其是那些带着沉重的道德教育或哲学沉思的部分。由于贝伦森确实具有非凡的文学才华，因此他也想去沟通交流而并非一味地说教——他并不打算只是简单地归纳总结，而是想准确地传达出真实的个人体验。他当时的语言应该算得上是大师级的——灵动、精辟、准确，描述细致入微，可以与同时代最优秀的文学家相媲美。当他叙述的对象是周边的环境或其中的人物而非美术史的时候——就像他在1952年出版的著作《谣言与反思》(*Rumor and Reflection*)一样——那种敏锐、优雅以及表达的生动睿智都提醒着我们——那个词锋犀利而深刻的老人已渐渐离我们远去，再也不能在这儿表达他的观点，我们再也无法领略到他谈话时那种与众不同的魅力了。

贝伦森所处时代的本质决定了他不仅关心自己作品的文学价值，而且也注重它的教化训诫以及哲学沉思，当然，最终还是关注它的道德价值。显然，贝伦森早年就想创作这样的作品，到了晚年，这种要求变得日益迫切，因为他感觉自己的信仰受到越来越多的挑战。尽管他的辩论说理能力很强，但他更多的是依靠反复地强调重申而非分析推理。至今我依然清晰地记得，早在43年前我有一次去拜访桑塔耶纳(Santayana)，他讲述了自己从哲学的角度剖析贝伦森的特点：桑塔耶纳说，贝伦森非常缺乏系统思维的能力。尽管他这样说多少有点不够厚道，甚至可能出于敌意，但他的话还是让我获得一些启发，我觉得桑塔耶纳的观察是正确的。贝伦森的独到之处并不在于他善于进行归纳总结(他睿智的话语也许作为格言警句更有价值，而不应作为哲学真理)，恰好相反，在于他对特殊体验的感悟和欣赏能力特别强。由于他擅长把艺术研究的敏感性与细致入微和最精确的权衡、比对以及参照借鉴等诸多能力融为一体，这才使他显得如此与众不同。在美术史上，能够集这些卓越的品质于一身，必将造就一名优秀的鉴定家，正如我们普遍公认的（虽然贝伦森自己颇不情愿地承认这一点）鉴定是他诸多成就中最有价值的部分，同时也最具影响力。

尽管贝伦森经常运用理论和倾向于归纳总结，但他似乎一直不愿意使鉴定学成为系统化、受到广泛关注的学科。他觉得进行鉴定的训练索然无味，乏善可陈。正如他在 1926 年出版的《方法三论》开篇语所言：

> 这段时间，我一度想把“鉴定”这个动词的内涵写下来。然而，很遗憾的是我既没有闲暇也没有耐心把它条分缕析地梳理出来。那种系统论述应当留给本笃会的隐修者（successors of Benedictine industry）来完成，因为他们自诩能够做到详尽彻底并且兼具科学性。

然而，在贝伦森从事鉴定事业伊始，他就打算写一本关于艺术批评方法的著作，并且在 1894 年已经完成其中一部分，也就是题为“鉴定学入门”这篇文章；后来并没有补充新的内容，它在 1902 年收录于《意大利艺术的研究和批评》第二辑系列丛书，这篇文章单独成册，付梓发行。我们从这篇文章里可以了解到贝伦森作为一位鉴定家早期的工作方式（modus operandi）；同时，它在关键细节上的描述细致入微。不过，遗憾的是，它并没有充分或令人信服地阐述贝伦森其后事业发展过程中所应用的鉴定法。他从未给我们仔细讲解他的鉴定方法，除了偶尔略显夸张地演示一下，就像他在《方法三论》中所做的那样，但效果并不总是尽如人意。

由于贝伦森没有主动阐述自己的鉴定法，因此我也不能自以为是，主观地提供贝伦森鉴定法所依据的原则和做法。但是，我或许可以根据自己对贝伦森著作的了解以及我与他进行交流的经验，得出一些我认为他可以接受的结论，并且我也愿意把这些心得体会整理成自己对鉴定学的一些想法。

首先，让我给鉴定学及其目的提供一个总结性的定义：运用某一领域（在这个例子中，指的是美术史）的专业知识来鉴别所研究的对象，以确定他们的质量，并且评估其特点。贝伦森早在 1894 年就给鉴定学下了一个更加简明扼要的定义“为了判断艺术品之间的相互关系而对它们进行比较”。这样的训练可能需要一定的哲学或理论基础，不过在实际运用中，却是相当可行的，因为它关注的并非一般原则，而是对某些特定事物的准确体验。这种独特的体验正是鉴定的本质所在，然而我们只有通过把这一领域内的专业知识进行相互联系和比较之后才能确定它的意思。因此，鉴定行为得出的每一个判断结果（既是定量的又是定性的）其实都会自动地和其他相类似的事物进行比较。把这些相似的事物放在一起考虑，它们就会构成艺术领域里一类风格相近的事物。然而，历史总会留下某些具有特定个性的人物生活过的痕迹，甚至是他们的名字，而鉴定的结果则往往可以让我们了解这些艺术家的基本特征。在美学上重构某些被认定以前存在过的艺术家，这在鉴定中应该是不可避免的，而这可能也是鉴定最吸引贝伦森的地方。他崇尚美学化的个性，而如今，他自己也成为人们推崇美学化个性的典范。

鉴定家专业知识的积累在很大程度上依赖于两个工具，一个是内在的，而另一个则是外在的。第一项工具就是他必须具备非凡的视觉记忆力，似乎在大多数情况下，对美学图像特别感兴趣的，往往都是博闻强识之人。贝伦森确实在这一方面天赋异禀，不过他还是善于运用外部资源来强化自己在这方面的能力。尽管在他开始鉴定事业之初，应用这项外部资源相对来说还是很新的：这就是艺术品的照片。贝伦森住在伊塔蒂庄园的那段岁月里，他创建了艺术品照片首屈一指的专业档案库，这不仅为自己提供了诸多便利，而且，由于他的慷慨，也极大地造福了许多想在艺术鉴定领域做出一番成就的年轻人。

当然，这样一个档案库所发挥的作用是巨大的，但是它也有自身的局限性。有抱负的年轻鉴定家可能并不清楚应该如何把这些照片与储存在他们视觉记忆里的美学图像相结合才能产生最佳的效果：可以说，只有当这些照片融入了鉴定家本人对相应艺术品深刻的记忆时，它们才能被赋予鲜活的生命。没有人比贝伦森更了解这一点，他也许是美术史上从事鉴定活动有史以来最热衷于收藏视觉体验的专家，并且他收藏的艺术品照片内容包罗万象。

关于照片的问题不仅仅涉及到色彩，当然色彩问题也很重要，不过我们现在已经能够提供色彩相当精确的摄影照片了。然而，照片总会在某些方面与视觉真相有所偏差（彩色照片也是这种情况，即便最不吝惜成本的画商所购买的幻灯照片也一样）。鉴定家只有通过对艺术品原件的亲身体验才能够得到最真实可靠的判断，几乎没有其他手段可以达到这种效果。这不仅仅是一条准则，只有通过对艺术品本身的了解，鉴定家才能准确地判断眼前的事物确实是艺术品原件：尽管其中或许有损伤所造成的缺憾，以及作品本身在后来的创作过程中因受到外界干扰而引起的改变。如今，鉴定家可以借助科技辅助手段得到更准确可靠的判断，贝伦森在开始自己的鉴定事业时，应该没有想到有朝一日能够有如此便捷的辅助手段。

贝伦森经常运用主观判断，他认为这些是有效的证据：包括自己的知觉与反应，以及比较记忆的作用。当然，其中必定也有个人的、主观的不确定因素在发挥作用，不过，我们的实践经验表明，只有在某些特殊情况下，主观性的因素才会取代客观判断。充分认识和了解这些个人的、主观性的因素，并且只有在合理的情况下才很慎重地运用它们，这应该成为鉴定家的责任以及那些兼具专业知识与道德严谨性的鉴定从业者的习惯。

鉴定家应当训练和规范自己整体的主观判断系统，以便能够更好地进行鉴定判断，并且可以阐述诸多审美体验。首先，这种模式要求鉴定家像音乐的演奏者一样——让自己的主观意识进入一种无我之境，这相当于让客观的乐器充分发挥出自身的特色，使它能够随时非常准确地传达出每一个跳跃的音符。实际上，可以说如果你愿意，你可以把自己最强烈的情感倾注到客观的乐器当中，赋予它灵感。因此，当鉴定家作为感受者发挥出最佳的敏感性时，他就能够更好地观察这件艺术品。如果我们把这个过程与大致相似的雷达或声呐系统的工作原理进行比较，就可以帮助我们更好地说明它的工作原理。因此，在观者与艺术品之间进行的信号交换或许可以理解为一种双向的过程，能够产生贝伦森所说的观者成功地鉴定出这个物品的结果。从而，能够达到主观与客观的和谐统一，按照实用主义的话来说，那就是解决了它们之间的差异。

这也是使之更加客观的权衡过程，因此鉴定家首先必须充分收集证据，就像我们前面已经提到的，这个阶段也是对证据进行消化吸收的过程，接下来的阶段就是把它与鉴定家既定的视觉材料库中看起来与之相关的某件艺术品之间进行参照对比——并且在实际操作过程中尽量做到更加客观化。不过，指定的鉴定对象和比较材料中的形象之间很少是一一对应的关系，如果它看起来似乎完全契合，那也许更值得怀疑和推敲了。产生差异的一个原因在于我们所获得的研究发现并没有我们期望中那么多。引起差异的另一个更重要的原因是艺术品在时间序列中的位置。我们研究的每个对象都是真正的艺术品——而不是大机器生产或低加工产品——它是艺术家在其发展过程中的一个记录，并且这件作品的形成方式显然具有其特定的时代烙印。艺术品的创作是一个历史事件，并且在与之最密切相关的一系列历史事件中占据了一席之地。因此，鉴定家的任务并不是简单地进行相似事物的配对，而是评估在这些相似性当中，哪些因素会对鉴定产生影响。因此，鉴定家应该努力地再现他所研究的艺术品被创造出来的生动过程。他的鉴定行为，正如任何历史学家的鉴定行为一样，应当是一种准确而又灵活可控的动态过程；在更多的情况下，他进行的不是匹配运算（matching operation）而是插值运算（interpolation operation）。如果检验的对象是他处于艺术生涯的特殊时期创作出来的作品，还需要进行外推运算（extrapolation operation）。打个比方，假如插值运算是建造普通桥梁的话，那么，外推运算显然就是更加大胆、更为艰巨的过程，就像是架设悬臂式桥梁。之所以强调艺术品特定的时间因素，其中既有准哲学式的原因又有实际的考量：缺失时间的鉴定是不完整的鉴定行为，至少它应当准确到证据允许的范围之内。从最根本的意义上来说，无法判断出时间的鉴定行为其实是微不足道的。

鉴定家必须意识到自己很难找到完全匹配的相似物，在他研究的对象与相似物之间，以及在那些最接近的相似物之间可能会有主观判断上的差异，鉴定家在处理这些变量时应当特别警惕。由于很少有完全契合的相似物，所以他应该判断它与自己作为标准的范例之间的差异有多大——可允许的差异量是多少，是否会超过可接受的范围。这个过程可能是对鉴定家敏感性最严峻的考验，但是，这里至少有具体化可控的部分——从既定资料库类似的例子中，凭经验判断出差异的范围有多大。这种控制不仅可以应用于形式上的差异，而且也可以应用于鉴定过程中的另一个主要方面：这就是对艺术质量的评估。

我们一直在谈论鉴定家获得的证据以及他对这些证据进行评估的方式，似乎他们仅仅是定量的，不过我也相信，除了鉴定过程的最后一个阶段之外，这或许是正确的。当他不断地观察和吸收自己研究的对象所提供的证据时，其实这位鉴定家同时也已开始自己的定量分析过程——他在评估这位艺术家艺术表现的质量：艺术效果、艺术说服力、成功与否以及这件艺术品所包含的因素里传递出来的五六个其他相似的观念。不过，“Quality”这个词包含了两个主要意思（Quality 这个词的一个意思是质量，另一个意思则为性质），此处所指的意思仅仅是其中之一；然而，有些自相矛盾的是，它的另一个意思则是定量的——某物的性质是指它的属性，即整体性质的一个构成要素，比如坚硬是岩石的属性，我们也可以说坚硬是岩石的一个性质。鉴定家如果想要了解自己研究对象的质量（第一个意思），只有通过对其性质的研究（第二个意思）。正如我前面提到的，这种了解与他对自己研究对象的定量解读不仅同时发生，而且实际上也是密不可分的。因此，鉴定家对艺术品质量的评估并不神秘。由于需要对各项证据进行复杂的综合，以便最后得到综合性的判断，因此在某种程度上，它必然具有主观性，不过，正如我之前所说的，那样的证据是定量观察的结果。

我前面一直在谈论鉴定的训练，似乎它主要应用于形式因素。不过，如果能够适当地重视我们刚才讨论过的定性因素，就会发现鉴定的训练确实主要应用于形式因素，这也正是贝伦森在早期的文章中反复强调的。然而，鉴定家要判断一件艺术品的作者或应邀进行其他任何形式的历史鉴定，显然都必须考虑到这件作品所要表达的内容。鉴定家应用于形式属性解读的所有过程在这里同样行之有效——对相似物的比较、插值法（interpolation）、外推法（extrapolation）、对艺术质量的判断（通常意义上的质量判断）以及对可允许误差范围的控制。不过，即使这些过程都是一致的，我们赋予它们的意义却不尽相同，而且鉴定家研究作品的形式因素或许比研究作品的内容要可靠得多。当然，在描述艺术品的内容时，必须用客观、定量的方式来呈现艺术家的真实情况，否则，作品内容就会变成主观意思的表述了。鉴定家应当尽量精确地解读其中的含义，并且把它所包含的证据纳入自己的判断当中，同时他还必须清醒地认识到把如此多的主观性因素纳入自己原本均衡的判断系统之内可能会对自己整个鉴定事业有一定的影响。

正如任何历史性的思考方式一样，鉴定家的分析结果应当接受检验，以便看看他们是否具有内在一致性——也就是说，风格的各个要素之间应该是相互一致的。分析一个对象如果产生看似迥然不同的、不一致的，或者与大部分证据无法融合的性质（按照 quality 这个词的两个意思来讲），那么我们就可以认为这整个对象应该进行折中考虑。单个对象整体上应该可以被看作是一个正在运作中的“格式塔”，它不需要过多的齿轮咬合就能发挥作用，以此类推，这位鉴定家收集于一个资料库的任何一组对象也能通过这种方式发挥作用（如某位艺术家或某个艺术流派）。一个新的形式因素或表达方式，如果它被认为是这个研究对象的一个可靠属性，并且之前一直是有效的，那么它就应该融入现有的“格式塔”之中，在某种程度上重新安排自己的整体性以及内部作用的方式，而不应贸然使之中断或脱节。

如今鉴定家的任务与贝伦森从事鉴定实践时基本无异，然而，当代鉴定家手边却拥有了诸多辅助设备，这是科技进步的结果，在贝伦森所处的那个年代是无法拥有的。其中最重要的设备用于协助我们观看：多种形式的放射线摄影术，红外线和紫外线设备，以及宏观摄影；这些技术中绝大多数使得我们能够透过艺术品的表面，看到它原先的构图，往往能够获得很有价值的结果。其他的设备则应用了化学或物理等科学：例如分析作画所用的颜料和清漆、应用树木年代学以及热致发光等前沿科学。这些设备有时能够起到决定性的作用，有利于鉴定家作出判断时增加把握性。尽管这样的证据来自知觉的领域之外，但是对鉴定家作出正确的判断却是一种有效的辅助手段。化学和物理的数据大部分是客观的（虽然并非总是客观的），然而只有当研究对象本身是客观的，视觉辅助手段所产生的数据也才会客观：在他们被用作有效的证据之前，鉴定家必须先对它们进行充分阐释和合理控制，就如同他应用于自己的研究对象一样。

我只是概要地说明了鉴定家任务的性质和过程，然而，我还是希望自己能够呈现出其中的一些复杂性，这门学问的观念以及它所要求的素养和规范。同时，我也希望自己能够揭开鉴定学神秘面纱的一角，使它不再让人觉得眼花缭乱——那些最权威的鉴定家有时就像变戏法一样，运用信手拈来的临场反应（他们偶尔有意为之，让鉴定显得更加神秘莫测）。首先，需要强调的是鉴定并不是一种难以测度且非理性的“直觉”。“直觉”只是一个快速而短暂的过程，只有最专业的鉴定家才会拥有计算机电光石火般的反应速度，他把研究对象与自己脑海中所掌握的相似物进行比较、分析，然后得到一个解决方案。这个过程不仅在运算速度上，而且在它所运用的基本比较机制方面似乎都有点像计算机；但这绝不是在贬低鉴定家，因为没有任何人工智能可以提供鉴定家自身所拥有的这种知觉敏感性以及对变量无限的分析演算能力。

尽管我们对鉴定家和计算机之间相似性的比较只是局部且片面的，然而，在这两者可以放在一起相提并论之前，贝伦森早已是自己所处那个时代最具天赋和才华的鉴定家之一。可是，最近这段时间，贝伦森的名誉却遭到无端的严重损害。值得注意的是，贝伦森所受到的伤害和诽谤，并非来自任何专业的美术史家，当然更不是严肃的、学者型的传记作家，而是来自寻求轰动效应的新闻记者，他们的厚颜无耻（实际上可以说是恶意）是由于他们对美术史以及鉴定在美术史中所发挥的作用茫然无知。他们把攻击的矛头指向贝伦森，说他并未一直把鉴定用作学术研究的辅助手段，而是将它用于谋求一己私利。最近，由于科林·辛普森（Colin Simpson）卑劣无耻地诋毁贝伦森，已经被约翰·波普-亨尼西爵士（Sir John Pope-Hennessy）在公众媒体上发表文章加以制止，并且要求他不要再作任何恶意的评论。梅莉·希可丝特（Meryle Secrest）之前对贝伦森的抨击似乎更加有据可循，因为希可丝特把它放在自己所写的贝伦森传记的附录中，虽然这本传记构思精巧、文笔流畅，尽管作者摆出一副颇具专业水准的架势，但观点还是有失偏颇。附录中的这份名单提供了贝伦森以往 48 例更改自己鉴定结果的案例（在 70 年左右的时间内），据说出于金钱利益的考量。恩斯特·萨缪尔斯（Ernest Samuels）教授所著的贝伦森传记内容翔实、令人信服且具有学术价值。当他写作这部书的时候，我主动承担起为他调查希可丝特小姐关于贝伦森据说为了不良动机而对艺术品给出不同鉴定结果的这份名单是否属实。结果，我发现其中只有一例或许可以让人怀疑贝伦森的信誉，但是我目前所掌握的材料也不足以证明他在这件事情上存在值得让人诟病之处。应该注意的是希可丝特所列举的某些例子，由于她本人对美术史和艺术市场的无知，就贸然认定贝伦森重新进行鉴定是为了哄抬画价，但事实却与她所说的情况恰好相反。同样为了协助萨缪尔斯先生，我重新审视了贝伦森与伊莎贝拉·斯图尔特·加德纳之间的往来——这是他职业生涯中最能确定是以画商—代理人身份出现的一段交往。至于贝伦森在 1894—1921 年这 27 年间出售给加德纳夫人的绘画作品，我比较了最近的学术观点，发现贝伦森超过 8% 的鉴定意见至今依然正确可靠。鉴于美术史研究以及鉴定学在 20 世纪应运而生的科技辅助设备的巨大发展，尤其是贝伦森在结束与加德纳夫人合作关系之后这 70 多年间科技发展的突飞猛进，我们只能得出这样的结论：从这个例子中，我们可以看出贝伦森作为一位鉴定家，他的鉴定准确率还是相当高的——当他直接面临艺术市场道德观念的考验时，我们不仅可以肯定他的鉴定质量，同样也应该肯定他的职业操守。

鉴定学在美术史中所发挥的作用至关重要、不可或缺。那些不赞同这种说法的人可能会坚持认为鉴定过程中所使用的方法和程序太过于主观了，而且往往容易招致滥用。尤其是后一种情况中的某些实际经验增加了人们的这种担忧，但它还不至于达到让人们全盘否定这门学问的程度。无论如何，到目前为止还没有发展出任何一门可以取代鉴定学的学科。当然，既然美术史被称为历史，那么，理应把考虑问题的基础建立在历史事实之上，然而我们还无法通过客观的手段保证所有的史料像档案一样真实可靠。因此，可以遵循的原则就是我们的历史材料应当依赖于接近客观的或者客观化的鉴定证据。或许有些人没有积累必要的史料就能完成艺术方面的某些文章——尤其是那些涉及准哲学或主要关于批判性观念的著作，而且在某些领域内具有严格实证主义倾向的美术史家也会单凭文献的字面意思就写出一篇报告来。不过，那种把鉴定学提供的证据丢到一旁熟视无睹的实证主义可能会因此陷入极大的困境。即使在建筑学研究方面，鉴定学也被认为对于促进建筑美术史的形成是一个必要的辅助手段，鉴定家应该大致遵循历史学家的逻辑顺序，从开始阶段就收集文献资料——若非如此，他们所呈现的证据往往会缺少时间、地点和人物等基本要素的立足点。

虽然鉴定学服务于各类美术史，但是它与艺术风格史的关系最不同寻常，并且我相信这是它对鉴定从业者所具有的特殊吸引力。正如我们已经注意到的，鉴定过程中需要对艺术品进行最细致认真的检查，而且要求鉴定家具备非常敏锐的反应能力。主要检查形状、线条、色彩、光线和明暗等视觉形式：他们是艺术品在视觉感官上能够被理解的事物，换言之，是它的审美本质。鉴定家通过分析这种审美本质以及它被融合为统一整体的方式，必然就会得到自己对各个风格要素以及他们结合方式的评估，主要是在形式方面。然后，鉴定家继续把个体对象与他们所属的等级和顺序联系在一起，大致对他们进行风格上的分类。

广义上的美术史界限更加灵活，鉴定学也被纳入其中，成为它的一个组成部分，但是他们之间的差异就像目的与结果之间的关系一样："一个是需要进行详细评论的分类学；而另一个则是相互关联的、综合性的叙述"。风格史家，或者在辩论过程中自称是风格史家的鉴定家，经常会为了不同的目的给鉴定家这个角色赋予特殊的重要性和不同寻常的证据价值。尽管鉴定家所面临的问题相当复杂，不过当前美术史研究的方法日益丰富，因此他们在处理问题的方式上，也发生了显著的变化。人们应当注意鉴定学和风格史之间重要的差异，不过也应该肯定他们之间最主要的共同点：首先关注事物的审美本质，这可以作为这些相互联系且相互补充的学科之间一座沟通的桥梁。

如果鉴定家对某件艺术品的内容三缄其口不予评价，那么他的主观价值判断就会在诸多的考量因素中占据相当大的分量，美术史家，尤其是风格史家则不会受到类似因素的困扰。鉴定家所追求的分析解释结构并不像美术史家的那般细致而严谨，不过它由于包含了主观因素而变得不易失衡。无论如何，即便是最忠实的形式主义者也会承认形式因素至少可暗含情感意义或者直接将它表露无遗；几乎每一件有价值的艺术品都会阐释富于表现力的内容，并且通过形式因素把这个内容传达出来，他们相互穿插，彼此加强，在功能上其实是不可分割的。正是由于这个原因，风格史家肯定不会允许仅仅用形式来定义"风格"：一件艺术品的"风格"（或一类作品的风格）不仅刻画了它的形式世界和他们的表现方式，而且也塑造了它的情感与观念世界及其表现方式。因此，随着风格史家的成长，他会超越以往的范围和深度，突破先前鉴定家旧有的窠臼，从而在情感和境界上迎接一个更为开阔和复杂的新世界。

从事与风格史相邻领域研究的鉴定家可能更倾向于研究创作者的情感世界和思想状态，他们或许会被认为更加主观：这就是所谓的批判性著作的惯例（不同于客观性的或可以核实的"历史性"著作）。鉴定家往往有这种倾向是可以理解的，因为训练鉴定家高度的敏感性以便对他所研究的作品的艺术质量始终保持着敏锐的反应能力，毕竟这是批判能力中最基本的组成部分。他们从鉴定学转移到风格史的写作并非是对风格史的一种妥协。当然，假如这种批判能力是以最严格的规范进行训练的话，这恰恰是对风格史的极大丰富。艺术品与乐谱相比之下，处境稍好一些，然而两者之间的共同点在于，虽然自身都具有异常丰富的内涵，但他们皆为无声之物，需要通过诠释或演奏来赋予它们声音。这就是为什么批判性文章必须与纯粹的历史结合才能完成美术史作者的完整使命：两者之间相互需要，以完善和成就对方。如果缺少批判的成分，历史本身往往就会变得残缺不全。

并且，正是由于艺术史写作的批判性，决定了他们渴望了解的应该是文献的状况，而与艺术相关的文章追求的则是艺术的地位。有些批判性著作妄想取代艺术品本身成为读者关注的焦点，我并不赞同他们的做法，无论它是为了误导读者或者出于其他任何目的。然而，我更想强调的是，我反对那种试图把视觉艺术作品演绎成文字上的等价物的写作方式。批判性评论努力的方向不应在于试图把视觉作品转化成文字，而应当运用语言来阐释它。伪装成批评家的作者，与历史学家一样，其实都是他所研究学科的仆人。

也许我对鉴定学粗略的勾勒，尽管在风格上与以往有所不同，但是和贝伦森打算阐述的内容在本质上并不会有太大的出入。同样，我对和鉴定学最为密切相关的美术史学科的描述，与贝伦森本人关于鉴定学的观念应该也不会有太大的差异——虽然这与他首次涉足这一研究领域的时间，已经又过去了一个世纪左右。然而，时至今日鉴定学依然至关重要，并且也是最经久不衰的美术史门类。尽管我描述了这门学科的特征和其中的奥妙，但是贝伦森或许想与我在一个重要方面展开讨论：那就是我缺乏像他们那样对哲学和道德基础的坚持；尽管贝伦森历尽世事沧桑，然而在他个性鲜明地运用自己独特的鉴定手法背后，蕴涵着的是他如《圣经・旧约》先知般深邃的精神世界。

后　记

首先，我想感谢的是我的导师范景中教授。我本科和硕士研究生阶段所学专业与艺术不太相关，但是范老师并不介意我在美术史方面专业基础薄弱，还是欣然接受我为他的学生，给予我非常难得的学习机会。范老师治学严谨、为人谦和、虚怀若谷，与他交谈感觉如沐春风。

鉴定学这方面的选题，对我而言很有意义同时又充满挑战。我在主观意愿上一直很想写好这篇论文，然而，由于个人能力有限以及知识结构上的欠缺，一直未能达到自己设定的目标，有负范老师的嘱托和厚望，心里很是愧疚。感谢范老师，不辞辛劳地为我勾勒出论文的大体轮廓，为论文的进一步研究打下了坚实的基础，并提出了很多宝贵的建议，而且还为我提供与论文相关的不少参考资料……我时常感慨师恩难报；感谢曹意强教授和张坚教授在论文开题报告时，给我提出了许多非常中肯且很有建设性的意见和建议。

范老师主编的《美术史的形状》第一、第二卷，曹意强老师著述的《艺术与历史》，陈平老师编写的《西方美术史学史》以及简·特纳（Jane Turner）主编的《艺术辞典》（*The Dictionary of Art*）对我的帮助特别大，我就像是带着几本美术史研究的地图上路，开始了自己的这一趟旅行。这有点像第一次出远门，尽管心里有点忐忑不安，尽管有些举步维艰，但总算勇敢地跨出了第一步。

感谢周小英老师、石炯老师、章腊梅老师、任道斌老师、洪再新老师、高世名老师、张坚老师、杨振宇老师、孔令伟老师、杨思梁老师、万木春老师、吴敢老师、毕斐老师、祝平凡老师、王爱红老师等诸位师友一直以来对我学习上的关心；感谢浙江大学的同学曾小荣、赵海虹和中国美术学院的巨若星老师为我提供数据库上相关的参考文献以资借鉴，真的如雪中送炭，为我提供了相当及时的帮助；同时，也感谢潘欣信、张素琪、葛佳平、范白丁、张平、崔艳、潘文协、颜晓军、陈阳等同学与我分享他们在艺术鉴赏方面的诸多心得体会；感谢我的妻子叶玉一直以来的支持，让我没有后顾之忧，如果没有她数年如一日在生活上的默默支持，我这篇论文一定是难以完成的。

感谢范景中老师和童赛玲老师的敦促，才使我得以把这篇算不上很成熟的论文整理成册付诸出版，尽管有种风雨兼程的感觉。也谢谢在美院与我朝夕相处的同事，感谢他们给了我这么多快乐而充实的时光！

2014 年，我参与范老师主编的贡布里希文集《木马沉思录》的翻译工作。当时万老师带着他的两个研究生张桐和庄明也花了大量的时间和精力，后来这本书出版的时候万老师主动请范老师在译者这一栏把我排在前面，其实之后我总觉得受之有愧！以前有幸协助任道斌老师和洪再新老师查找学术资料，他们往往会在文章和书籍的脚注或后记中有所提及。有一次任老师特地为叶玉和我绘制了一幅国画扇面《年年有余》，画面上两条大鱼后面跟着几条小鱼自在悠游，颇具禅意。任老师美好的祝愿在不久之后真的变成现实，因此我才有机会说出以下这一句：

谨以此书献给叶玉和我即将出生的宝宝！

责任编辑　章腊梅
装帧设计　李　文　谢先良
责任校对　杨轩飞
责任印制　张荣胜

图书在版编目（CIP）数据

塞蒂尼亚诺的智者 ： 意大利文艺复兴绘画的鉴定大师伯纳德·贝伦森 / 曾四凯著. -- 杭州 ： 中国美术学院出版社, 2020.5
（艺术鉴藏丛书 / 范景中主编）
ISBN 978-7-5503-2100-7

Ⅰ. ①塞… Ⅱ. ①曾… Ⅲ. ①贝伦森(Berenson, Bernard 1865-1959)－传记 Ⅳ. ①K837.125.72

中国版本图书馆 CIP 数据核字(2019)第 249449 号

塞蒂尼亚诺的智者
——意大利文艺复兴绘画的鉴定大师伯纳德·贝伦森
曾四凯　著

出 品 人：祝平凡
出版发行：中国美术学院出版社
地　　址：中国·杭州市南山路218号 / 邮政编码：310002
网　　址：http://www.caapress.com
经　　销：全国新华书店
印　　刷：浙江省邮电印刷股份有限公司
版　　次：2020年5月第1版
印　　次：2020年5月第1次印刷
印　　张：15.25
开　　本：787mm×1092mm　1/16
字　　数：280千
印　　数：0001—2000
书　　号：ISBN　978-7-5503-2100-7
定　　价：78.00元